致敬我们纸的时代。

汉语四千年

黎锦熙 — 绘

黄复雄 和晓宇 — 编著

图书在版编目（CIP）数据

汉语四千年 / 黄复雄，和晓宇编著；黎锦熙绘. —北京：北京时代华文书局，2019.4（2023.8重印）

ISBN 978-7-5699-2973-7

Ⅰ.①汉… Ⅱ.①黄…②和…③黎… Ⅲ.①汉语—语言学—研究 Ⅳ.①H1

中国版本图书馆CIP数据核字(2019)第045535号

汉语四千年

HANYUSIQIANNIAN

| 编　　著 | 黄复雄　和晓宇 |
| 绘　　者 | 黎锦熙 |

出 版 人	陈　涛
特约策划	葭苇书坊
选题策划	高　磊
责任编辑	邢　楠
装帧设计	今亮后声　段文辉
责任印制	訾　敬

出版发行	北京时代华文书局 http://www.bjsdsj.com.cn
	北京市东城区安定门外大街138号皇城国际大厦A座8层
	邮编：100011　电话：010-64263661　64261528
印　　刷	三河市兴博印务有限公司　0316-5166530
	（如发现印装质量问题，请与印刷厂联系调换）

开　　本	710mm×1000mm　1/16　印　张｜19　字　数｜255千字
版　　次	2019年8月第1版　印　次｜2023年8月第6次印刷
书　　号	ISBN 978-7-5699-2973-7
定　　价	98.00元

版权所有，侵权必究

目录

导言　汉语的归化和新生 / 001
前言 / 001

上篇
文字与语言

第一章　汉字源流
一、汉字的产生与字体演变 / 005
二、识字写字教材 / 053
三、字词典 / 072

第二章　古今声韵
一、古人的注音方法 / 083
二、四声的发现 / 088
三、韵书 / 089
四、三十六字母 / 093
五、等韵图与等韵学 / 094
六、清代以来的上古音研究 / 096
七、古代语音的拟测 / 101
八、汉语方言 / 105

第三章　语文现代化运动（上）：1949年以前

一、明末以来外国人的汉语注音、拼音 / 108

二、中国第一快：切音字运动 / 111

三、勇猛可嘉：官话字母和简字运动 / 115

四、个个想做仓颉：国音统一、注音字母与白话文运动 / 120

五、吾辈数人，定则定矣：国语罗马字运动 / 131

六、治标的办法：汉字改良运动 / 138

七、汉字和大众是势不两立的：拉丁化新文字运动 / 146

第四章　语文现代化运动（下）：新中国的文字改革运动

一、中国文字改革协会 / 152

二、中国文字改革研究委员会 / 153

三、中国文字改革委员会 / 154

四、全国文字改革会议与现代汉语规范问题学术会议 / 155

五、汉字简化方案、汉语拼音方案 / 156

六、不同的声音 / 161

七、当前文字改革的任务 / 166

八、第二次汉字简化方案（草案）/ 170

九、"注音识字，提前读写"教学实验 / 173

十、国家语言文字工作委员会的成立与文字改革时代的终结 / 175

十一、小结 / 178

下篇

文学与文体

绪论 / 184

第一章 先秦两汉文学

一、神话 / 190

二、《诗经》/ 193

三、《楚辞》/ 194

四、史传散文源头 / 197

五、诸子散文 / 199

六、秦汉文学 / 202

第二章 魏晋南北朝至明清文学

一、魏晋南北朝文学 / 207

二、唐朝文学 / 214

三、宋代文学 / 221

四、金代元代文学 / 224

五、明代文学 / 227

六、清代文学 / 231

第三章 晚清至民国初年文学

一、古文学的尾声 / 234

二、走向现代 / 234

附录一：致张陈卿、李时、张希贤等书 / 245

附录二：汉字文化圈的语文现代化运动 / 261

附录三：世界语言谱系中的汉语 / 266

主要参考资料 / 273

导言
汉语的归化和新生

一

我们人类对世界的感知，最初是近乎全息的视听一体；后来截断万有众流，将世界客体化，如局部化、有限化和符号化，如此一来，全息思维日益简化为低维单维，世界被扁平化，一度以语言文字的形式陈列到书本上、图书馆里，供人观看。这种视觉思维甚至独霸人类的心智数千年之久。

当现代人日益意识到听觉思维的重要性时，人们已经难以理解言说、吟诵对象时具有的魔力，听与说，都具有超凡的高峰体验。于是，对于不懂音乐的耳朵来说，最美的音乐也无意义。

语言文字的产生是人类史上的大事，原生文字或者象形，或者指事，或者摹声，都企图象天法地，参与天地的化育，参与天地的沟通。它首先是真实的表达，是人取悦或致意天地自然的产物，话语、符号因此在真实的同时有了善的愿心和信的情怀，就是最暴戾无知的先民一旦熟悉话语的表达、一旦以手指画符，他们的心地也会柔软起来。

语言文字一旦被发明发现，它反过来提升了人类，自然，美是紧接着真、善之后送给人类的礼物。直到今天，初民运用声音、线条、文字和图像的力量仍有待后人参悟，一如毕加索看到一万五千年前的洞穴岩画时的惭愧，其后的艺术创作都是一部衰颓史："一切都在创造之中，而又在衰败之中。我们当中没有任何人能画出这里的一切。"

即使说语言文字等符号是一种工具，这一工具也是神圣的。古埃及的圣书文字、古巴比伦的楔形文字、古印度的梵文，这些原生文明文字在东西方历史上都曾被称为"圣书"。在东方，当文字被造出来时，据说"天雨粟，鬼夜哭"；以至于文字从甲骨、钟鼎、竹简上移步于纸帛时，中国人说，"敬惜字纸"。我们中国人认为，刻在甲骨上、钟鼎上的文字是神圣的，写在绢帛、纸张上的文字是神圣的，它们是呈献给天地的文章、奏表，是取悦神灵的心声，它们的力量真实不虚、不可思议。借用意象音声符号，使得我们人类的文字有着咒语的功能，有着祝祷世界的意义。如何处理废纸，在我们的历史里，有习俗，有仪式。

作为原生文字的汉语文字，有着极为独特的魅力。作为汉民族的语言文字，它有上古、中古、近古和现代不同时期的发展历程，汉语得名于秦后的大汉帝国；在此之前，华夏民族的言语称为雅言："子所雅言，《诗》《书》、执礼，皆雅言也。"

尽管"五方之民，言语不通"，"言语异声，文字异形"，但秦汉的大统一，"书同文"构筑了一个社会书面表达的主体间性。文字、作为书面语言的文言文、作为口头语言的各地方言，并行不悖地得到发展，文言文不仅无远弗届地联接了中国的四夷，而且最终影响了东亚地区的民族，既是华夏文化示范的"价值观"，亦是当地文化效法的表达工具。

汉字的定型亦在秦汉年间完成，它定型为方块字似乎是天圆地方思维的产物，意味着人效法最接近托举着他的大地，通过人法地、地法天、天法道的一系列过程，人最终参与生成了自然。不仅如此，汉字的书写可方可圆，汉字的象数义理或说形声义似乎伏藏了宇宙和存在的目的，书写汉字因此有着无穷的意味。这一现象使得一代代的中国精英之士参与了汉字的书写，在真实的书写之中，人们参悟着存在的秘密，参悟着存在的美和善；在真实的书写之中，汉字和书写者、诵读者都不是孤立的主体或客体，而是世界的有机体，是意义和目的的生成，是意义和目的本身。

汉语文字也因此成为语体、文体和书体最为丰富的文字。以语体论，汉字最初的一字既可能是一句话，是语言的浓缩；是一个有无穷意味的符号，也可能是一个具体的历史故事；汉字逐渐以二言、三言、四言成为吟咏的对象，但当思维走向深化、具体，连曹操、陶渊明这样的天才都不能阻止四言诗的终结。以文体论，唐诗、宋词、唐宋传奇、元曲、明清小说和对子，一方面日益繁复，一方面又简洁之极。以书体论，从金文、鸟书、简书到碑刻，从篆体、隶体到楷、草、行，汉语文字的表达和书写可以说是登峰造极，穷尽其态。

当其他文化的个体开始专注研思真实世界时，汉语世界的人们可以皓首穷经地研读汉语汉字，甚至借由汉语汉字抵达世界。不止于此，汉字还确定了声音，有人甚至认为拥有四声的汉字是比其他文字多一维度，在其他文字单维地指点世界时，汉字在视觉和听觉的丰富里觉照世界。

千百年来，对汉字的书写和吟诵安顿过无数的中国人，它安慰过乱世中的屈原、王羲之、赵孟頫，它安慰过杜甫、文天祥、汤显祖、曹雪芹，现代以来，它也安慰过鲁迅、穆旦。汉语汉字甚至是明心见性的法门；佛教文化的传入，更推动汉语成为无数高僧大德、诗人才子参悟的最佳工具。跟穆罕默德不同，大字不识的慧能是通过"应无所住而生其心"一语开悟的；到了近代，同样底层的文盲王凤仪先生也是通过"做活的"一句话发现了自身和世界的秘密。直到今天，年轻一代的中国人又在开启重新发现汉语汉字的历程，他们发现汉语汉字里有医学、心理学、哲学、历史、宗教信仰等，在世俗化如此彻底的时代，个体生活通过母语实践着对存在的归化。

二

但原生文字的演进跟任何一个系统一样，经历了上升到顶后又不断剥落的过程。生有时、死有时，盛有时、衰有时，这是一个后来者眼里的悲剧，却是大历史大时间尺度里的自然。直到今天，我们人类当下的文明仍少有总结这些经验教益，却怀抱侥幸，企图超越或征服自然。古埃及的圣书、古巴比伦的楔形文、古印度的梵文，在今天只是少数专家学者的职业技能，已经失去了当初鲜活的创世的能力。但包括汉语言文字在内的原生文字，从未产生过占主流的人能胜天、制天的思想体系，它们的衰败既有偶然，也有必然，但终究仍在大自然之中。

而原生文字一旦衍生开来，如表声的字母和各类假名，这些衍生文字系统就开始取代原生文字系统的位置，随着原生文明的衰落，衍生文字的单向思维一往无前地走向当下和未来，最终与文字创制之初的意义完成了切割。尽管今天"阿尔法狗"的命名使不少人重新思考创世问题，但"阿尔法"早就衍变为英语等语言的字母A，英语世界的语言文字编排就以之为开端，原其本质则是牛头这样的实物。与之相对，汉语言文字的辞书字典，多以天部、地部、人部的次序编排，或以一字开始，都是"一画开天""天年""天命"的观念表达，提醒生民注意天地的意义。

尤其是，随着文字符号从中心地带、从少数人那里传播开来，文字的变异不可避免，当天下人都以为文字有反映真实等功能时，当初的真、善、美，此时走向了反动。"天下皆知美之为美，斯恶已；皆知善之为善，斯不善已。"文字既可以使乱臣贼子惧，又成了伪善、丑陋和罪恶的遮羞布。

在文明史上，原生文字系统既受次生文明的收藏、保护，又受次生文明的俯视、审判。不仅如此，衍生文字甚至产生了太多自负的思想体系，它们以物质的名义，消解了精神；以科学的名义，挑战了伦理；以人类的名义，征服了自然；以信徒的名义，消费了上帝……

原生文字硕果仅存的汉字，本身也经历了寿则多辱般的坎陷，它的神圣性在王权抬头的时代曾经大打折扣，它也一度沦为独夫民贼们"口含天宪"或"唯彼威福"的工具，专制者及其帮闲甚至以神圣自居，任意践踏汉语汉字的神圣。言语、文字从一统中收归王权，在此人类世俗化的进程中，"以吏为师，以法为教"的霸道既剥夺了全民的创造力，又垄断了汉语，窒息了汉字。

至于书写，无论是对汉字的书写（书法），还是对汉语的书写（文章、著作），也最终出现了变异。书家居然是奸恶之人，文章家居然道貌岸然，以至于汉语的发展仿真、伪善、傻美，几乎不再是天地人值得托付的对象。

因此，在汉语世界完成了大一统之后，在秦汉以来的统治者以天的代言人自居之时，民众就开始争夺对天地、大道的解释权力，无论是苍天已死黄天当立的信仰，还是替天行道的口号，都表明汉语汉字的正当性是一个问题。一代又一代的上层精英试图突围，甚至援佛入儒，喊出视民如伤、民胞物与的号召仍无济于事；一代又一代的民众起义试图解决问题，结果事与愿违。

但是，对汉语汉字的信仰仍支撑了传统社会的无数个体。西方的学者注意到，当西方人从中世纪走出来，大踏步地征服世界时，中国一流的头脑们却在倡导向内寻找；像朱熹、王阳明等人都曾示范半日读书、半日静坐的经验。人们曾经把这一东方的现象当作文化落伍的表现，但经过现代性的异化，不少人重新理解了这一现象的合理性。而当王阳明、顾炎武、王夫之、黄宗羲等人寻求突破一再失效之时，龚自珍、魏源乃至近现代的精英们都把佛教文化的持咒修行作为日常生活的功课，那种念诵几十万卷数十乃至数百遍的修行，公正地说，仍有着信徒的神圣性。

遗憾的是，个别的努力没能阻止汉语的危机。在次生文明开创的"现代性"面前，汉字更是无所适从，甚至听命于异质思维来评判、归类整理，一度面临被打倒的命运。我们的精英之士甚至说过，汉字不灭，中国必亡。汉语汉字的西化、拉丁化、拼音化等，成为现代中国转型初期的重要思潮。

三

黎锦熙先生的《国语四千年来变化潮流图》是这一中国转型之初的重要成果。美国费城，因有《独立宣言》发布地的殊荣，故在1926年即开国一百五十年纪念之际而举办世界博览会。黎锦熙先生受中华教育改进社嘱托，创编了中英文对照的《国语四千年来变化潮流图》，作为中国教育展品之一，送往在美国费城举办的世界博览会，荣获奖章、奖状。黎先生的《潮流图》，在绘制时得到了赵元任、钱玄同、刘半农等先生的参与校订。在某种意义上，这是一个古老文化向新大陆精心准备的礼品，也是借新人的眼光梳理自家家底的产物。

这是一件值得称道的礼物。时至今日，无论是收礼的西方还是送礼的中国，对这一作品的意义仍不甚明了，但中国语言文字、文体文学四千年的来龙去脉有了一目了然的景观，黎先生取法山川河流来比附我们的母语演化，如此形象和简明，几乎空前绝后，后来的中国文学史、汉语史与之相比，基本大同小异，而在形象和简明上，多有不及。类比同时代受西人影响的哲学史（如胡适等人的作品）、历史（如顾颉刚等人的作品），黎先生的作品反而少了一些"民族虚无主义"。

从胡适以降，留学归来的知识人跟国内知识界结合，争到了以西学整理自家文化的地位，在整理"国故"的名义下，中国文化的整体性被割裂了。这些新文化运动的发起者和传人确实有起点即高标的业绩，有中西兼备的视野，有开拓之功；但后来者不肖，因为自己的浅陋无知而仰视民国知识人，对其缺陷、短板几无所知。

其实，就在当时，有识之士一再提醒，中西文化的交流要有文化主体性，如陈寅恪说："真能于思想上自成系统，有所创获者，必须一方面吸收输入外来之学说，一方面不忘本来民族之地位。"随后不久，王新命等人哀叹："中国在文化的领域中是消失了；中国政治的形态、社会的组织和思想的内容与形式，已经失去它的特征。由这没有特征的政治、社会和思想所化育的人民，也渐渐地不能算得中国人。所有我们可以肯定地说：从文化的领域去展望，现代世界里面固然已经没有了中国，中国的领土里面也几乎已经没有了中国人。"新文化运动以现代性的名义，一度坐实了中国的"半殖民地半封建社会"的性质和命运，封建专制文化的判词使得古典文化在国人心中多是值得怀疑、批判、解构的。

后来的王汎森先生观察说，中国文化在民国知识人眼中从一个整体分裂成一个个思想分子，"原来的有机联络已经破裂，从它们的接榫处散开，所以成为互不相干的一堆东西。它们游离并重组，为新的目标服务"。无论引进西学的"拿来主义"，还是整理国故的"中西体用"，我们都能看到民国知识人身上有"知识自负"和"隔膜"的嫌疑。

自负跟自卑辅成，在新文化运动以来的现代精神或科学思维面前，很多知识人难以想象，文武周孔以降，中国一流的头脑和心灵，会去关注《易经》，会去格竹子，会去思考阴阳五行，会去探索山医命相卜。很多知识人为自家文化中这些"不科学""无逻辑"的现象而感叹，而庆幸自己获得了科学和现代的救赎。但这一自负、自卑都源于自己的知识不足，这一现代转型期的自以为是只不过是历史大潮中的泡沫，它们并非潮流本身。

正如本书著者之一解说《潮流图》时所说："在今天再去回顾，会发现现代民族国家，资本经济体系、殖民贸易、议会民主、国民教育、个人主义，将文学学科化的社会分工，臣服于未来的时空观，是西欧基督文明演化出的整套架构，成形不过两百年左右。它在其他文明地区的快速输入，所造成的震荡巨大，这震荡至今尚未终结，制造着中国现当代文学的创伤和活力。"

四

我们说过，在现代性视野里出现的《潮流图》还算是民族虚无主义色彩较少的，这大概归因于母语的魅力。尽管如此，它是在现代转型之初的激进主义背景下出现的，从属于激烈的社会改造。黎锦熙先生就一度主张拉丁化，他也是汉字拼音方案的奠基者。《潮流图》研判历史，虽然仍缺乏足够的历史眼光，但它以小溪汇成大河的形象无意中说明汉语言文字有着巨大的潜能，它具有难以想象的活力，不会像其他原生文字系统那样消失在历史的沙漠里，或者成为少数人的研究对象。

探讨汉语言文字跟古埃及圣书、苏美尔楔形文、印度梵文等原生文字系统命运的不同是一件冒险的事。以科学理性分析语言文字不是分析或判断文字的唯一角度，在强势文化也开始反思的时代，我们对文字的研究需要还原文明的背景。

如果从地理决定论来看，古埃及、古巴比伦、古印度的地理空间虽有区域相对独立性，但跟外界敞开式的联接导致冲突一旦剧烈，就会遭受灭顶之灾。这或者部分能解释这些区域诞生的原生文字系统会消亡，或者成为少数人保管的"化石"。相比较而言，东亚大陆确实有其独特性，它能够跟外界沟通，但又避免了为外界灭绝式征服的可能。文化的冲撞甚至给汉语注入了活力。

语言学的研究分析表明，在秦汉时期开始定型的汉语文字，至少是两种以上文化夹击的产物。如至今中国秦岭汉水一线为中心，水系的名称明显地分为南"江"北"河"；普通中国人都注意到了这一现象，而中国的东北、朝鲜半岛的水系称"江",可证那里的先民跟南方中国的关联。至今活在人们口头上的常用词多有两种或两种以上的说法：娘、妈；爹、爸；口、嘴；目、眼；牙、齿；奶、乳；狗、犬……这些也都说明汉语是两种或两种以上的语言形成的混合语。最近的例子,是上海市的语文教材中把"外婆"改为"姥姥"引起争议,有人认为这是北方话语对南方话语的压制,南方的网友则表示从情感上难以认同。

考察汉语文字的历史,它并非由传说中的仓颉等人造出,从中心地区发布推广；而是多中心碰撞混合的历史的产物。南岛语系、阿尔泰语系、汉藏语系等,都把自己的精神铸入了汉语、铸成了汉字。"一字多音"的现象,如猪字有鱼部"豬"音,支部"豕"音,微部"豨"音,文部"豚"音；"一义多字"的现象,如人称代词"我"有余、吾、予、我、俺、侬的说法,"你"有女、汝、尔、你的说法,"他"有其、厥、他、之、彼、渠、伊的说法；等等,在在说明,汉语是混合语,有多重来源。

如果诉诸文明背景,中国文明的重要生产生活资料也有着两种以上的来源。比如大家熟知的,如果说鸡、小米、大米是本土之物,那么,青铜、战车、牛、马、羊、麦肯定是外来之物；如果说天干、地支是本土之物,那么二十八星宿、月亮周期历甚至太极图就都有外来之嫌疑。以短时间、快速来说,不曾注意的短时间是"忽然",注意到的短时间是眨眼之际的"瞬间",但当外来生活资料进入时,"马上"就迅速口耳相传,因为它太形象,大家都能注意并体会到其意义,远胜过"瞬间"；但"瞬间"等词并未退出消亡,反而在口头或书面运用中增添了趣味。不仅如此,研究中国两大江河流域的文化中心的生成,人们发现,这些文化中心在不同时代的兴盛都是不同地理空间注入活力的产物。

按当代学者张经纬等人的论述,以黄河流域为例,人们今天称之为农牧争夺线和三代王都线的文化区,传说中的夏朝是西边来的力量,有证据的商代是东边来的力量；周自西来,犬戎自东来；秦自西来,匈奴自东来；羌自西来，鲜卑自东来；一直到唐宋时代，吐蕃自西，辽自东；西夏自西，蒙古自东等，仍参与了汉语言文字的"当代性"……如以长江流域的中下游为例，人们今天称为北纬30度上下的地区，是精耕细作的灌溉农业区，在历史的演进里同样有着来自不同方向的力量：良渚文化自南方拓展，广富林文化自西边扩张；马桥自南边来，吴国自西边来；越国自南边来，楚国自西边来；一直到晋自西来，南朝自南来；隋唐自西来，吴越自南来，宋自西来，等等，参与了我们传统文化的"当代性"……

今天，回顾我们的现代中国史，同样如此。在一百年的时间里，大而言之，汉语世界的流行文化及上层建筑，先后接受过日本文化、苏俄文化、英美文化的影响，这些外来文化给汉语言文字的发展创造提供了极有意义的"增量"。

五

考察我们的文明演进史，跟其他文明的差别在于，中国黄河、长江流域的半封闭性使得农牧文化的争夺、对灌溉农业区的入驻，都不及其他文明历史的惨烈。尽管"靖康之耻""崖山之后""扬州十日""嘉定三屠"等都直陈汉民族的苦难，但这些苦难跟其他原生文明遭受灭绝的命运相比，还是相当侥幸的了。尤其是，周边族群入主汉文化区，几乎没有摧毁过汉语文化，反而多为汉民族文化所同化。

我们以此回看汉语言文字的混合性、复合性，可以说，正是这些四夷居中国的轮替，赋予了汉民族语言文字的活力。"话说天下大势，合久必分，分久必合。"这一天下观到宋元之后发生了变化，汉语世界从四夷汲取能量的可能性越来越小，因此，相比于宋元之后汉语世界的变迁，此前的汉语发展史，反而像是内部的修补平衡，那些来自东南西北的力量反而成了汉语血缘的一部分。

导言

　　汉语言文字的这一混合、复合特征导致它具有普世的魅力和价值。汉字文化圈包括日本文化，朝鲜半岛文化，越南文化，琉球文化，汉字是东亚各国的共同资产。当代学者蔡孟翰认为，汉语文言文曾经长期是东亚的学术思想外交语言，是东亚地区的"雅言"，朝贡国家体系中的东亚各国除拥有本土立场外，还拥有汉字这个"斯文"的公共空间；直到近代，东亚各国在现代过程中，汉语文言文仍是它们传播民族主义的工具。因此，说汉语言文字具有天下性应可成立，即使在现代性的审慎视野里，它也具足东亚性。

　　跟四夷居中国参与汉语言文字的生成相比，汉唐佛法传入对汉语的参赞、元明清基督世界对汉语的参赞反而切近鲜明，让人记忆犹新。四夷居中国，使汉语在大陆中国一统独大，汉语对周边地区具有当然的协从罗致能力。这一格局奠定后，汉语就需要更大空间范围内的文化的互动和打磨。由此，汉语文字区以地望东亚而居东方，北极和南洋的影响已经可以忽略不计，它能够接受的，乃是与来自更大地理空间的文化中心的互动，如印度文化、如希腊希伯来的西方文化。

　　外来文化参与汉语言文字的演进是汉语的生机所在，就连汉字引为骄傲的声调，也有外来文化的功劳。公元489年，即永明七年，在南齐的都城建康（今天的南京），"竟陵王子良大集沙门于京邸，造经呗新声，为当时考文审音一大事"。中国人从印度梵文字母中受益不止一时，在永明年间算是开花结实，当时人相当于召开了一个"中印联合审音会议"，决定了汉字"平、上、去、入"四声的规律。外来文化的参与是汉语言文字的生机所在，我曾经感慨："来自西方的印度佛教文化具有的慈悲、无分别心、缘起因果等，补充了吾人的精神时空。但这还不够，明清之后，来自西方世界具有的自由、理性、科学、民主、博爱、逻辑等，再度补充吾人的精神时空，这一民族社会的长时段历史任务，至今尚未完成。"

　　这样说来，《潮流图》即属于这至今尚未完成的历史任务。我们相信，如果《潮流图》不是站在现代化或西化的立场，而是真正回到汉语史本身，它或者更能指示我们的方法和方向。它会让我们更能理解汉语的活力、汉语的伦理责任和汉语的神圣性。

令人遗憾的是，汉语言文字虽然比其他原生文字的命运稍好，但也只是稍好而已。即使现代转型有着百年的经验，汉语言文字并未展露多少活力，反而更加沦为工具。在近几个世纪的文明变迁里，汉语最重要的参照之一已经不是原生文字的命运，而是衍生文字的状态。

最为难堪的，日语、韩语可算是汉语的衍生产物，但在现当代，它们的活力已经超越了汉语，我们从中国大陆人哈韩、哈日的流行生活中即可明了其中的意味。更让人心意难平的在于，语言文字品质的重要指标，翻译图书，已经成为现代文明世界相竞争激励的参照。本书著者之一引用相关资料说，"从与其他语言的交流、联系看，汉语跟其他语言的联系甚至远不如日语。汉语图书译出频度为-13337，译入频度为-62650。日语则译出频度为-26921；译入频度为-130893，都约等于汉语的两倍，更别说人均数量了！"原生的汉语在数据事实面前，其活力、成绩只有其衍生的日语的一半而已。这虽然并不能完全说明汉语图书的弱势，但足以说明汉语世界的弱势。

同样重要的，跟另一衍生语言文字英语相比，汉语更多一种羞耻。数千年来的汉语古籍图书，共计20多万种；这在同时期的文明史上，没有任何一种语言的成绩可以与之相比。西方世界在文艺复兴、地理大发现、启蒙运动等剧变之前，与华夏文明相比，尚处于蛮荒状态。但英语走出中古英语阶段的二三百年来，伴随着技术革命和资本的全球殖民征服，英语得到了井喷式的发展。英语图书仅被翻译成其他文字的已经有120多万种，而其他文化的书籍译为英语的已经有26万种。在翻译图书的人类知识总量面前，英语占有百分之七十以上的比例，汉语只占有百分之三的比例。跟英语世界相比，古汉语的成绩和现代汉语的成绩都难以望其项背。

这也导致汉语的危难。"这个数千年来'万国衣冠拜冕旒'的古老而坐霸天下的语言如今不过是一种'方言',这个有着庞大言说者规模的语言不过是一个弱小的语种。汉语的知识总量极为微小,汉语的思想分布极不均匀,汉语的表达空间极是可怜。直到今天,我们没有概念,借用别人的说辞做概念;我们没有工具,借用别人的框架规范做工具;我们没有目的,在语言的转换中生成了我们的思维和目的。直到今天,人权观念、自由观念、现代理性等属人的生命意识仍是借助于其他语种来鞭策并要求着汉语的'自我完善'。"

六

如果我们梳理现代史上自家知识人向外来文化投诚的史实,其中的悲喜剧是令人心碎的。我们的很多知识人把现代转型当作单向的历史进程,把英语等衍生文字当作中心、权威的符号。这固然有现代性的误会,也有秦汉"书同文"以来的自负,以为世间必有一中心、权威,或必有唯一至上的神明。

但英语等衍生文字的混合历史仍证实文明不可能是"自有永有的",文明是在多中心、不确定状态下的创生。尤其到了现代,英语更无标准,但英语言说者足以沟通。从欧洲各地汲取资源的古英语,演变到今天已经成为一种多中心语言。除英国英语外,最重大的是北美英语和澳新英语,它们也各有自己的地区性的语词、语法和语音。其他如印度英语、东南亚英语、加勒比地区英语和非洲某些新兴国家的英语,都各自受到了当地语言影响、具有语音和词汇上的特点。

由此可见汉语的拉丁化、拼音化等运动,有着深刻的片面或说激进的轻率。传统中国文明走到尽头,烂熟得颟顸、无能,甚至制造了无量的罪苦、业力,有识之士展开的救亡之路是革命,是带领共同体"出埃及"般地逃离或离家出走。从圣书的角度看，这是人类抛弃跟天地的契约，学舌另一种工具、膜拜另一种人造偶像的现象。钱玄同认为汉字灭亡或被其他文字取代的时间需要一百年，黎锦熙先生认为需要五百年，吴稚晖先生认为需要一千年，他们笃定汉语言文字必须主动改革以适应灭亡的命运。但英语世界的膨胀和多中心事实，法语、德语、日语、俄语世界的竞争事实，使得汉字改革无所适从或迟迟难以如愿。"我们确实想谦卑下跪，可是，让我们跪在谁的面前呢？"

事实上，英语等衍生文字世界的成绩本身也伴随了业力，在根本上忘记或缺乏原生文字系统的神圣目的。衍生文字多半是取用了原生文字的零件，如果它缺乏足够的张力和发展动力，它的创造力不足，对世界的把握难免极端或片面；如日语的音素远低于世界语言的平均值，它的词语生成能力不够，音乐的表现较为单调。如果衍生文字企图把世界客体化，寻求表达的精细具体，如英语的音素非常丰富，但如此一来它的表达就处于不断扩张或逸出之中。

像移动互联世界的诞生一样，现代英语一旦发动，就能创造出无所主宰、每一网点都参与的无远弗届的有机关系。我们中国文化认可这一宇宙观，以为世界无需主宰就能和谐有序，世界无须设计者，万物任其自性就能形成和谐系统。但我们中国文化警惕在宇宙间的逃离，对往而不返的现象深怀忧虑。今天的我们越来越清楚，任何对世界的客体化都意味着主体的异化，我们不可能同时知道观察对象的位置和速度，我们不可能同时知道世界的本质和趋势。对世界本质的观察和表达越精细，我们越是把握不了世界的趋势，我们失去了世界。在某种意义上，衍生文字对世界的征服力越强大，它就越发变异，它像虫洞工具一样，把使用它的人带离此岸世界、此一宇宙，至于是否能带入到另一个能安身立命的宇宙，我们并不知道。

"六合之外，圣人存而不论；六合之内，圣人论而不议；春秋经世先王之志，圣人议而不辩。"是以我们中国文化对世界保持着观照、觉照，以天地印证人文，以人的展开印证天地，一旦时代社会产生了逃离，个体无所安置，我们中国人就会回到天地之中。司马迁明确说，"夫天者，人之始也；父母者，人之本也。人穷则返本，故劳苦倦极，未尝不呼天也；疾痛惨怛，未尝不呼父母也。"这是完成了人类对宇宙的归化。

七

现代汉语常用词是五万多，与之地位相当的《牛津简明英语词典》有条目24万；据说英语词汇已经接近一百万个，而老牌的或原生的汉字有八万多个。普通人掌握三千汉字就可以混世界，要掌握英语，没有一万左右的词汇量几乎难以进行交流。英语的霸气、丰富可见一斑，它对世界的形容、观察和表达确实要精细得多，它理所当然地成为今天的世界性语言，但是，我们从词语的膨胀殖民中可见，神圣的通天塔确实无人建造，人类正如流星在宇宙间漂移。德尔斐的神谕说过，凡事勿过度。我们文化的易象思维也认为，枝繁叶茂固然精彩，但若着相，就会忘记根本，离本根太远。我们的汉语早就说过："其出弥远，其知弥少。"

或者这正是汉语言文字的使命。尽管它的活力不足，对人的救赎不足，对人类的责任义务承担得不够，但它仍有着最庞大规模的言说人口，尤其是它书契天地、伏藏天地精神，它有着以简驭繁的天才，它与天地准，故能弥纶天地之道。它是人类原生文字仍兴旺的"活化石"，它需要英语等语种来校正，它需要世界知识来加持激活，它需要凤凰涅槃后的新生，需要从地方性知识中走出来，参与世界知识的演进。

公正地说，汉语的神圣性和力量并未失去，只是在代代传承中"花果飘零"，在少数人那里生成，尚未成为更多人和现代大众皈依的天命，但这少数人的献祭足以使我们对汉语的未来怀抱信心。以潘光旦先生为例，他身世坎坷，晚年又遇到史无前例的文化革命，他自己总结命运，一生是四个S：surrender（投降）、submit（屈服）、survive（活命）、succumb（灭亡）。他临死前想要一颗止痛片都不可能，在弟子费孝通的怀里死去，让费孝通哀叹"日夕旁伺，无力拯援，凄风惨雨，徒呼奈何"。但是，即使晚年命运如此悲惨，即使再也无望出版图书，他仍翻译了达尔文的巨著《人类的由来》，费孝通说自己的老师，"敝帚自珍，按他的习惯必定要亲自把全稿整整齐齐地用中国的传统款式分装成册，藏入一个红木的书匣里，搁在案头。他养神的时候，就用手摸摸这个木匣，目半闭，洋洋自得，流露出一种知我者谁的神气"。

费孝通先生从老师身上看到中国人的志，人有志了就有了存在的意义，有了神圣性，再也不会为时代所夺，也不会只做时代的注脚，他们有归属，有着落。我们中国文化提倡诗言志、文以载道。什么是志？士心是也。什么是士？推一合十为士。士就是要全面地、整体地把握这个世界。什么是道？太初有道，道与上帝同在，道就是上帝。诗言志、文以载道，都是表明语言文字的神正目的。

当然，我们今天重温这个故事，从汉语的角度来看更能体会其意义，那就是，潘光旦先生借助于翻译，完成了自己对人类的归化，完成了汉语对天地的归化。同类的例子还有穆旦，他在无望的日子里翻译，他临死前也未看到《唐璜》的出版，他的翻译被称为"中国译诗艺术走向成年的标志之一"。同类的例子还可以举出书写汉语神圣性的高尔泰、巫宁坤、吴宓、陈寅恪、熊十力，还可以举出曹雪芹……

重温这些汉语史上的烈士是有益的。黎锦熙一代人曾经推崇过自己的先辈刘继庄先生，刘先生是传统中国最后阶段的语言大家，他的名言曾是黎锦熙等人的座右铭："人苟不能斡旋气运，徒以其知能为一身家之谋，则不得谓之人。"刘先生的时代，中国尚未遭遇外来文化的霸权，他在古汉语的研思里安身立命，他把人的使命提高到历史目的的高度，也同样证实汉语具足神圣性。

因此，在为本书著者注解《潮流图》作介绍时，我想到了汉语世界的河流曲折往复、世代流转。而著者在注解中的平实、见识和自信等才思随处可见，他们跟新文化运动的先辈一样有立论的信心。一幅《潮流图》在相距近百年后终于有了回应，在社会改造、组织平台之外，《潮流图》所涉及的问题和命题经受着当代人的审视，或许这本身说明汉语流向新的消息。本书与《潮流图》的出版工作也得益"纸的时代"和葭苇书坊的支持。

"逝者如斯夫，不舍昼夜。"孔子的感叹里同样有神圣意味，我们一代代的中国人在这条河流里漂流、摆渡、谋生或相依为命。我愿意说，我们的这些文字是献祭给天地的，是献给汉语史上的先贤和先烈的，也是献给当下的汉语世界，献给正在发声并书写创造的大众。因为语言文字的神圣性仍值得领悟到的人职尽天命，正如诗人穆旦曾经说过的：

> 一个农夫，他粗糙的身躯移动在田野中，
> 他是一个女人的孩子，许多孩子的父亲，
> 多少朝代在他的身边升起又降落了
> 而把希望和失望压在他身上，
> 而他永远无言地跟在犁后旋转，
> 翻起同样的泥土溶解过他祖先的，
> 是同样的受难的形象凝固在路旁。
> 在大路上多少次愉快的歌声流过去了，
> 多少次跟来的是临到他的忧患；
> 在大路上人们演说，叫嚣，欢快，
> 然而他没有，他只放下了古代的锄头，
> 再一次相信名词，溶进了大众的爱，

坚定地，他看着自己溶进死亡里，
而这样的路是无限的悠长的
而他是不能够流泪的，
他没有流泪，因为一个民族已经起来。

余世存
2018年6月21日夏至，写于北京

前言

黎锦熙先生的《国语四千年来变化潮流图》（以下简称《潮流图》）初版于1926年（不包括蓝字部分），是为美国费城世界博览会准备的，展示中国教育的陈列品。初版是给外国人看的，注意体现"外来潮流的影响"，同时也表达了时代思想的主潮——突出"民间文艺的势力"。

图分上下两个部分，上部是文字与语言，下部是文学与文体，整体构成广义的"国语"概念。纵向是红线的时间线。中间的蓝色示意图表示汉语在四千年中的源流变迁、融会贯通，以及在20世纪的预期的前途。

1929年，此图再版则是给国内初学者准备的"思维导图"，用蓝字补充了上部的小学要籍和下部的文学典籍、作家作品、文体与流派等信息，以方便初学者"执简驭繁，随时稽检"。

正如图注所说，"我的主旨，还在图中二十世纪一栏，轩然巨波，冲破文言之界，汇成大泽"，即各种潮流通过官话字母与简字（音标文字）运动、注音字母（国音统一）运动、白话文运动（民众文艺运动、文学革命）等，在20世纪融汇激荡，最终形成言文一致的国语——这是《潮流图》的基本精神，也是"五四"以来国语运动的基本精神。

黎锦熙先生还预期，将来会留下"六道安流"：国语标准语、国语罗马字（注音字母将与之暂时并行）、各体汉字（在文字史中）、各种古体文（在文学史中）、国语应用文、国语文学（以及一定地域的方言文学）。

在本书中，我们将大致按黎锦熙先生图示的脉络、开列的线索，汇集与"国语四千年来变化潮流"相关的资料，为业余爱好者提供一本概览性的、手册式的汉语言文学史普及读物，把有史以来直至现代的汉语言文学演变潮流的概貌呈现给读者。

本书编者并无创见，一般只取学界通行的观点，主要参考书开列在篇末，不一一标注来源。直接引文、重要数据和图片等材料，以及独特的观点等则标记出处，以便读者查找。

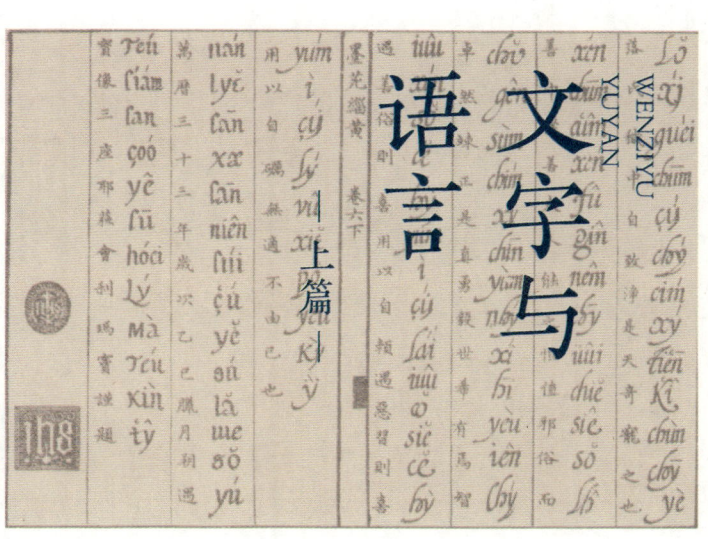

文字与语言

WENZIYU YUYAN

上篇

《潮流图》的文字与语言部分，体现了黎锦熙先生个人的同时也是当时知识界的普遍倾向：汉语的统一规范，汉字的简化、拼音化直至与世界文字接轨——拉丁化，是世界语文现代化大潮的一个分支；这种前途是确定无疑的。至于什么时候能实现，不同人的预期差异很大。比如有人问国语罗马字多久才能代替汉字，黎锦熙先生认为至少要五百年，而"疑古先生"（钱玄同自号"疑古"）以为只要一百年，吴稚晖先生则说要一千年。（黎锦熙：《一百年也可以》，载《国语运动史纲》，213页）

黎锦熙先生在《潮流图》中为我们勾画了汉语言文字的发展脉络：

一、在图画文、甲骨文以前，言、文没有完全分化；

二、后来语言、文字分化，如同河流分成两股：

（一）其一是文字。汉字经历大篆、战国文字、小篆、隶书、草书、行书、楷书的演变过程，到唐代稳定下来。

（二）其二是语言。大概从东汉后期开始，人们有了语音分析的自觉。这体现在反切的发明上。在其后的漫长历史过程中，又逐步出现了韵书、四声、三十六字母、等韵学、韵摄、反切改良。在此过程中，梵语、鲜卑语、蒙古语、西洋语、满语、罗马字、语音学等外来因素各有作用。

三、到20世纪此图绘制的时代，出现官话字母与简字（音标文字）运动、注音字母（国音统一）运动、白话文运动等，语言与文字再次合流。在此基础上进一步融合发展，最终将实现语言文字层面的言文一致的目标。

他预计，将来通行的将是国语标准语、国语罗马字，注音字母将与国语罗马字并行一段时间后退出历史舞台。而各体汉字将成为历史——文字史。

再加上文学、文体领域整体而言，即构成图注所说的："我的主旨，还在图中二十世纪一栏，轩然巨波，冲破文言之界，汇成大泽；将来疏导，必成最后的六道安流，这就是国语前途的建设了！"

第一章 汉字源流

一、汉字的产生与字体演变

1. 汉字的起源

文字是用来记录语言的。不过在真正的文字产生之始,只是记录个别概念。比如捕获一头鹿,就"画"一头鹿;遇到一只老虎,就"画"一只虎。这种"文字"和图画很难区分。又如,要表达一、二、三、四这样的数目,可能用相应个数的横道表示;这与原始社会用结绳、刻画道道或点点记事是一脉相承的。早期汉字称为"书契","书"起源于图画,这是绝大多数汉字的来源;"契"起源于结绳、契刻以记事的传统,这类字是很少的。又有汉字起源于八卦的说法,则不可信。

最初的原始文字不是基于词语语音造出来的,而是通过象形、指事、会意等方法表示某种概念,这些字可统称为表意字。很多概念难以造出表意字。如果只有表意字,就无法完整地记录语言。为了表达没有字的词语,人们有时借用现成的同音字或音近字来表示。这就是六书中的"假借"。

假借记音造字方法会形成很多一字多用的现象,造成字义混乱。这时就加上表意的符号加以区别。这就是六书中的"形声"。有了这种记音方法后就有可能表达完整的语句,真正的文字即将出现了。不过一个文字体系的形成过程是很漫长的,字形复杂、不稳定,字序与语序不完全一致等原始的残余、缺陷长期存在。

　　独立形成的文字体系,如古代两河流域的楔形文字、古埃及的圣书字、汉字,都兼用意符和音符,可称为意符音符文字或简称意音文字。楔形文字成熟于公元前3500年左右,公元后已不再使用。圣书字成熟期比楔形文字略晚,公元后5世纪停止使用。约成熟于夏商之际(约公元前1600年)的汉字,至今仍在使用。(图1)

楔形文字

甲骨文

圣书字

图1　独立形成的文字体系

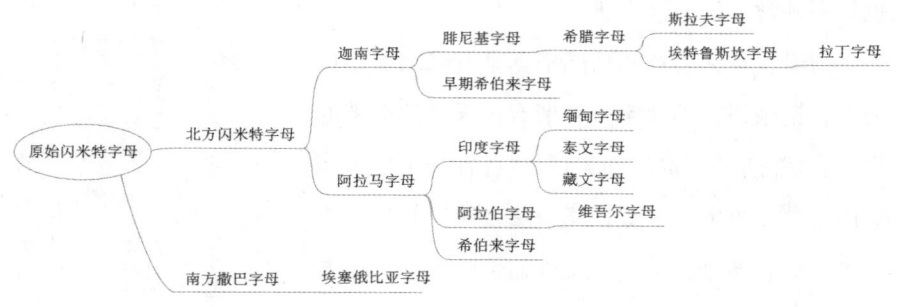

图2 字母系统发展示意图
据周有光《世界文字发展史》重制

当代主要文字大致可分为两大类：字母拼音文字和非字母的、表音兼表意的汉字。大多数字母有共同的来源——约公元前1700年至前1500年间的原始闪米特字母。世界主要的四种字母中，拉丁（罗马）字母分布最广，其次是阿拉伯字母、斯拉夫字母、印度字母；如果按使用人口多寡排序，印度字母仅次于拉丁字母，然后是阿拉伯字母、斯拉夫字母。

2.仓颉造字与汉字的形成

在汉字产生之前，中国古人用实物记事，其中最常见的是结绳。《易经·系辞下》："上古结绳而治，后世圣人易之以书契。百官以治，万民以察，盖取诸夬。""夬"是六十四卦之一，象征"断事明决"。人类学家在世界很多地方的现代部族中调查到结绳记事的现象，包括在我国的藏族、高山族、独龙族、哈尼族等。可见结绳记事是一种非常古老、普遍的符号。

各部族的结绳记事方法是很不相同的。《周易正义》引《虞郑九家易》："古者无文字，其有约誓之事，事大大结其绳，事小小结其绳，结之多少，随物众寡；各执以相考，亦足以相治也。"在某些现代部族中，绳子的颜色、绳结的样式、绳与绳之间的联系，也有表达意义的作用。

结绳之外，契刻——在木头等物上刻画印记

也是一种常见的记事方法。

　　结绳、契刻表意的功能毕竟是有限的。相比之下，记录语言的文字真可谓有惊天地泣鬼神的力量！《淮南子·本经训》说："昔者仓颉作书而天雨粟，鬼夜哭。""天雨粟，鬼夜哭"是形容天地鬼神见仓颉创造了文字，因而惊骇至极。作者的原意是批评人类的智巧伪诈，倒也描绘出古人对文字神奇力量的惊叹。

　　传说仓颉是黄帝的史官。在中国社会早期政治中，巫、史是最重要的以文字、知识为专长的"技术官僚"。巫负责人神沟通，实质上是负责提供各种决策支持。下文会讲到，甲骨文即是巫的工作档案。而史的工作是记言、记事，实质上是构建和维系政治传统、典章制度。《说文解字·叙》："及神农氏，结绳为治，而统其事。庶业其繁，饰伪萌生。黄帝史官仓颉，见鸟兽蹄迒之迹，知分理之可相别异也，初造书契。……仓颉之初作书，盖依类象形。"这段话说明结绳记事功能有限，不能适应"庶业其繁"的时代，于是专职记事的史官开始按照一定的规律创造（其实应该是整理）文字。"庶业其繁"大概是指原始社会过渡到奴隶社会，统一国家产生，政治活动变得日益重要时的状况；这时文字与语言结合较为紧密，真正意义上的文字形成了。

　　在古文字中，"史、吏、事"是一个字形：" 、 、 "；或者说"史"后来分化出"吏、事"

　　敬惜字纸是中国古代传统，据说最早出现在宋代。古人对写有字的纸持敬惜之心，不随意丢弃、践踏、玷污，不用在糊窗、封坛等微贱不洁场合，而要用字纸篓收集后专门烧灰。字灰用来祭仓颉，然后撒入江河，称"送字灰"或"送字纸"。还有专门烧字纸的"惜字塔"，还有专门收集、焚化字纸、旧书的民间组织惜字会。

　　清朝流行"惜字律"、敬惜字纸的故事，劝人敬惜字纸，也劝人对写字作文、对经典乃至文化传统持恭敬态度。不仅儒家如此，佛家更是如此。印光法师有《普劝敬惜字纸及尊敬经书说》一文。

二字。上面的"中"是典册,下面的"又"是手。随身带着典册,随手把重要事件、重要言论记录下来,这是古代史官的典型形象。这么说来,史官改进文字的传说,是确有根据的,但并非创造。至于是不是真有仓颉其人,仓颉是不是黄帝时代的史官,倒不是很重要。

3.六书

六书是古人总结的六种造字法,即象形、指事、会意、形声、转注、假借。"六书"这个词最早见于《周礼·地官·保氏》:"养国子以道,乃教之六艺,一曰五礼,二曰六乐,三曰五射,四曰五驭,五曰六书,六曰九数。"东汉班固《汉书·艺文志》列出了六书的名目:"《周官》保氏掌养国子,教之六书,谓象形、象事、象意、象声、转注、假借。"许慎在《说文解字·叙》中做了具体解释:

周礼八岁入小学,保氏教国子先以六书。一曰指事。指事者,视而可识,察而可见,上下是也。二曰象形。象形者,画成其物,随体诘诎,日月是也。三曰形声。形声者,以事为名,取譬相成,江河是也。四曰会意。会意者,比类合谊,以见指㧑,武信是也。五曰转注。转注者,建类一首,同意相受,考老是也。六曰假借。假借者,本无其字,依声托事,令长是也。

后人对"六书"的理解多有分歧,尤其是对"转注",众说纷纭,莫衷一是。唐兰先生的观点接近南唐徐锴,他认为与孳乳相反,转注是归纳的过程:"数语一义,写成文字时统之以形,同意语太多了,找一个最通用的语言作形符来统一它们,所谓'建类一首',就是转注字。"如"寿、考、耆、耋"都是注上"老"而形成的。(《中国文字学》79~80页)

另外,许慎的例字也有不恰当的,比如"信"当是形声字,从"言",

"人"声。

唐兰先生批判六书说，造三书说。他在《古文字学导论》（1935）中归纳出象形文字、象意文字、形声文字三类。陈梦家先生在《殷墟卜辞综述》里批判此说，提出象形、假借、形声的新三书说。裘锡圭先生进而改进陈梦家的说法，定为表意字、假借字和形声字。他同时指出，三书并不能概括全部汉字。详见表格1。（据裘锡圭：《文字学概要》，102页以下六、七、八、九各节。字形由编者选自《古文字类编》，本书古文字字形均据此书，除非另有说明）

表格1 汉字类型表

汉字基本类型		说明与例字 （古文字形以甲骨文、金文为主）
表意字	抽象字	一 一，二 二，三 三，四 三
	象物字	山 ▲▲▲，水 ，木
	指示字	本 ，末 ，刃
	象物字式 象事字	又
	会意字	从 ，北 ，即
	变体字	"片 "是"木"的一半，" "是"片"的反写，"叵 "是"可 "的倒写
假借字		假借是借用同音或音近的字表示一个词。草木的"草"字，本字是"艸 "，后借用"草 "（栎树的果实，后写作"皂"）来表示；流言蜚语的"蜚"字，本字是"飛（飞） "，借"蜚 "（一种虫名）来表示
形声字		一般来讲，形声字是通过给已有的假借字加意符，或给已有的表意字加音符而逐步形成的，而不是直接用意符、音符拼成的。

4. 商周甲骨文

汉字字体演变过程可粗略分为古文字和近代文字（隶楷）两个阶段。

古文字主要包括商代文字、西周春秋文字、六国文字、秦系文字，隶楷阶段主要涉及汉隶、唐楷。详见表格2。

表格2　汉字形体演变示意

时代	商	西周	春秋	战国	秦	西汉	东汉	魏晋	南北朝	唐以后
甲骨文	■	■								
金文		■	■							
大篆小篆				大篆	小篆					
六国古文				■						
秦隶汉隶					秦隶	汉隶				
草书							章草	今草		今草、狂草
行书							■	■	■	■
楷书								■	■	■
分期	古文字阶段					近代文字（隶楷）阶段				

浅色表示正体，深色表示俗体，是大致而言的。

商代文字主要包括甲骨文和金文。

孔子说："夏礼，吾能言之，杞不足征也；殷礼，吾能言之，宋不足征也。文献不足故也，足则吾能征之矣。"（《论语·八佾》）孔子的意思是说，夏、商两代的礼他还能讲出来，但已经无法求证了。无法求证是因为夏的后裔杞国、商的后裔宋国，都缺少"文献"（历史文件和贤人）。可见早在孔子的时代，殷商以前的历史文件已经湮没无闻。无比幸运的是，我们在2500多年后却看到了！——这就是甲骨文。

王懿荣（1845~1900）是发现和收藏殷墟甲骨的第一人。1899年（清光绪二十五年），国子监祭酒王懿荣患疟疾。医生所开处方中有常用的镇心安神、固涩收敛的药"龙骨"（中医指古代大型哺乳动物如犀、象的骨骼化石）。药抓来后，王懿荣发现里面的龙骨非同寻常：上面刻着一种类似篆文又差别甚大的文字。王懿荣素好金石，精通铜器铭文，有较深的古文字造诣。这一发现引起他极大的兴趣。他从药店获知龙骨的来源，于是大量购藏。

原来这批龙骨是河南安阳一带的农民在种地时偶然发现的，卖给了当地的药材商贩。其后王懿荣等学者研究、判定，这些龙骨上所刻的是一种古老的文字，比当时已知的任何一种汉字都古老。因为这些文字刻写在龟甲、兽骨上，所以后来被称为"甲骨文"。

另一个传说是，当时河南安阳不时有文物出土，各地古董商云集收购，转销北京、天津等地。其中山东潍县商人范维卿，1898年注意到安阳小屯村农民种地时挖到的有字的"龙骨"。有人告诉他"龙骨"上的文字当是上古文字。1899年的秋天，范维卿带了一些"龙骨"进京，送给王懿荣。王懿荣非常震惊，遂大量购买。

自从盘庚（汤的第九代孙）十四年迁都安阳，直到帝辛（即纣王），历八代十二王，共273年，安阳小屯一带都是商朝都城。安阳当时叫殷，因此商代又被称为殷或殷商。周灭商后这里成了废墟，后人称之为殷墟。

自1898、1899年以后，经国家考古发掘和村民私自挖掘，累计发现殷墟有字甲骨十多万片。以碎片居多，常有一两字的，而完整的甲骨往往刻多条卜辞，字数有多达八九十个的。

商周时代信神尚鬼，凡祭祀、战争、游猎、出行、稼穑、疾病、生育、担忧、做梦等，事无巨细都要占卜，以问凶吉。"占"字是"卜"和"口"会意。"卜"是兆纹的样子，"口"表示问。《说文解字》说："占，视兆问也。从卜从口。"

占卜主要用龟的腹甲、背甲和牛的肩胛骨，合称甲骨。各地进贡的甲骨，先要修治干净、成型，然后在甲骨的反面钻、凿一些圆形、椭圆形（周原卜甲用方形）小坑，在边缘刻上甲骨的来源、修治人员、保管人等信息，由专人入库保存，以备使用。占卜时用火烤钻凿好的坑。甲骨受热后，正面对着小坑的地方会生成裂纹，这就是"兆"。占卜后由解读的人解读。负责占卜的贞人有时会把占卜的日期、占卜人的名字、所问何事、卜兆的次序、吉凶判断、应验与否等，一一刻记在甲骨正面。这些文字就是甲骨文，又叫卜辞、殷墟文字、契文等；绝大多数是刀刻的，偶尔有用毛笔蘸墨或蘸朱砂写的。商人偶尔也在甲骨上刻写与占卜无关的文字。

殷商有甲骨文，西周、春秋也还有。1954年以来，先后在山西、陕西、北京多个地方出土了甲骨。其中陕西扶风、岐山两县间的周原遗址出土的数量最大，文字总计有三千多个。周原甲骨字体很小，需要放大才能看清，也可见当时刻写技艺很纯熟。其卜甲凿方孔，即《周礼·卜师》所说"方兆"，这是不同于殷商甲骨的地方。但其卜辞文例跟殷商甲骨文接近。

殷商甲骨文是现在所能见到的最早的成体系的汉字。所记内容大部分跟商王有关，小部分跟商王周围的大贵族有关。甲骨文因数量大，年代跨度长，涉及内容广，能很大程度反映当时的社会生活和语言文字状况，是非常重要的历史和语言文字研究资料。

据统计，甲骨文单字数量有5900多个，已经释读的有1000多字。甲骨文已经相当成熟，不过象形、象意的特点还比较强，很多字形没有定型，同字异构很多，字的方向尤其多变。

殷商时代写字用毛笔，字形跟金文大体一致。但甲骨文是用刀刻的，所以笔画方折较多，多用细线条，字形有简省，和金文比起来算一种特殊字体。

我们来看一些例字。

今字	解释	甲骨文
宀（mián）	象形字 一种四面有墙，上有覆盖，内有堂有室的深屋。	
向	会意字 中间的"口"表示窗口。本义是北面的窗户。或以为是"响"字的初文。	
家	会意字 里面是"豕"（猪）。	
室	形声字 里面的"至"是声旁。	
水	象形字	
川	象形字	

今字	解释	甲骨文
州	象形字 水中的陆地。"洲"的本字。	
廾（gǒng）	会意字 并拢两首以捧物。	
弄	会意字 双手玩玉。本义是玩耍、戏弄。	
戒	会意字 以手持戈，表示警戒、戒备。	
具	会意字 双手持鼎。本义是置备饭食。	

我们再来看一块比较完整的卜甲。

拓片选自《殷墟文字丙编》第368、369片，是同一块卜甲的正、反面。亦见《甲骨文合集》12487正、反。反面有10处钻、凿坑，正面仅8处有相应的卜兆

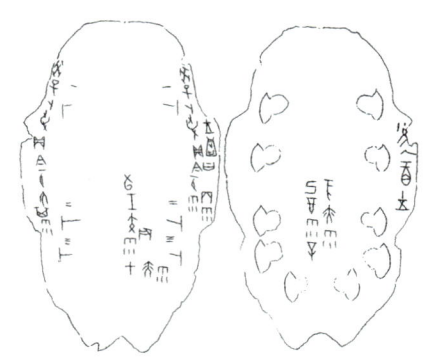

368片、369片摹本，根据《商周古文字读本》

图3　一块比较完整的卜甲

癸巳卜，争贞：①今一月雨？②
一二三③

癸巳卜，争贞：今一月不其雨？④
一二三

王固曰：丙雨。⑤

旬壬寅雨。甲辰亦雨。己酉雨。辛亥亦雨。⑥

雀入二百五十。⑦

①癸巳卜，争贞：这是记录占卜时间，贞人名，叫"叙辞"。癸巳，干支计日的第30日。后文的壬寅、甲辰、己酉、辛亥，分别是第39、41、46、48日。争，商王武丁时贞人名。
②今一月雨：这是卜问的内容，叫"命辞"。
③一二三：三个卜兆边上标记的占卜序号，叫"兆序"。
④今一月不其雨：这是从反面问，与第一条形成"对贞"。
⑤"王固曰"句：这是商王察看卜兆后做出判断，叫"占辞"。固音zhān。
⑥"旬壬寅雨"等句：这是应验情况的记录，叫"验辞"。
⑦雀入二百五十：记录本批龟甲的来源、数量，与本次占卜无关，叫"署辞"。雀，殷的附属方国名。

大意如下：
癸巳日占卜，贞人争问：现今一个月内会下雨吗？
（兆序）一二三
癸巳日占卜，贞人争问：现今一个月内不会下雨吧？
（兆序）一二三
王察看卜兆后判断说：逢丙日会下雨。
（应验情况是）下一旬的壬寅日下雨，其后的甲辰日也下雨，己酉日下雨，辛亥日下雨。
（本批龟甲来源记录）雀贡纳龟甲二百五十。

（以上参考《甲骨文合集释文》《商周文字读本》）

甲骨文是巫的工作档案，因为甲骨的物性及其窖藏传统，得以保存至今，实属万幸。古代巫、史并称。史的工作成果按理要比巫的丰富得多，却没有那么幸运。在《尚书·多士》中，周公于西周初年对商朝遗民说："惟尔知！惟殷先人有册有典：殷革夏命。"这里明确讲殷商有典册记载殷革夏命的历史。或许因为"史书"是写在容易腐烂的竹木简上，又或许是因为史书没有甲骨那样有利的储藏制度，所以今天我们看不到了。

5. 商周金文

中国从殷商起进入了青铜时代，战国末期青铜才开始逐渐被铁代替。在青铜时代，青铜被广泛用于铸造各类器具，如乐器、炊器、盛食器、酒器、水器、兵器等。铸造青铜器要预先用泥制作陶范。如果要铸出文字，一般先在陶范上写好，雕刻出来，也有直接在青铜器上刻字的。

在先秦时代，"金"指铜，金文就是铸刻在古代铜器上的文字。因为在有字铜器中，钟、鼎最为重要，所以金文又叫钟鼎文。古代称祭祀为吉礼，称铜制的祭器为吉金，所以金文又称吉金文字；另有铜器铭文、彝器款识等称呼。

金文是从商代后期开始出现的，周代最为流行，春秋仍旧多见。历代都有发现先秦铜器的记载，宋代开始有人专门收集、研究。估计见于著录或现有实物的铜器，累计有一万数千件。其中约有四分之一属于商代，其余大多是周代的。累计金文单字3700多个，有2400多字能释读，大多数铭文大致可以通读。两周金文内容广泛，是研究当时社会和语言文字的可靠材料。

商代铜器铭文比较简单，往往在五六个字以内，主要是做器者的族名、所纪念的先人称号等。——此类叫记名金文。参见图4、图5、图6。

图4 象祖辛鼎铭文
商代，选自《殷周金文集成》1512

|上篇|文字与语言

图5 后母戊方鼎铭文（曾释读为"司母戊"）
商代，选自《殷周金文集成》1706

图6 咸子作祖丁尊彝铭文
商代，选自《殷周金文集成》2311

记名金文往往象形的特点突出。大概族名如同族徽,会更为保守、稳定,视觉上也需要更形象、醒目才显得与众不同。不仅商代如此,西周、春秋也如此。以下是记名金文"保、何"二字:。以下四个是未识徽号文字:。

西周铜器则往往记事,百字以上的长篇铭文多见,二三百以上也不少。毛公鼎有近五百字。记事金文记录重大事件如祭祀、赏赐、册命、旌功、训诰、战事等,当然往往还要称颂祖先或王侯的功绩。西周金文未定型、繁难、同字异构等特征仍比较明显。参见图7。

图7 散氏盘照片和铭文

散氏盘又称矢(zè)人盘,西周晚期青铜器。清乾隆年间出土于陕西凤翔(今宝鸡市凤翔县),现藏于台北"故宫博物院"。内底铸有铭文19行、357字。散氏盘书风朴拙厚重,是重要的金文书法范本。

铭文大意是:矢国因原先掠夺散国边境地区,现割让一片可以耕种的土地作为赔偿。然后详细记录了割地的边界,并列明两国25名履勘人员。最后描述盟誓的情景:王九月乙卯日那一天,矢国四人先后立誓:"我们已经把土地交付给散国。如果违约,愿挨千鞭,罚千金,受放逐。我们发誓!"矢国国王在豆新宫东廷将新的边界图交给散国。制图人为史官中农。

西周青铜器多为周王朝贵族、臣僚所作,春秋铜器大多属于各诸侯国。从春秋起,各地的书写风格逐渐分化出来,还出现了美术化、装饰化的字体,特别是长江中下游地区各国的鸟虫书(参见图8)。

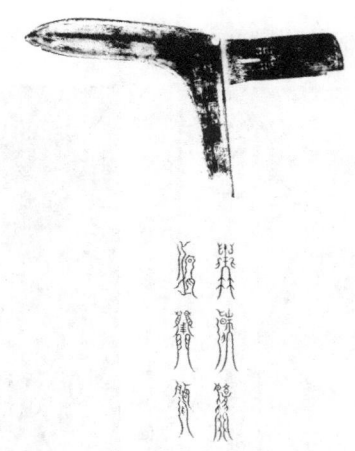

图8 蔡侯产戈
字体为鸟虫书，释文：蔡侯产之用戈
战国早期。宋代出土。选自《殷周金文集成》11143、11144

甲骨文用于日常巫术活动，使用频繁，涉及各种平常内容。而有字铜器往往有纪念重要事件、重要人物的特征，场合庄重、稀见。体现在文字风格上，甲骨文有俗体字的特点，而金文是比较传统的正体字。另外，陶范质软，所以金文比较接近用毛笔直接书写的字。甲骨文则受甲骨和刻刀的影响，形成一种特殊字体。

与金文有关的重要概念另有大篆与籀文。

汉代人称《史籀篇》文字为籀文。张怀瓘《书断》云："籀文者，周太史史籀之所作也，与古文大篆小异，后人以名称书，谓之籀文。"《说文解字》重文（一般认为，重文就是异体字）中有籀文225个。

秦汉时人为了说明秦篆与其前身的关系，称秦篆为小篆，称小篆所从出的字体为大篆。但"大篆"的实指只有籀文一种。《汉书·艺文志》："史籀十五篇"，自注云："周宣王太史作大篆十五篇。"《说文解字·叙》："周宣王太史籀著大篆十五篇，与古文或异。"有人推测大篆当是《虢季子白盘》（图9）和《石鼓文》（图17）一系，上承西周金文、有别于六国俗体异文、下启秦代小篆的正统字体。

今人也有把小篆之前的甲骨文、金文和战国文字等统称为大篆的。

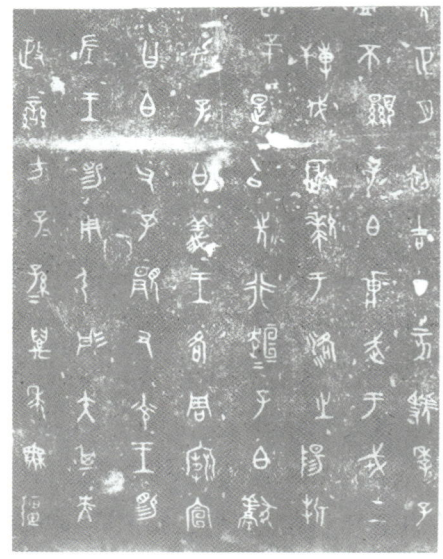
铭文拓片
选自《殷周金文集成》10173

铭文拓片（局部）

虢季子白盘照片

图9 虢季子白盘
　　西周宣王时期水器。道光年间出土于陕西宝鸡。现藏中国国家博物馆。盘内底部有铭文111字，叙述虢季子白在与狁狁（匈奴先民）的战斗中立功，受到周王褒奖、赏赐的事。铭文字体端庄，结构严谨，笔画圆润遒丽，是重要的金文书法范本。

6.六国文字

春秋战国时期，随着周王朝的衰落，权力逐步下移、分散，社会越来越活跃、多样起来。战国时期文字的应用领域更加广泛，书写材料更为丰富。就现存文物来看，战国文字主要有金文、货币文字、玺印文字、陶文、简帛文字等。

战国中期后，金文大量出现"物勒工名"的现象，往往简单记录作器年份、主管官员和作器工人的名字等。铸字也往往被刻字代替。这个时期战争频繁，后世出土铜器中很大比例是兵器。参见图10、图11。

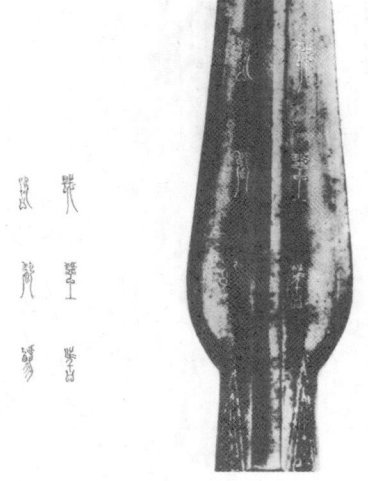
图10 戉王者旨於赐矛
战国早期。现藏日本永青文库。
选自《殷周金文集成》11511

图11 戉王州句自作用矛
战国。现藏英国伦敦不列颠博物馆。
选自《殷周金文集成》11535

春秋时开始铸造青铜币，战国时已大量流通。铸币上有标明发行地、重量、价值等信息的文字。

战国陶文中，属齐国的最多。陶文内容跟金文大致一样；多数是用玺印印出的，少数是刻画的。

大概在春秋时期，贵族通信开始在绳结处用泥封，泥上加按玺印，以防偷看。这样的书信叫"玺书"。现存早期玺印多属战国时期。字有阴文、阳文之分。阴文是凹陷的，在纸上印出的字是白色的，所以也叫白文。阳文正好相反，印上的字是凸起的，用红色印泥在纸上印出的字是红色的，所以也叫朱文。不过，隋代之前玺印主要是用来打封泥的，不是在纸上用的。因为封泥不能太大，战国玺印面积有限，字数一般在四个以内。参见图12。

富昌韩君　　长平君佢室鉨　　公孙安信鉨

公孙　　敬守　　吉　　大吉

图12 古玺
从左到右选自《古玺汇编》006、003、3922、3928、4231、5051、5577

用简帛作书写材料当是很早的事，但简帛不易保存，现今发现的最早的简帛文字属于战国。出土的战国简帛文字以楚国为主，大概跟这些地区潮湿的墓室环境有利于阻止简帛氧化有关。20世纪50年代以后多次发现楚简，如包山楚简、郭店楚简。上博简有1700余枚，35000多字。清华简有2300多枚，估计有40000多字。郭店楚简、上博简、清华简所含多是典籍。除典籍之外，较常见的内容是墓葬的遣策和杂记、占卜记录、司法文书、占书等。遣策是随葬物品的清单。杂记记录的是墓主生前的疾患、祷祝、占卜等事。

存世最早的战国楚帛书是长沙子弹库帛书。这是一篇古代天文历数著作，包括日月四时的创生神话、异象与天灾、各月宜忌等。

春秋战国时期"礼崩乐坏"，社会活跃而多样化，体现在文字上，则是俗体字流行和各国文字形体、风格形成较大的差异。俗体字流行主要表现为随意简化，也有不少繁化，以及上面提到的以鸟虫书为代表的美术化、装饰化。参见表格3。

表格3 战国文字的简化与繁化

现代规范字	周代金文常见字形	战国简化字形	战国繁化、装饰化字形
安			
宣			
巳			
之			
渔			

从上表可以看出，简化字形往往有连笔的痕迹，可见追求书写速度的动机是很强的。这也反映出当时书写已经日常化，使用频繁，不再是商周时代用于庄重场合的、巫史等少数专家的技能。

各国文字的分化是很严重的。秦国文字比较传统，东方韩、赵、魏、齐、楚、燕六国（也包括其他一些小国）文字比较新潮，而六国文字之间甚至一国文字内部，也有很大差异。参见表格4。这种情况影响到社会交流、政策法令的施行和教育的推广，是秦灭六国后推行书同文的时代背景。

表格4　各国"马"字的写法

周代金文	三晋	中山	楚	其他玺印文字

7. 秦系文字

今人把春秋战国时期秦国文字以及秦灭六国后推行的小篆，统称秦系文字。传统认为秦书有八体。许慎《说文解字·叙》说："秦书有八体，一曰大篆，二曰小篆，三曰刻符，四曰虫书，五曰摹印，六曰署书，七曰殳书，八曰隶书。"大篆、小篆、虫书、隶书有不同的字体结构、风格，而刻符、摹印、署书、殳书是根据使用场合定名的。前面说过，大篆最初指小篆所从出的字体，上承西周金文，并有别于六国俗体异文。《虢季子白盘》（图9）、《石鼓文》（图17）是其代表作。虫书即前面说过的鸟虫书，也称鸟书、鸟篆、鸟虫篆等。隶书，这里指秦隶。

现存的秦系文字资料主要是金文、石刻文字、印章与封泥文字、陶文、漆器文字、简帛文字等。

春秋晚期秦刻石有石鼓文（见图17）。战国中期以后有诅楚文，是秦王诅咒楚王的告神文。北宋时发现有告巫咸、告大沈厥湫（图13）、告亚驼（滹沱）三石。现仅存摹刻本。

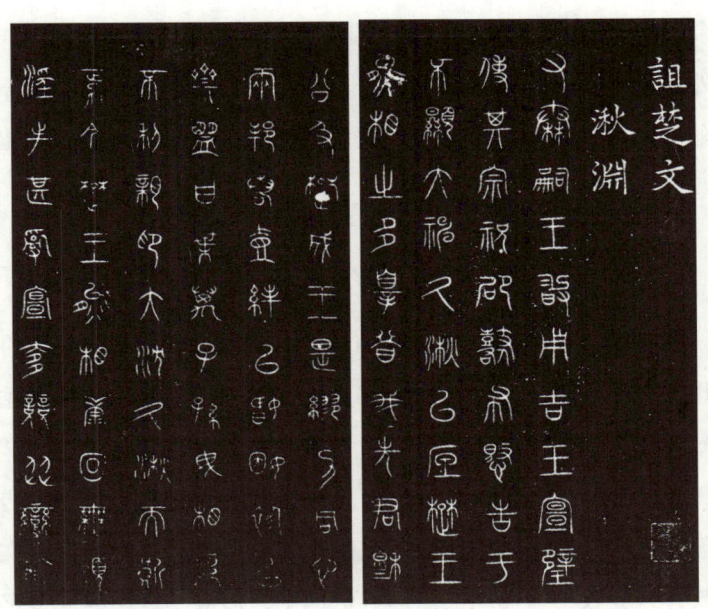

图13 诅楚文告大沈厥湫（局部）
释文：又（有）秦嗣王，敢用吉玉宣（瑄）璧，使其宗祝邵鼛布忠，告于不（丕）显大神厥湫，以底楚王熊相之多罪。昔我先君穆公及楚成王，是（实）勠力同心，两邦若壹，绊以婚姻，袗以齐盟。曰：叶万子孙，毋相为不利。亲卬（仰）大沈厥湫而质焉。今楚王熊相康回无道，淫失（佚）甚（耽）乱，宣侈竞从（纵），变输[盟约]……

秦灭六国后，始皇数次巡行天下，所到刻石记功。计有峄山、泰山、琅邪（玡）、之（芝）罘、东观、碣石、会稽七刻石。秦二世时又在这些刻石上加诏书。都是小篆字体。相传为丞相李斯（？~前208）书写，一方面是颂扬秦王朝的功绩，同时也为了把标准字体小篆昭告天下。现仅琅邪刻石残存，峄山刻石有完整摹刻本（见图19），泰山刻石摹刻本残存146字。

秦代简帛文字，比较重要的有湖北云梦睡虎地秦简，共1100多枚，内容有秦律、大事记、日书等。参见图20、图21。又有湖南龙山里耶秦简，有字的18000多枚，是秦洞庭郡迁陵县的行政文书。字体都是隶书。参见图22。

其余印章与封泥文字，陶文，漆器文字，大多用篆文。

另外，《说文解字》所收9353个小篆，是最系统的秦代文字，是古文字研究的基准和参照系。不过《说文解字》成书于东汉，因历代错讹、窜改，有些字形不可靠。

秦国地处西方偏僻之地，长期较为落后；所处又是西周故地，传统比较深厚。与东方六国比起来，秦国的正体字是比较正统、保守的。春秋战国时代，秦国的正体字以金石文字为代表，继承了西周晚期虢季子白盘（见图9）一派字形规整匀称的传统，并有逐步强化的趋势。

等到秦灭六国，推行"书同文"，李斯等人在这个趋势下进一步对文字进行整理，废除六国文字中与秦国文字不同的形体，对秦国现有文字进行简省删改，并吸收一些民间的简体、俗体字，形成了全国的规范字——小篆。如许慎《说文解字·叙》所说：

> 其后诸侯力政，不统于王。恶礼乐之害己，而皆去其典籍。分为七国，田畴异亩，车涂异轨，律令异法，衣冠异制，言语异声，文字异形。秦始皇帝初兼天下，丞相李斯乃奏同之，罢其不与秦文合者。斯作《仓颉篇》。中车府令赵高作《爰历篇》。大史令胡毋敬作《博学篇》。皆取《史籀》大篆，或颇省改，所谓小篆也。

　　　　　　　　　　图14　秦公钟铭文（局部）
　　春秋早期。1978年出土于陕西省宝鸡太公庙村。现藏宝鸡青铜器博物馆。铭文是刻成的。选自《殷周金文集成》262～266
　　1释文：秦公曰。我先祖受天命。赏宅受国。烈烈昭文公、静公、宪公。不坠于上。昭合皇天。以虩事蛮方。公及[王姬曰。余小子。余夙夕虔敬朕祀
　　2释文：[余夙夕虔]敬朕祀。以受多福。克明厥心。虩龢胤[士。咸畜左右。允义。翼受明德。以康奠协朕国。盗百蛮。俱即其服]
　　3释文：[俱即其]服。作厥龢钟。灵音铣铣雝雝。以宴皇公。以受大[福。纯鲁多釐。大寿万年……]

　　　　　　　　　　图15　秦公镈铭文（局部）
　　春秋中期。宋代发现。原器已亡佚。选自《殷周金文集成》267
　　释文：秦公曰。我先祖受天命。赏宅受国。烈烈昭文公、静公、宪公。不坠于上。昭合皇天。以虩事蛮方。公及王姬曰。余小子。余夙夕虔敬朕祀。以受多福。克明厥心。虩龢胤士。咸畜左右。[允义……]

图16 秦公簋拓片（局部）
春秋中期或早期。民国初期出于甘肃秦州。现藏中国历史博物馆。选自《殷周金文集成》4315

释文：秦公曰。丕显朕皇祖。受天命。鼏宅禹迹。十又二公。在帝之坏。严恭夤天命。保䜌厥秦。虩使蛮夏。余虽小子。穆穆帅秉明德。烈烈趩趩。万民是敕。[咸畜胤士。趫趫文武。镇静不廷。虔敬朕祀。作寻宗彝。以昭皇祖。其严徵格。以受纯鲁多釐。眉寿无疆。畯疐在天。高引有庆。竈囿四方。]

图17 石鼓文
春秋晚期秦国刻石文字。发现于唐初。因刻石外形似鼓而得名。共计十枚，高约三尺，径约二尺。原石现藏故宫博物院。每石刻四言诗一首。第一首前两联为：吾车既工，吾马既同。吾车既好，吾马既阜。

战国时期的秦系金文多见于兵器、权量、虎符上,其中最重要的是权量。秦统一天下后,把始皇二十六年(前221)统一度量衡的诏书铸刻在大量的权、量上。到二世时,又给新旧权、量加上一道诏书,都是小篆字体。最有名的是商鞅方升(见图18)。

图18 商鞅方升

秦孝公十八年(前344)大良造商鞅为统一秦国度量衡制度而颁发的容量为一升的标准器。一般认为,石鼓文、商鞅方升铭文与小篆(参考图19)有直接的继承关系。

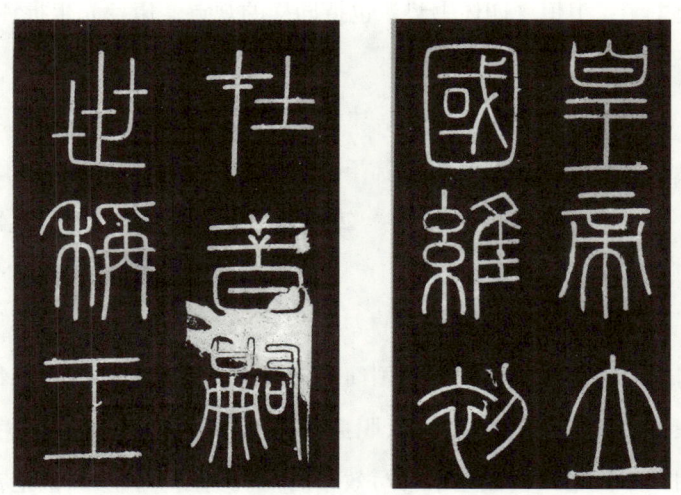

图19 峄山刻石(局部)
释文:皇帝立国,维初在昔,嗣世称王。

小篆的推行使全国文字规范统一，消除了各国"文字异形"的情况，也大大减少了同字异体的现象。甲骨文、金文、战国文字长短、大小、高下参差不一的形状，变成大体一致的长方形；方圆粗细不等的笔画变成均匀的线条；上下左右随意书写的部件，有了大体固定的位置。

小篆是以规整、统一为目标的，以便于政策法令的统一施行。其字形规整，追求对称；线条圆转，粗细均匀。这样并不便于日常书写。实际上，篆书主要用于铭刻金石等严肃场合。而秦政繁苛，以吏为师，法律条文、行政文书非常繁多严密，于是又有实用便捷的隶书。

8. 隶书

相传，隶书是秦始皇时徒隶程邈在狱中创制的。因为易写，"以为隶人佐书"，故称隶书，又称左（佐）书、史书。张怀瓘《书断》引蔡邕《圣皇篇》说："程邈删古立隶文。"

许慎《说文解字·叙》说："是时秦烧灭经书，涤除旧典，大发隶卒、兴役戍，官狱职务繁，初有隶书以趣约易，而古文由此绝矣。"班固《汉书·艺文志》、卫恒《四体书势》也持同样的观点。唐兰先生批评说：

> 三家都说由于官狱多事，才建隶书，这是倒果为因，实际是民间已通行的书体，官狱事繁，就不得不采用罢了。（自宋以来，狱詞里多有俗语俗字，可以为证。）卫恒说"隶者篆之捷也"，倒是很恰当的。（《中国文字学》132页）

我们在前面已经看到的，战国简帛文字中已经有明显的隶书特征。只是到了秦一统前后，秦国"官狱职务繁"的情形异常突出，文字的使用量、使用频率大增，造成追求书写效率的动机更强了。从20世纪70年代以来出土的大量秦简，很容易看出这种趋势。

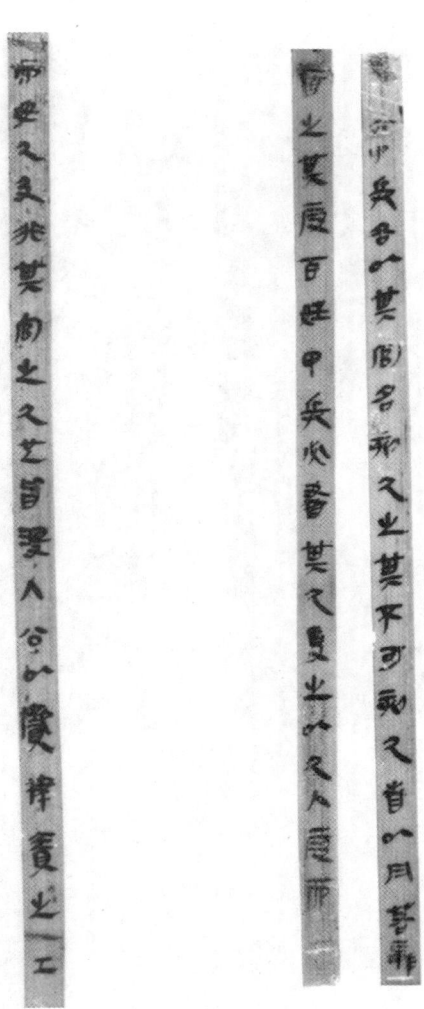

秦律十八种103上　　秦律十八种102上

图20 湖北云梦睡虎地11号墓竹简

战国末年与秦代初年。1975年出土。有秦律十八种、效律、秦律杂抄、法律答问、为吏之道等十种。

释文：公甲兵各以其官名刻久（灸）之，其不可刻久者，以丹若髹书之。其叚（假）百姓甲兵，必书其久，受之以久。入叚（假）而而毋（无）久及非其官之久也，皆没入公，以赀律责之。工……[注："久（灸）"的意思是烧灼，或指烧灼留下的印记。]

图21　湖北云梦睡虎地四号墓11号木牍（正面）

秦一统前夕。

作者惊与兄弟（黑夫）、亲戚（垣柏，可能是其妻的兄弟）、乡邻（吕婴、阎诤）一同在外服役，从前线写此信给家中兄长（中，即墓主），问家里要钱衣，并问候家人，嘱咐、勉励妻（新负）、女（妴）。据研究推测，此信当写于秦始皇二十四年（前223）二月十九日。

释文：二月辛巳，黑夫、惊敢再拜问中，母毋恙也？黑夫、惊毋恙也。前日黑夫与惊别，今复会矣。黑夫寄乞就书曰：遗黑夫钱，毋操夏衣来。今书节（即）到，母视安陆丝布贱，可以为禅裙、襦者，母必为之，令与钱偕来。其丝布贵，徒操钱来，黑夫自以布此。黑夫等直佐淮阳，攻反城久，伤未可智（知）也。顾（愿）母遗黑夫用勿少。书到，皆为报。报必言相家爵来未来，告黑夫其未来状。闻王得[苟得毋恙也，辞相家爵不也？书衣之南军毋……王得不也？为黑夫、惊多问姑姊、康乐季须（妴）、故术长姑外内……毋恙也？为黑夫、惊多问东室季须苟得毋恙也？为黑夫、惊多问婴记季事可（何）如？定不定？为黑夫、惊多问夕阳吕婴、匿里阎诤丈人得毋恙也。婴、诤皆毋恙也，毋钱用、衣矣。惊多问新负（妇）、妴得毋恙也？新负（妇）勉力视瞻丈人，毋与□□。垣柏未智（知）归时。新负（妇）勉力也。]

另有6号木牍，是另一封家信，写于同年三月夏季，内容相似而更简单。有句："钱衣，顾（愿）母幸遗钱五六百，结布谨善者毋下二丈五尺。用垣柏钱矣，室弗遗，即死矣！急急急！"）

| 上篇 | 文字与语言

1559（局部）　　　　　768（局部）

776　　　　　　　　　777

图22　湖南龙山里耶秦简
　　768卅三年六月庚子朔丁未迁陵守丞有敢言之守府下四时献者上吏缺式曰放式上今牒书应[书者一牒上敢言之]
　　776卅年四月尽九月仓曹当计禾稼出入券已计及县相付受廷第甲
　　777从人论报择免归致书具此中
　　1559卅一年五月壬子朔辛巳将捕爰叚仓兹敢言之上五月作徒薄及冣卅牒敢言[之]

一般认为，秦简文字即是古代所说的秦隶或古隶，是篆书与汉隶之间的过渡形态。它基本延续篆书的构形，而减少笔道转折，点画不拘粗细，行笔自由，便于书写。小篆是秦代的标准字体，但出于实际需要，也允许使用隶书。"隶"即"徒隶""隶人"，指因罪没入官府为奴隶、从事劳役的人，秦代大量使用这类人员。当时繁杂的官府文书工作往往由这些人以及无罪而正常服役的文书人员完成的。可见隶书的地位是很低的。但从存世秦代文物来看，隶书实际上远比小篆流行。

汉兴以后，秦隶（古隶）被广泛使用。汉代隶书资料主要是碑刻、墓志铭和清末以来出土的简帛。碑刻有东汉的《石门颂》《乙瑛碑》《礼器碑》《孔宙碑》《史晨碑》《西狭颂》《曹全碑》《张迁碑》《熹平石经》等，都是优秀的书法范本。简帛有敦煌汉简、居延汉简以及临沂银雀山一号墓、长沙马王堆一号墓和三号墓出土汉简等。

西汉早期（武帝初年以前）的隶书，篆书意味还比较重，字形方正，也杂有竖长型。参见图23、图24。

西汉中期以后，字形多取横势，形势外拓；蚕头燕尾，波磔雄健。参见图25、图26。这就是汉隶，也叫今隶、八分书、分书。秦人"令隶人佐书"，所以叫隶书。汉随秦制，"治书定簿，佐、史之力也"（王充《论衡·效力》）。佐、史是地方长官的僚属。隶书就是由这些秘书和小干部酝酿成形，又不断发展的。所以隶书也有佐书、史书的称呼。

八分书、分书是后世为了区别于楷书而言的，强调的是隶书点画"若八字分散"的特点。

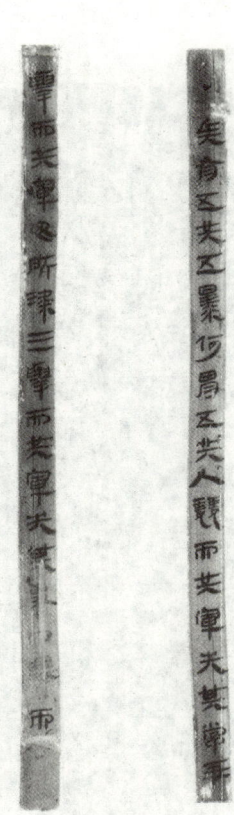

图23 临沂银雀山一号墓竹简1167

西汉早期。1972年出土。

释文：兵有五共（恭）五暴。何胃（谓）五共？入竞（境）而共，军失其常。再举而共，军毋（无）所粱（粮）。三举而共，军失其事。四[举而共，军无食。五举而共，军不及事]

图24 马王堆汉墓帛书《老子》乙本（片段）
西汉初年。1973年出土。

|上篇|文字与语言

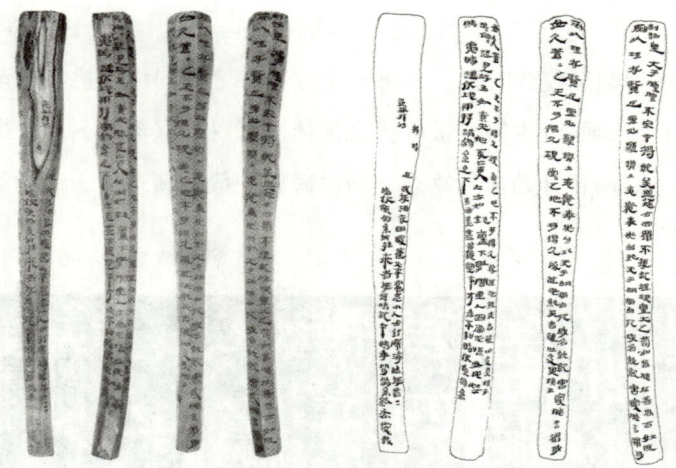

汉武帝临终遗诏木觚。前87至前74年之间。1977年出土。前部据推测为汉武帝遗诏的抄录,释文:"制诏:皇太子,朕体不安,今将绝矣!与地合同,众(终)不复起。谨视皇大(天)之苟(嗣),加曾朕在。善禺(遇)百姓,赋敛以理;存贤近圣,必聚谞士;表教奉先,自致天子。胡侅(亥)自氾(妃),灭名(明)绝纪;审察朕言,众(终)身毋已。苍苍之天不可得久视,堂堂之地不可得久覆,道此绝矣!"此后语义不甚连贯。再后部分则为一封书信,与遗诏无关。

新莽始建国天凤元年(公元14年)。释文:始建国天凤元年。玉门大煎都。兵完坚折伤簿。兵完折伤簿。

图25 敦煌汉简
西汉中期至东汉早期

039

东汉中后期至魏晋时代,隶书趋于方正,笔画匀称,挑法逐渐消失,波画变平直,磔画变尖撇,被称为新隶体。东汉始兴刻碑,中晚期此风最盛(图26)。两晋开始流行墓志。当时碑铭一般用新隶体,而小篆只用于书写碑额。

石门颂(摩崖),桓帝建和二年(148)

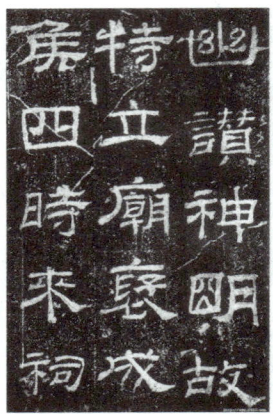
乙瑛碑,桓帝永兴元年(153)

史晨碑,灵帝建宁二年(169)

西狭颂,灵帝建宁四年(171)

曹全碑,灵帝中平二年(185)

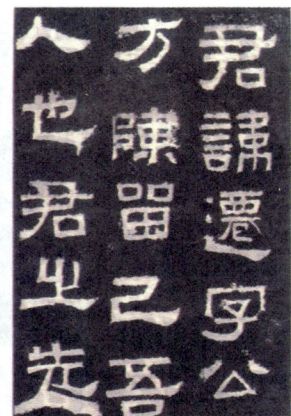
张迁碑,灵帝中平三年(186)

图26 东汉石刻

篆书隶变的过程中，篆体解散，构形基础由单一的弧形线条变为几种平直方正的笔画；小篆偏旁被分化或合并，字形也有不少简化。隶书极大地方便了书写。

同时，篆书"随体诘诎"的特征消失，减弱了汉字直观表意的特征，并降低了表意的系统性。所以隶书以后无法再"因形求义"。这就是为什么研究古文字必须以说文小篆为基准和参照系的原因。可以说，隶变是汉字发展史上最重要的一个转折点。

虽然东汉蔡伦改进造纸术后，用纸书写的场合多了起来。但直到晋代，正式文书仍以简帛为主。跟石刻文字不一样，简帛文字是日用文字，更活泼，更容易创新。从简帛文字中，逐渐发展出草书和行书。

9.草书与行书

草书的"草"，有草率、快捷的意思。按理说，书写任何字体，都有可能因为追求速度而写出比较草率的字——这是广义的草书。而狭义的草书指汉代时形成的章草、东晋时形成的今草和唐代形成的狂草；又常常特指今草。

在草书形成之前的秦汉隶书简帛上，常能见到草书的雏形。这时的字形结构与当时的隶书基本一致。如湖北云梦睡虎地四号墓11号木牍中的某些字（见图21）。西汉简中的草法比秦简大有进步，但大多数夹杂着隶字，隶书笔意也较重，很难见到纯粹的草书简。

草书大概形成于汉宣帝、汉元帝时代。下面这枚汉元帝时期的木简（图27），笔画简省、连写都很明显。

图27 居延汉简
西汉元帝永光四年（前40）。选自《居延汉简甲乙编》上册，甲237
释文：甲渠第十隧四石具弩一永光四年八月中使故隧长富盖邑一编

东汉以后，出现了比较规整的草书形体，大概因为"有章法可循"的原因，被称为"章草"。章草仍有隶书的一些特点。居延汉简《永元器物簿》是隶草向章草转变的代表性作品（图28）。三国吴皇象《急就章》是现存最系统的章草资料（图29）。

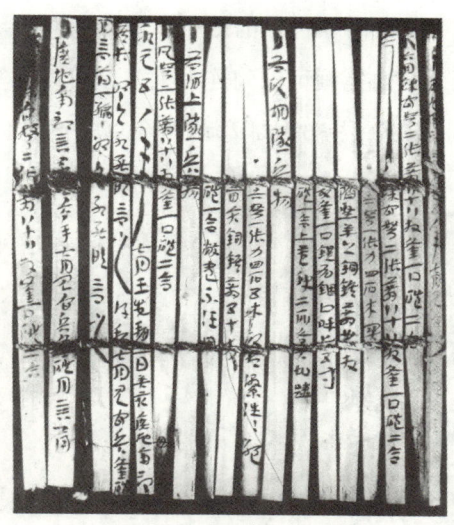

图28 居延汉简《永元器物簿》（局部）
东汉永元五年（93）至七年（95）。选自《居延汉简甲乙编》上册

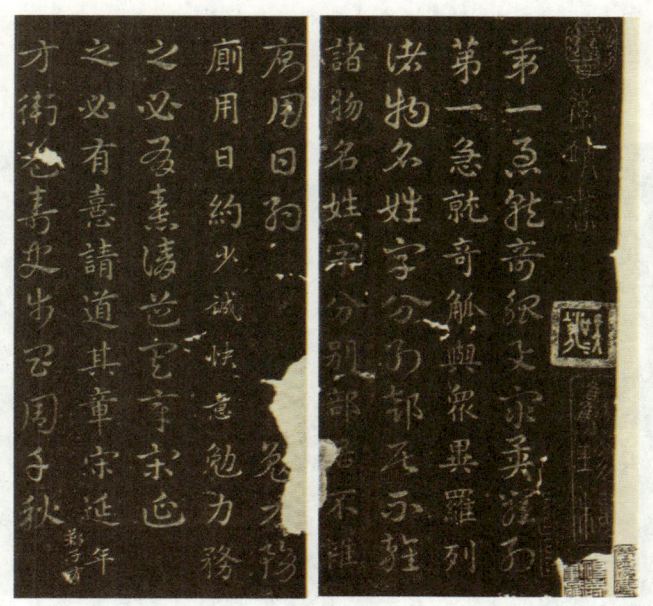

图29 《急就章》（摹刻本，局部）三国吴·皇象

魏晋时代，草书受楷书、行书的影响，发展为今草。今草对汉字形体进行了较大的简化，字内笔画可以勾连，上下字可以连写，隶书笔意基本消失。陆机《平复帖》（图30）是章草向今草过渡的代表。王羲之草书（参见图31），基本都是今草。

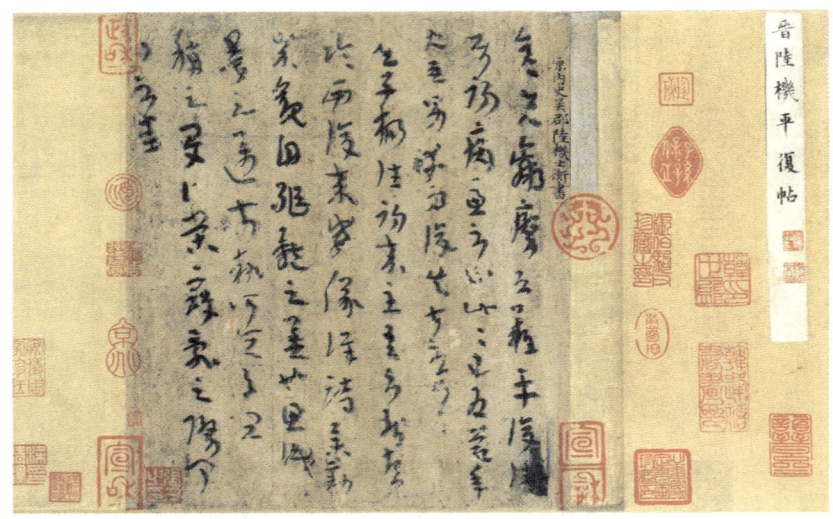

图30 《平复帖》西晋·陆机

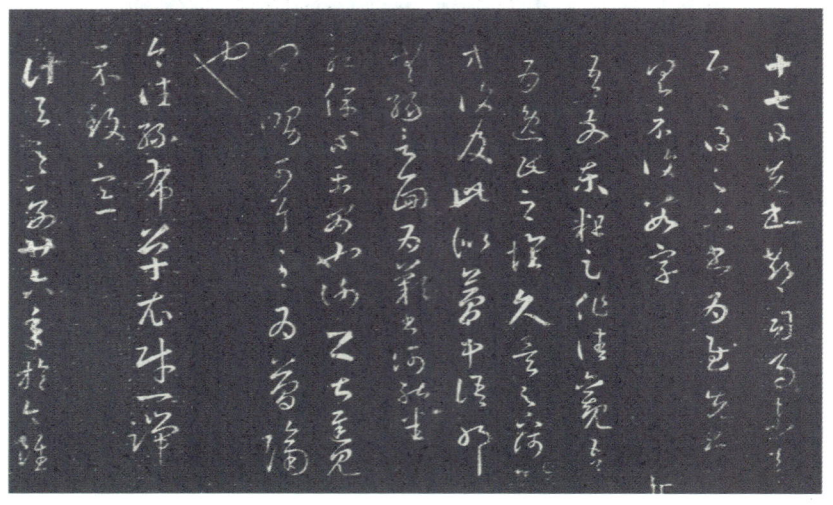

图31《十七帖》（局部）东晋·王羲之

唐代以后出现狂草（参见图32）。狂草字形过于简省、随意，难以辨识，不合实用，一般只用于书法艺术。

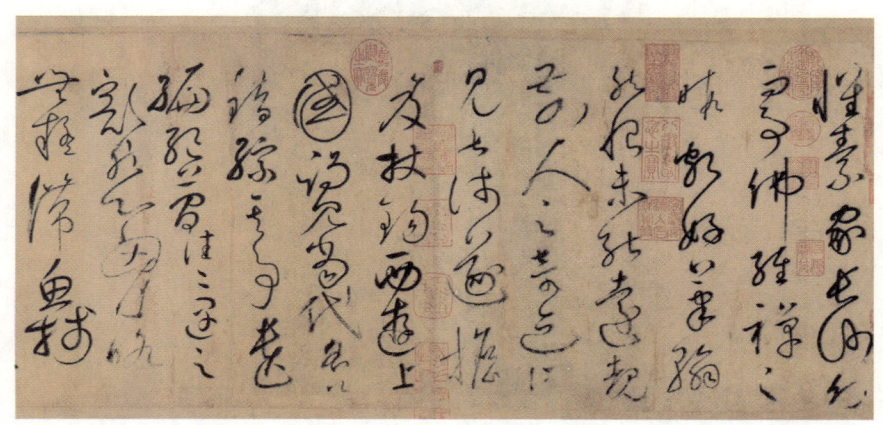

图32 《自叙帖》（局部）唐·怀素

东汉晚期产生了行书。唐张怀瓘《书断》说："行书，后汉颍川刘德昇新造也。即正书之小伪，务从简易，相间流行，故谓之行书。"行书是介于隶书与草书或楷书与草书之间的字体。张怀瓘《书议》说："夫行书，非草非真，离方遁圆，在乎季孟之间。"早期行书介于新隶体与草书之间，但很难画出自身的明确边界。参考王羲之《姨母帖》（图33）。

楷书发展起来后，行书也演变成介于楷书与今草之间的字体。王羲之、王献之父子是早期行书的代表书家。

行书没有明确的边界。行书写得接近楷书一点，就叫行楷或真行，写得接近草书一些就叫行草。

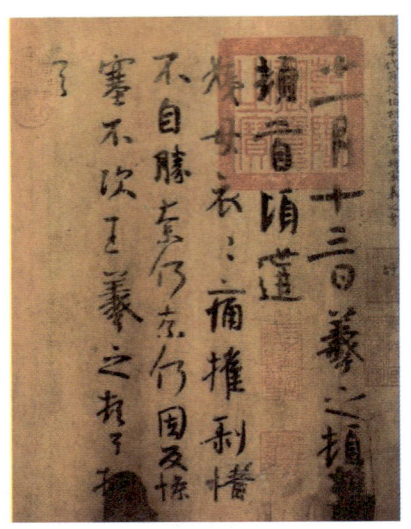

图33 《姨母帖》东晋·王羲之

行书比隶书、楷书便于书写，又不像草书会影响辨认，所以成为后世最日常的实用字体。当然行书也是最常见的艺术书体。晋代王羲之的《兰亭序》、唐代颜真卿的《祭侄文稿》和宋代苏轼《黄州寒食帖》，被称为"天下三大行书"（图34、图35、图36）。宋代苏轼、黄庭坚、米芾、蔡襄都以行书见长，合称"宋四家"（有人说"苏黄米蔡"的"蔡"原指权相蔡京，后人厌恶其为人，换成了蔡襄）。

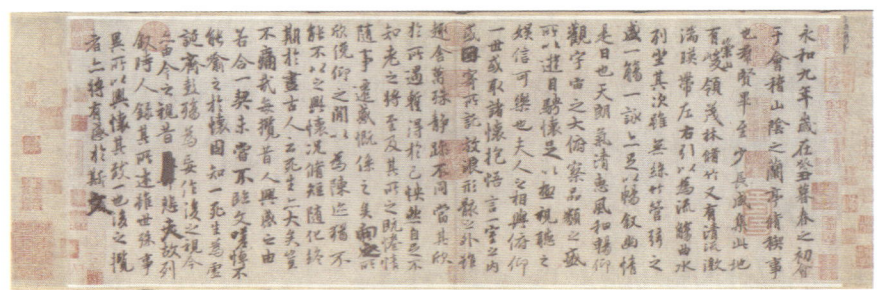

图34 《兰亭序》东晋·王羲之

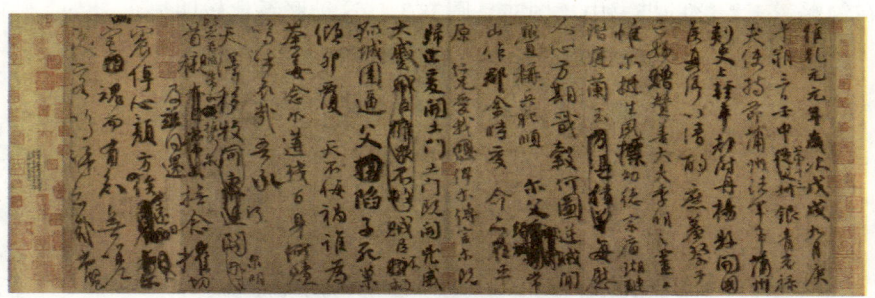

图35 《祭侄文稿》唐·颜真卿

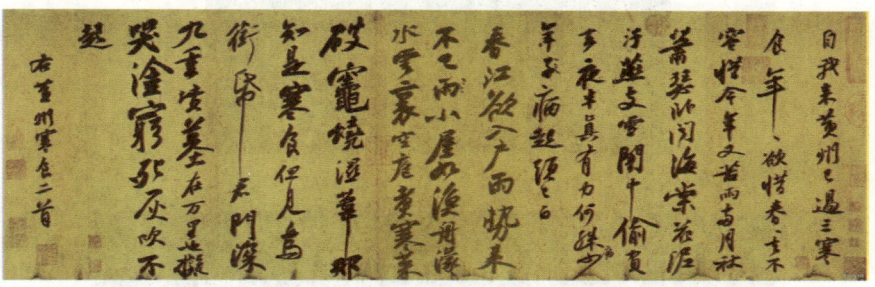

图36 《黄州寒食帖》宋·苏轼

10. 楷书

楷书又称真书、正书、正楷。"楷"是楷模、法式的意思。传统认为，楷书是东汉时期由汉隶发展而来的。而裘锡圭先生在《文字学概论》中认为，楷书是由行书规整而来的，早期楷书可以看作早期行书的一个分支。在钟繇、王羲之的楷书中（图37、图38），这种联系比较明显。

图37 《宣示表》（局部）三国魏·钟繇

图38 《黄庭经》（局部）东晋·王羲之

在长沙走马楼三国吴简（图39）中，能看到隶、楷、行多种特征的复合体。这说明楷书在形成初期可能同时受到了多种因素的影响。

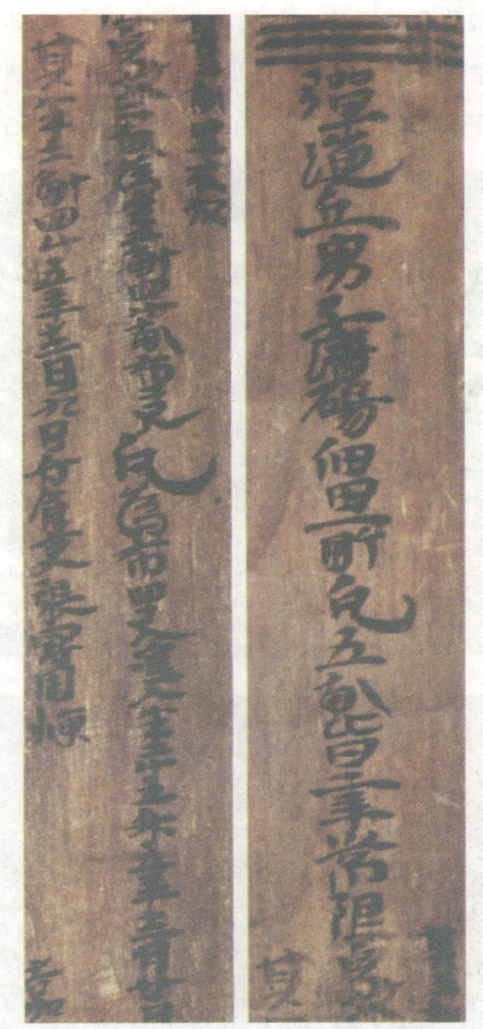

图39 长沙走马楼三国吴简《嘉禾吏民田家莂》选简

1996年出土。长沙走马楼三国吴简共出土约10万枚，超过此前全国简牍出土总数。

释文：弹浧丘男子潘砀，佃田一町，凡五亩，皆二年常限。其三亩旱不收。定收二亩，为米二斛四斗，亩布二尺。其米二斛四斗，五年十二月九日付仓吏张曼、周栋。凡为布四尺，准入米二斗五升，五年十二月廿日。嘉直到南北朝时期，楷书才取代隶书，成为主要字体。南朝楷书跟钟王楷书相近。而北朝楷书，比钟王楷书有较多的隶书特点；因为这种字体多见于碑铭，所以被称作魏碑体。参见《张猛龙碑》（图40），《张玄墓志》（图41）。北朝后期，魏碑也逐步转向钟王楷书；唐代后，魏碑体不再使用。直到清代碑学风气兴起，才再次受到书法家的重视。

图40 《张猛龙碑》（局部）北魏孝明帝正光三年（522）

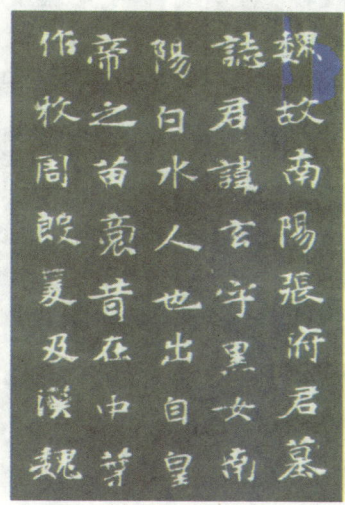

图41 《张玄墓志》（局部）北魏普泰元年（531）

楷书发展到唐初欧阳询，才完全脱去隶书笔意，达到楷法赅备的成熟阶段。唐代的欧阳询、柳公权、颜真卿和元代的赵孟頫，对楷书的发展各有特出的贡献，合称"楷书四大家"。参见图42、图43、图44、图45。

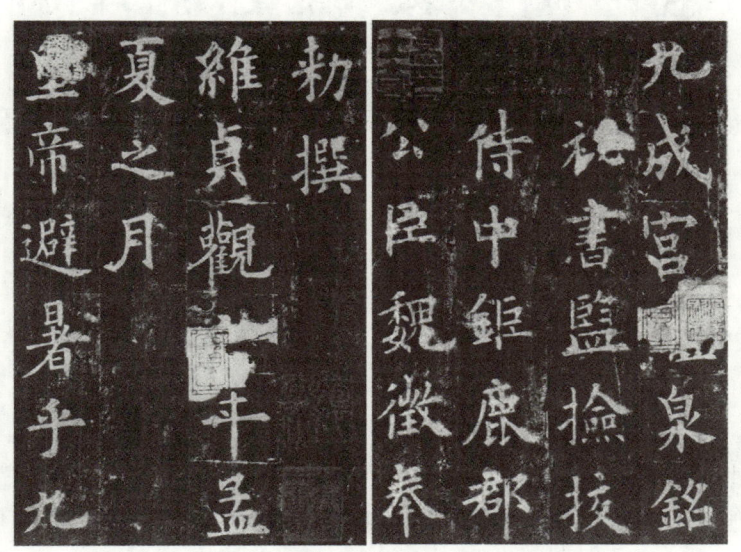

图42 《九成宫醴泉铭》（局部）唐·欧阳询

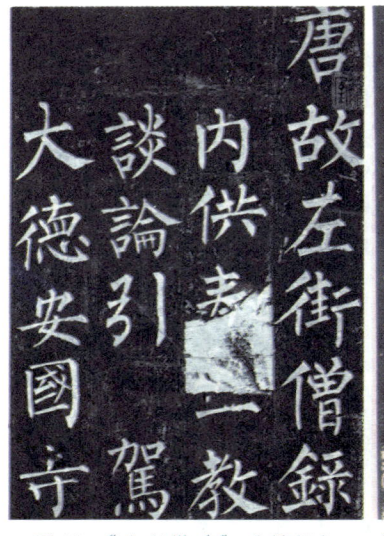
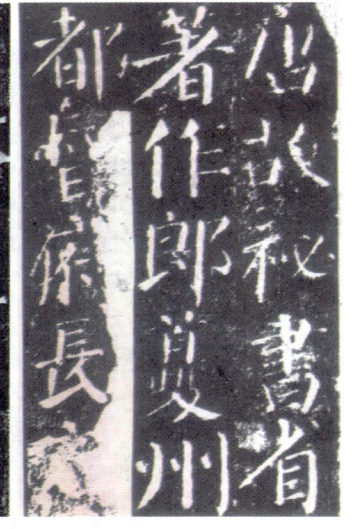

图43 《玄秘塔碑》（局部）
唐·柳公权

图44 《颜勤礼碑》（局部）
唐·颜真卿

图45 《三门记》（局部）元·赵孟頫

楷书横平竖直，结构紧凑，比隶书更便于书写。此后端庄典雅的楷书与流利便捷的行书互为表里，成了最重要的两种书体，直到现在依然如此。

在明代之前，印版一般由字写得好的人先写好，再刻出来。到明代隆庆以后，开始由专业写字匠书写一种印刷专用字体。这种字大小一致，笔画均匀，竖粗横细，竖头、横尾及笔画转折等处有顿角。这就是我们现在所说的宋体字。日本和中国港台地区也称之为"明体""明朝体"。

宋体字笔画简单规整，便于雕版、刻字模，空间利用率也比较高，阅读时则节省目力，是汉字印刷中最重要的字体。

早些年计算机显示技术还比较落后的时候，宋体字因为笔画轮廓以平直为主，斜线、曲线较少，显示出来要比楷体、隶体等平滑，看起来要清楚、舒服许多。现在不管印刷还是屏幕显示，楷体字都没有问题。但现代人的阅读远远多于书写，楷体很少用，宋体又看惯了，这样一来好像宋体倒成了本位字体似的。甚至至今也没有楷体字形的国家规范。

小学低年级教材是以楷体为主的，以便识写一致，为学童减少不必要的困难。有些教师、家长看到教材上的"日、田"等字的横折（末尾带小钩）写作横折钩，而且折角角度不一样，"于、字"等字的竖钩有时写作弯钩，会有疑惑。原因就在于他们是以笔画横平竖直、整齐划一的宋体字为本位、为参照的。

二、识字写字教材

儿童识字写字是汉字传承、演变的重要途径。《潮流图》特别开列了识字写字教材一类资料。

张志公先生把传统语文教育概括为三个阶段四个步骤：一、启蒙，以识字教育为中心；二、读写基础训练；三、进一步的阅读训练和作文训练。启蒙阶段有时分为两个步骤：第一步是集中识字，通常是用一年左右的时间，认识两千字左右。第二步是把识字教育和初步的知识教育、思想教育结合起来，巩固已识的字，继续学习新字，并为第二阶段的读写训练打下基础。（《传统语文教育初探》，1页）

下面我们介绍启蒙阶段常用的一些教材，以第一步中使用的集中识字教材为主，兼及第二步中使用的巩固识字、拓展识字教材。

1. 先秦两汉

史载最早的识字教材是《史籀篇》，传为周宣王太史所作，大篆字体。秦代李斯作《仓颉篇》、赵高作《爰历篇》、胡毋敬作《博学篇》，合称"三仓"（也作"三苍"），都根据《史籀篇》，并省改为小篆。"三仓"不是专用的识字教材。其动机是树立社会用字标准，是规范字书，收字多，基本上没有重复的字，很多不是日常用字。

汉代闾里书师根据秦代的《仓颉篇》《爰历篇》《博学篇》整理、改编成新的《仓颉篇》，隶书体，3300字。《仓颉篇》一直流行到东汉，唐以后亡佚，近代以来出土简帛中多有发现。北京大学藏西汉竹书中的《仓颉篇》现存1300余字。《仓颉篇》大致是将意思相关的字编成大致能读通的句子或一组词语，四四为句，每句用韵。这种体例叫"类而韵之"，对后世影响很大。《仓颉篇》起首是：

> 仓颉作书，以教后嗣。幼子承昭，谨慎敬戒。勉力风诵，昼夜勿置。苟辑成史，计会辨治。超等轶群，出元别异。

又有句子如：

> 云雨霣零，雾露雪霜。朔时日月，星晨纪纲。冬寒夏暑，玄气阴阳。
>
> 陂池沟洫，渊泉堤防。江汉浍汾，河溏池漳。

《仓颉篇》与扬雄的《训纂篇》、贾鲂的《滂喜篇》也合称"三仓"。

"三仓"收字全备，无重复，是字书，也供识字之用。

汉代史游的《急就篇》是唯一完整保存至今的秦汉以前的识字教材，也叫《急就章》。《急就篇》收常用字，字数较少，不求全备，有少量重复字。与此前以通用字书兼作识字教材不同，《急就篇》是最早的专用儿童识字教材。它在东汉时取代了《仓颉篇》的地位，直到唐代仍流行。现存《急就篇》是东汉人改编过的，34章，2144字。每句七字、三字居多，也有四字的。第一章是：

急就奇觚与众异，罗列诸物名姓字。分别部居不杂厕，用日约少诚快意，勉力务之必有喜。请道其章。宋延年，郑子方。卫益寿，史步昌。周千秋，赵孺卿。爰展世，高辟兵。

《急就篇》因为收的是常用字，所以也是写字教材。历代都有书法家书写范本，以供人模仿学习。现存最早的是三国吴皇象的《急就章》（图29）。《急就篇》还兼有丰富的常识和思想教育的内容。它的体例对宋以后盛行的"三、百、千"和各种"杂字"教材有深远影响。

汉代蔡邕（133~192）的《劝学篇》选常用字，偏重学习态度教育，在魏晋南北朝时期颇为流行。现已亡佚。其文如：

人无贵贱，道在则尊。
木以绳直，金以淬刚；必须砥砺，遂其锋芒。

2.魏晋南北朝

魏晋南北朝仍用前代传承下来的"三仓"、《急就篇》《劝学》等识字教材。时人往往请书法家书写范本，以供学习。《魏书》有个例子：

> 浩既工书,人多托写《急就章》,从少至老,初无惮劳,所书盖以百数。……世宝其迹,多裁割缀连,以为模楷。(《魏书·崔浩传》)

马仁寿《开蒙要训》是当时流行的新教材。马仁寿生平不详。《开蒙要训》大概成书于东晋至齐梁之间。原书亡佚。后在敦煌石室发现27种唐五代写本(与发现的《千字文》34种数量相差不多),包括藏文注音本。可见当时是很流行的。《开蒙要训》全文1400字,内容是分类编排名物器用等杂字,多俗语俗字,语言质朴,对后世各类杂字有影响。其文如:

> 乾坤覆载,日月光明。四时来往,八节相迎。春花开艳,夏叶舒荣。丛林秋落,松竹冬青。雾露霜雪,云雨阴晴。
> 畦苑种莳,栽插端行。……椇楂梆柿,柑橘槟榔。瓜桃李柰,枣杏梨棠。葱蒜韭薤,茱萸椒姜。芸薹荠蓼,葫荾芬芳。蔓菁葵芥,萝卜兰香。

这个时期新出的周兴嗣《千字文》,是中国沿用最久的识字教材,从成书到清末民初近1500年间长盛不衰。《千字文》也叫《次韵王羲之书千字》,最早是宫廷教材。唐李绰《尚书故实》说:

> 《千字文》,梁周兴嗣编次。而有王右军书者,乃梁武教诸王书;令殷铁石于大王书中拓一千字不重者,每字片纸,杂碎无序,武帝召兴嗣韵之。

《千字文》沿用"三仓"的做法,四四为句,全文1000字,没有重复字。四句一韵,有些地方注意平仄,讲究对仗。常用典故,追求文采。可见是永明体的文风。其文如:

  天地玄黄,宇宙洪荒。日月盈昃,辰宿列张。寒来暑往,秋收冬藏。闰余成岁,律吕调阳。云腾致雨,露结为霜。

  渠荷的历,园莽抽条。枇杷晚翠,梧桐蚤凋。陈根委翳,落叶飘摇。游鹍独运,凌摩绛霄。

  《千字文》的内容比较丰富,但比不上后来的《三字经》,也没有《急就篇》《开蒙要训》那样接近生活;有不少生僻字,常用字也不齐全。不过仅仅是集王羲之墨迹一千字,能做成这样也算是千古奇文了。

  《千字文》也是写字教材,历代都有书法家书写的范本流传。据说隋代书法家释智永(本名王法极,王羲之七世孙)曾写《千字文》八百本分赠江东诸寺(参考图46)。唐欧阳询、怀素、高闲,北宋徽宗(赵佶),元赵孟頫,明祝允明、文徵明,清赵之谦等许多著名书法家,有《千字文》作品流传至今。书法家书写的《千字文》《急就篇》方便学童读写结合,对这两种教材的普及、传承也有很大帮助。

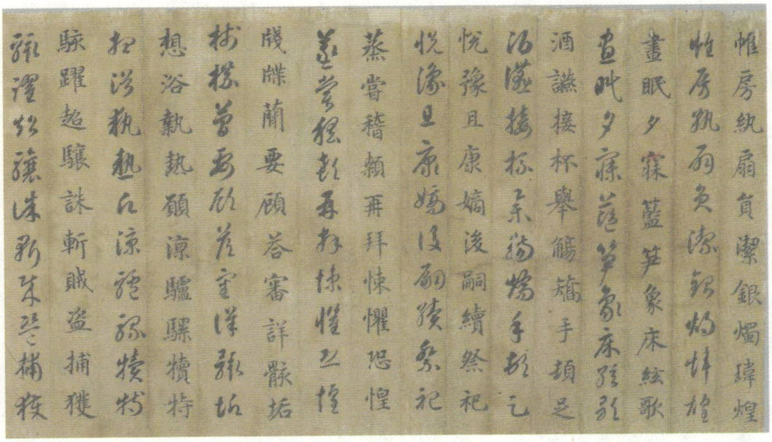

图46 唐·蒋善进临智永真草《千字文》(局部)
敦煌石室残卷。现藏法国国家图书馆

因为普遍流行，凡识字的人都很熟悉，隋唐人常用《千字文》做文字游戏，行酒令。从宋代至民国初年，还有用《千字文》给档案编号的，叫千字文编号法。中国社会科学网2017年报道，陕西榆林市星元图书馆发现一部清初刊行、未见于著录的汉文《大藏经》，千字文编号现存80多个，至"鱼"字号止。

3. 隋唐五代

隋唐五代仍流行《急就篇》《开蒙要训》《千字文》等前代教材。

这一时期，出现一些抄集名言谚语，进行识字兼思想教育的书，如《太公家教》。《太公家教》流行于中唐到北宋初年。宋代在中原失传，而在辽、金、高丽、满洲，一直用了四五百年。据传，直到明代，越南还有用的。在敦煌古代写本中，《太公家教》的册数可能最多，仅巴黎和伦敦就藏有35种。《太公家教》继承蔡邕《劝学篇》的传统，侧重思想教育。其文如：

> 他篱莫越，他事莫知，他贫莫笑，他病莫欺，他财莫取，他色莫侵，他强莫触，他弱莫欺，他弓莫挽，他马莫骑，弓折马死，偿他无疑。
>
> 惧网之鸟，悔不高飞；吞钩之鱼，悔不忍饥。
>
> 含血噀人，先污其口；十言九中，不语者胜。
>
> 款客不贫，古今实语。
>
> 近朱者赤，近墨者黑；蓬生麻中，不扶自直。
>
> 凡人不可貌相，海水不可斗量。
>
> 勤是无价之宝，学是明月之珠。积财千万，不如明解一经；良田千顷，不如薄艺随躯。

这种汇集格言谚语的体例，为后世《增广贤文》等书所继承。

还有把典故编成韵语的集事书，如《兔园册》《蒙求》。《蒙求》是中唐至北宋最为通行的童蒙课本，作者是唐代李翰（一作"瀚"）。《蒙求》内容丰富，全书596句，2384字，共收典故590多个。原著每行还有两句注解。其文如：

　　王戎简要，裴楷清通。孔明卧龙，吕望非熊。杨震关西，丁宽易东。谢安高洁，王导公忠。
　　匡衡凿壁，孙敬闭户。郅都苍鹰，宁成乳虎。周嵩狼抗，梁冀跋扈。郗超髯参，王珣短簿。

后世有很多"蒙求"类书，如《幼学故事琼林》《龙文鞭影》等。

这时还出现了专门供写字入门的帖子。刘复（刘半农）《敦煌掇琐》中载有：

上大夫丘乙己化三千七十二女小生八九子牛羊万日舍屯

这些字的结构都很简单，由易到难。往往用来做成字帖，供蒙童发笔时练习笔画、笔法之用。

这几句话半通不通的，但也不是完全没有意义。明祝允明在《猥谈·上父亲书》中说到一个"歪解"：

　　"上大人，丘乙己。化三千，七十士。尔小生，八九子。佳作仁，可知礼。"右八句，末曳"也"字，不知何起。今小儿学书必首此，天下同然。书坊有解，胡说耳。……向一友谓予，此孔子上其父书也:"上大人(上,上书。大人,谓叔梁纥):丘(圣人名),乙已化三千七十士尔(乙、一通。言一身所化士如许),小生八九子佳(八九七十二也。言弟子三千中,七十二人更佳),作仁(作,犹为也),可知礼也(仁、礼相为用。言七十子善为仁,其于礼可知)。"大概取笔画稀少开童子,稍附会理也。

孔子名丘。相传孔子先后有弟子三千,其中著名的有七十二人。其学说以"仁"为核心,又以"孝悌"为仁之本,以"礼"为仁的规范——"克己复礼为仁"。这二十几个字的习字帖子把孔子的主要学说和贡献暗含于其中,可谓用心良苦。

这种写字教材后世一直流行。我们都知道鲁迅小说《孔乙己》,主人公的名字即源于此("丘乙己"也作"孔乙己")。如今湘鄂渝交界土家族地区还流行一种"上大人"牌,牌面即写着这些字。

另外值得注意的还有唐代的楷书整理运动。

南北朝以来楷体字逐步取代隶书成为正体,但是简体、异体、错别字很多。颜之推

> 颜元孙(?~741)是琅邪临沂(今山东临沂)人。琅邪颜氏源远流长,颜回第二十四世孙颜盛三国时从曲阜迁居琅邪临沂孝悌里,此后历代大儒、名臣辈出。著名的有北齐颜之推,他的《颜氏家训》被称为百科全书式的家教著作,其正字著作有《训俗文字略》;后文还会说到他在音韵学上的贡献。颜之推之孙颜师古是唐初大儒,在经学、史学、书法等多方面都有卓越成就,在文字整理方面作有《字样》。颜元孙是颜师古的侄子,唐代名臣颜杲卿的父亲,书法家颜真卿的族父。颜真卿的"天下第二行书"《祭侄文稿》,所祭即是颜杲卿之子颜季明。颜季明、颜杲卿在平定安史之乱中先后被杀,一门忠烈!

就曾指出过。所以到唐代时出现了不少整理异体字、俗字和订正错别字的书，如颜师古的《字样》，杜延业的《群书新定字样》，颜元孙的《干禄字书》，唐玄宗的《开元文字音义》，张参的《五经文字》，唐玄度的《新加九经字样》等。

颜元孙的《干禄字书》是为应试做官的人编写的，"干禄"即求取功名利禄之意。他把字分通、俗、正三体，指出不同字体的适用场合，如《干禄字书·自序》所说：

> 所谓俗者，例皆浅近，唯籍账、文案、券契、药方，非涉雅言，用亦无爽，倘能改革，善不可加。所谓通者，相承久远，可以施表奏、笺启、尺牍、判状，固免诋诃。所谓正者，并有凭据，可以施著述、文章、对策、碑碣，将为允当。进士考试，理宜必遵正体，明经对策，贵合经注本文，碑书多作八分，任别询旧则。

后来颜真卿将《干禄字书》书写、刻石，使它得以广为流传（图47）。

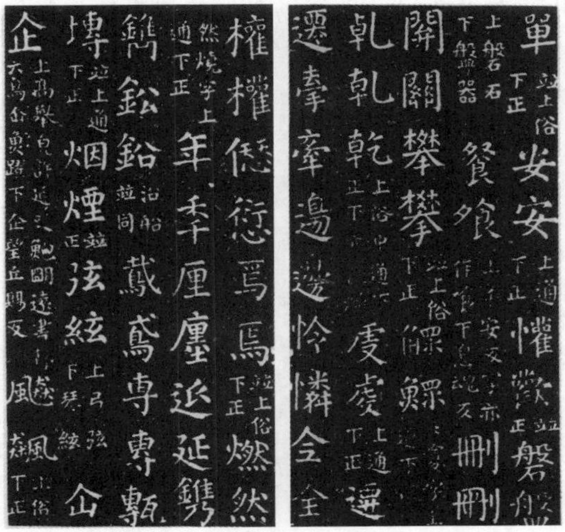

《干禄字书》拓本 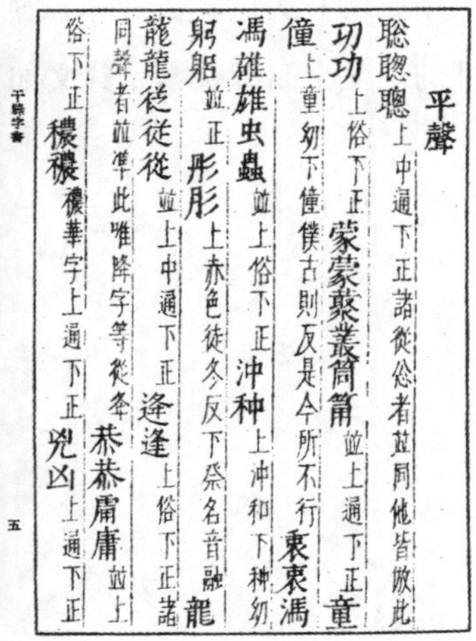　　　　　丛书集成本
图47 《干禄字书》（局部）

《干禄字书》对后世的正字传统影响很大。清代临桂（在今广西桂林）人龙启瑞撰《字学举隅》，辨正笔画疑似，纠正俗体讹字，即是仿效《干禄字书》而作。《字学举隅》颁行后，科举考试禁止用俗体字，它成为"近百年来楷书字体之标准"（黎锦熙先生语）。周有光先生称之为"正字法的顽固典型"（《汉字改革概论》319页）。

4. 宋元

宋代教育比此前历代都要发达，教材也更丰富。除了沿用前代的《蒙求》《千字文》《太公家教》等教材外，还产生了《百家姓》《童蒙训》《千家诗》《名物蒙求》《性理字训》以及各种"杂字"等重要的蒙学教材。

南宋王应麟（1223~1296）所编《三字经》（一说宋末区适子编）即"三、百、千"的"三"。现今流行的本子有1200余字，内容包括三纲五常十义、五谷六畜七情、四书六经诸子、朝代更迭等方面的思想和知识。最后用勤学有为的古人故事激励儿童奋发学习、显亲扬名。三三为句，每句押韵。文字简练晓畅。其文如：

> 人之初，性本善。性相近，习相远。苟不教，性乃迁。教之道，贵以专。
>
> 昔孟母，择邻处；子不学，断机杼。窦燕山，有义方；教五子，名俱扬。
>
> 养不教，父之过。教不严，师之惰。子不学，非所宜。幼不学，老何为？

《三字经》从宋代一直沿用至近现代，广为流传，被称为"蒙学之冠"。有很多仿作，如清代的《弟子规》《女三字经》《太平天国三字经》，还有双语的《女真三字经》《蒙文三字经》等。章太炎先生有《重订三字经》。

《百家姓》即"三、百、千"的"百"，大概形成于北宋初年，作者不详，共收507姓。四四为句，押韵，但句子没有实际意思。《百家姓》容易记背，方便儿童集中识认姓氏用字以便日常交际，是很实用的教材。其文起首是：

> 赵钱孙李，周吴郑王。
> 冯陈褚卫，蒋沈韩杨。
> 朱秦尤许，何吕施张。

以"赵"开头，乃是因为"赵"是宋朝国姓。明代的《皇明千家姓》则以国姓"朱"打头。而清代康熙皇帝尊崇孔子，《御制百家姓》则以"孔"打头。

宋代理学兴盛，重视儿童修身教育。重要的修身教材有南宋吕本中的《童蒙训》、朱熹的《童蒙须知》、真德秀的《教子斋规》等。这些都是理学大家写的通俗读物，既包含儒家的伦理和政治思想，也可作巩固识字、进一步识字的教材。

朱熹（1130~1200）的《童蒙须知》从衣服冠履、语言步趋、洒扫涓洁、读书写文、杂细事宜五个方面讲儿童的修身与学习要领。比如读书写字的要求：

> 凡读书，须整顿几案，令洁净端正。将书册整齐顿放。正身体，

对书册，详缓看字，子细分明读之。须要读得字字响亮，不可误一字，不可少一字，不可多一字，不可倒一字，不可牵强暗记。只是要多诵遍数，自然上口，久远不忘。古人云："读书千遍，其义自见。"谓熟读，则不待解说，自晓其义也。余尝谓读书有"三到"，谓心到、眼到、口到。心不在此，记亦不能久也。三到之法，心到最急。心既到矣，眼口岂不到乎？

真德秀（1178~1235）的《教子斋规》是家庭读书规矩，包括八个方面：学礼、学坐、学行、学立、学言、学揖、学诵、学书。其文字简朴而思致绵密。比如学诵要：

专心看字，断句慢读，须要字字分明，毋得目视东西，手弄他物。

此类教材后世仍有很多，除了私人性质的外，还发展为书院的学规、学约、学箴、教条、程约、院训等。

宋代也通过诗歌阅读巩固识字，进一步识字。著名的诗歌选本有陈淳《小学诗礼》、刘克庄（1187~1269）《千家诗》以及《续千家诗》《神童诗》等。其中《千家诗》流传最广，后有谢枋得（1226~1289）选、王相注的七言《增补千家诗》、王相选注的《新刊五言千家诗》，以及二者的合刊本。

今本《千家诗》选诗224首，很多名篇佳作，大多浅显易懂。比如第一首是程颢的《春日偶成》：

云淡风轻近午天，傍花随柳过前川。
时人不识余心乐，将谓偷闲学少年。

第二首是朱熹的《春日》：

胜日寻芳泗水滨，无边光景一时新。
等闲识得东风面，万紫千红总是春。

程颢和朱熹都是理学大师，这两首诗的主题都是孔子和弟子讨论过的"乐"——这是宋代理学的核心问题之一。生活、写诗也是体悟道理的一种途径。这两首诗一亲切平实、一精警绚烂，都算得上圆融通透，确实不错。

"三、百、千"加上《千家诗》合称"三、百、千、千"，可见古人很重视《千家诗》在蒙学初始教育中的地位。

宋代学童写字入门的帖子，除了沿用前代的"上大人"外，还有用宋代理学家邵雍的《山村咏怀》诗：

一去二三里，烟村四五家。
楼台六七座，八九十枝花。

这首诗简单易懂，含有十个笔画简单的数目字，比较适合学习笔画，可兼识字。

另外，"永字八法"也是常用的写字入门方法。永字八法指"永"字包含的八种简单笔画及其书写要诀：

侧不愧卧，如高峰之坠石。
勒常患平，如千里阵云。

弩过直而力败,如万岁枯藤。

趯宜蹲而势生,峻快以如飞。

左上为策。策仰收而暗揭。

左下为掠。掠左出而锋轻。

右上为啄。啄仓皇而疾掩,如利剑截断犀角象牙。

右下为磔。磔趯趙以开撑,如崩浪雷奔。(元盛熙明《法书考》)

永字八法可能很早就流行了。唐李阳冰说王羲之"十五年偏攻永字,以其备八法之势,能通一切"。直到现在,还有用永字八法练写笔画的;为了方便练习横画,有时可写异体字"永"(唐颜师古《等慈寺碑》)。另外,永字八法也用作笔画的名称,所以对于识字也是有帮助的。

5. 明清

明清两代,"三、百、千"仍是最基本的识字教材。前文已经提到,这时产生了很多"三、百、千"的改编本。

这时新形成的比较有影响的教材是明李廷机的《鉴略妥注》、萧良有等人的《龙文鞭影》，清邹圣脉增补注释的《幼学故事琼林》、李毓秀的《弟子规》、无名氏的《昔时贤文》、王筠《文字蒙求》、蘅塘退士的《唐诗三百首》等。

《鉴略妥注》，原称《五言鉴》，是五言韵语连缀而成的简明历史读本，从上古至明代的通史提纲。"鉴"即指《资治通鉴》。比如叙述秦一统和项羽败亡：

秦始皇登基，并吞为一国。更号皇帝名，言词称曰诏。
焚书坑儒士，欲把儒风灭。孔道被伤残，孔墓被毁掘。
北塞筑长城，预备防胡贼。西建阿房宫，势与天相接。
后被楚人焚，烟火连三月。

…………

项羽力拔山，一怒须如铁。恃己多勇才，不用谋臣策。
唯有一范增，见弃归田宅。垓下被重围，楚歌声凄切。
起舞于帐中，泣与虞姬别。非不渡乌江，自愧无颜色。
拔剑丧其元，兴亡从此决。

《龙文鞭影》原名《蒙养故事》，成书于明朝，清朝中叶后更加流行。内容主要是自然常识和历史典故，知识面很广，全书有两千多个典故。其文如：

粗成四字，诲尔童蒙。经书暇日，子史须通。
重华大孝，武穆精忠。尧眉八彩，舜目重瞳。
商王祷雨，汉祖歌风。秀巡河北，策据江东。

《幼学琼林》原名《幼学须知》《成语考》,清邹圣脉增补本叫《幼学故事琼林》,内容包括自然、社会、历史、伦理等三十多类常识,其文用骈语,两两相对,如起首是:

混沌初开,乾坤始奠,气之轻清而上浮者为天,气之重浊而下凝者为地。

《龙文鞭影》和《幼学琼林》是简明的知识索引(尤其是文史知识),古代学童若能熟读成诵,终身读书、作文受益无穷。

《弟子规》是学规,内容主要是伦理道德教育。它以《论语》中孔子的这句话为提纲:"弟子入则孝,出则弟,谨而信,泛爱众而亲仁,行有余力,则以学文。"全篇对这句话进行了演绎、发挥。清代中期后它比《三字经》还要流行。其文如:

弟子规,圣人训。首孝悌,次谨信。泛爱众,而亲仁。有余力,则学文。
父母呼,应勿缓。父母命,行勿懒。父母教,须敬听。父母责,须顺承。冬则温,夏则凊。

《昔时贤文》,又称《增广》《增广贤文》,是一部教为人处世的格言、谚语集。俗话说:"读了《增广》会说话,读了《幼学》会看书。"其文如:

昔时贤文,诲汝谆谆。集韵增广,多见多闻。观今宜鉴古,无古不成今。
知己知彼,将心比心。

酒逢知己饮，诗向会人吟。
相识满天下，知心能几人？
相逢好似初相识，到老终无怨恨心。
近水知鱼性，近山识鸟音。
易涨易退山溪水，易反易覆小人心。
运去金成铁，时来铁似金。
读书须用意，一字值千金。
逢人且说三分话，未可全抛一片心。
有意栽花花不发，无心插柳柳成荫。
画虎画皮难画骨，知人知面不知心。

《弟子规》《昔时贤文》等书中的世界观、人生观，今天看来有些不免陈腐过时，不合时宜。不过也有一些关于个人修养等方面的内容仍不过时。

清代乾嘉时期小学鼎盛，《说文解字》研究的成果尤其突出。段玉裁、桂馥、朱骏声、王筠，被称为"说文四大家"。王筠的《文字蒙求》则是专门为学童编写的文字学普及读物。全书分象形、指事、会意、形声四卷，共讲解1260字。见图48。作者提倡给学童讲解字理，《文字蒙求·序》说：

人之不识字，病于不能分。苟能分一字为数字，则点画必不可增减，且易记而难忘矣。苟于童蒙时先言知某为象形、某为指事，而会意字即合此二者以成之。形声字即合此三者而成之，岂非执简御繁之法乎。

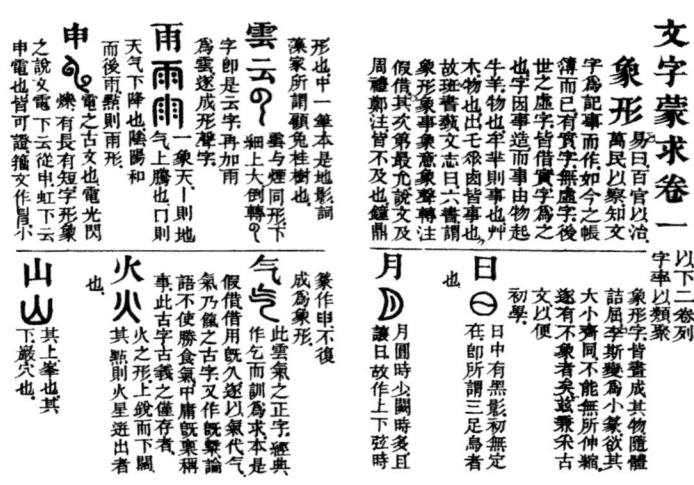

图48 《文字蒙求》

清代诗歌教材,除了沿用《千家诗》,又形成了《唐诗三百首》。乾隆年间,蘅塘退士孙洙认为《千家诗》编选得不够精当:深浅不一,工拙莫辨,时代交错,只选五七言律诗绝句。因此他编选了唐诗三百余首,体裁包括古诗、乐府、律诗、绝句,并据谚语"熟读唐诗三百首,不会吟诗也会吟",取名《唐诗三百首》。其后《唐诗三百首》的影响逐渐超过《千家诗》。

明清时期还有一类流行的非正式的识字教材——《杂字》。《杂字》大概是跟《千字文》同时代出现的;宋代时已经流行,和《百家姓》并称为"村书",可见是农村常用的识字课本。因为是非正式的课本,见于著录的很少。敦煌石室发现的无名氏的《俗务杂字》,分蔬菜、饮食、杂畜、舟、车等十九部,每部罗列常用词语并注音,或有简单释义。它是词语手册,不是专用教材。

明清时杂字书很多,据张志公先生研究,有四种编法:

汉字识写入门难度较大。现在的小学语文课程，识字写字主要是在课文阅读教学中分散进行的。在一篇课文的阅读理解过程中识认七八个至十四五个不等的字，用硬笔学写八个左右的字。这样完成一篇五百至千字短文的教学，通常需要用三节课，每节课三四十分钟；学生家庭作业中往往还有写字练习。这样把3000个常用字（其中2500个要会写）分散到六年里面学习，时间拉得很长，效果并不理想。汉字复现率低，学生记不牢，新识的字常常回生；识字进程长、进度慢，会长时间影响阅读教学和课外阅读。因为识字写字教学效率低，"少慢差费"，教师没有因为分散教学而感到轻松，反倒常常抱怨任务重，以至于现行《义务教育语文课程标准》（2011）由上一版规定一二年级识1600~1800字，写800~1000字，缩减为识1600字，写800字。

（1）分类词汇。这一类不是专用教材，而是分类罗列的词汇手册，不连属成文。如《益幼杂字》，分五谷、蔬菜、杂货、身体、人物等六十类，共五千多词。清王相的《世事通考杂字》也是如此。

（2）分类韵语。分类编排词语，虽不成文，但仿照四言或六言诗用韵，以便记诵。如明代的《鳌头备用杂字元龟》：

　　花卉枝叶，根蒂苞葩。果实子核，萼蕊茎芽。牡丹芍药，木樨桂花。海棠石榴，水仙梅花。

（3）分类杂言。分类编排的长短不一的短语、短句，或有节奏，或部分押韵。如《群珠杂字》：

　　梳头洗面，吃饭穿衣，备妆奁而嫁女，整肴馔以待宾。会亲眷，相女婿，通乡贯，结婚姻，分娩贺喜，下定娶亲。

（4）杂字韵文。这种杂字往往给特定地方的特定人群看的，连属成篇。如《山西杂字必读》是以市井小商人子弟和学徒为对象的。开头是：

人生世间，耕读当先。生意买卖，图赚利钱。学会写账，再打算盘。天平戥子，纸墨笔砚。升合石斗，一秤两端。明千明两，不哄不瞒。冷蒸热卖，现吃现端。

《杂字》是那些不以考取功名为人生目标的民众的识字教材。（以上见《传统语文教育初探》28~31页）

三、字词典

古代字典和词书很多。鉴于《潮流图》主要关心字形、语音的传承与演变，下面只介绍关系比较大的几种。韵书是一类专用字典，将在后文再介绍。

古代教育在最初阶段使用专门的集中识字教材，用一年左右的时间先集中识认2000字左右。然后通过简明读物巩固识字成果，并进一步识字，兼学一些常识，进行修身教育。这些教材、读物绝大多数是好读易背的韵文形式。认识相当数量的字后，才正式学习经书和作文。同时，写字与识字分开进行，快识慢写，多识少写。这些做法对当代学前和小学低年级识字教学很有借鉴意义。

1.《尔雅》

《尔雅》是中国最早的一部词书，训诂学重要典籍。"尔雅"的"尔"意思是"近"，"雅"的意思是"正"，特指雅言、通语；"尔雅"意思是使语言近于通语。

《尔雅》大概成书于汉武帝时代以前，是秦汉间经师训诂的汇编，最初是为学习经书服务的。不过其词条、材料来源很广泛，不限于经书。《尔雅》现存19篇，13000多字。前三篇是释诂、释言、释训，收的是古代文献中的一般词语。后16篇分类收集各种名称：释亲、释宫、释器、释乐、释天、释地、释丘、释山、释水、释草、释木、释虫、释色、释鸟、释兽、释畜。其文如：

卬、吾、台、予、朕、身、甫、余、言，我也。（图49）

意思是"卬"等九字同义，意思都是"我"。又如：

肉倍好谓之璧。好倍肉谓之瑗。肉好若一谓之环。

图49 《尔雅疏》宋·邢昺

这是解释"璧、瑗、环"三种圆环形玉器，如何根据"肉"（外面的环）"好"（中间的孔）的比例来区分。

《尔雅》成书早，保存了许多古代的材料，有多方面的价值，是唯一被列为儒家经典的小学著作。郭璞《尔雅·序》称：

> 夫《尔雅》者，所以通诂训之指归，叙诗人之兴咏，总绝代之离词，辩同实而殊号者也。诚九流之津涉，六艺之钤键，学览者之潭奥，摛翰者之华苑也。

《尔雅》成书后不断有人增补。三国魏张揖增补《尔雅》而为《广雅》。篇数、篇次、篇名不变，而规模宏大。古词古义不见于《尔雅》的，《广雅》几包举无遗。此外，后世还有众多拟《雅》之作。

2.《方言》

战国至秦汉语言变化大，地区分化严重。秦汉一统后，需要一种方言、古语与当时通用语对照的工具书。扬雄（前53~18，一作"杨雄"）的《方言》（图50）就是这样的书。

《方言》约成书于西汉末年，全名《輶轩使者绝代语释别国方言》。輶轩使者，是先秦时代受命坐着輶轩（一种轻便车子）到各地采集民歌、童谣、方言异语的人。绝代语，指古今差别较大的词语。别国方言，指各地有差异的词语。全书共收9000余字（今本11900余字），分类、编次仿照《尔雅》，其体例是方言同义词汇比较，如：

> 蝉，楚谓之蜩，宋卫之间谓之螗蜩，陈郑之间谓之蜋蜩，秦晋之间谓之蝉，海岱之间谓之螏。
> 胹、饪、亨、烂、糦、酋、酷，熟也。自关而西、秦晋之郊曰胹。徐扬之间曰饪。嵩岳以南、陈颍之间曰亨。自河以北，赵魏之间，火熟曰烂，气熟曰糦，久熟曰酋，谷熟曰酷。熟，其通语也。

《方言》是后人研究古音古义、汉代方言与通语异同变化的重要材料。晋郭璞《方言·序》评曰：

> 考九服之逸言，标六代之绝语，类离词之指韵，明乖途而同致，辨章风谣而区分，曲通万殊而不杂。真洽见之奇书，不刊之硕记也。

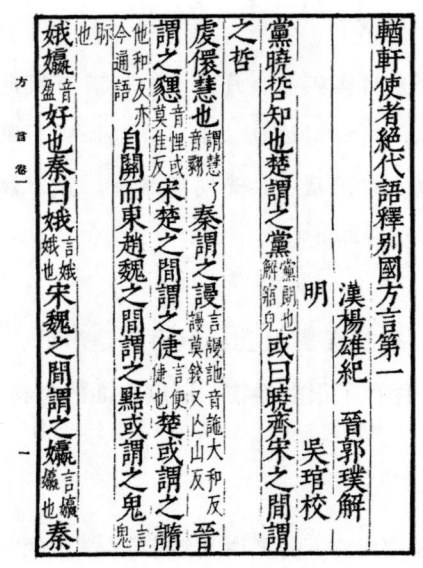

图50 汉·扬雄《方言》，晋·郭璞注

3.《释名》

东汉刘熙的《释名》是训诂专著，体例仿《尔雅》，而内容更广泛，明朝后又称《逸雅》，收词1502条，分27篇。刘熙《释名·序》说：

> 夫名之与实，各有义类，百姓日称而不知其所以之意，故撰天地、阴阳、四时、邦国、都鄙、车服、丧纪，下及民庶应用之器，即物名释义，论叙指归，谓之《释名》，凡二十七篇。

二十七篇目是：释天、释地、释山、释水、释丘、释道、释州国、释形体、释姿容、释长幼、释亲属、释言语、释饮食、释采帛、释首饰、释衣服、释宫室、释床帐、释书契、释典艺、释用器、释乐器、释兵、释车、释船、释疾病、释丧制。

这是第一部以音训为主的训诂专著。同音或音近字互相训释，探讨事物命名缘由。如：

> 日，实也，光明盛实也。月，阙也，满则阙也。光，晃也，晃晃然也；亦言广也，所照广远也。景，境也，明所照处有境限也。晷，规也，如规画也。曜，耀也，光明照耀也。星，散也，列位布散也。宿，宿也，星各止宿其处也。

可见颇为随意，往往穿凿附会。但因为是声训，保存了很多古音材料。又因为成书早，保存了很多器物、制度方面的材料。

4.《说文解字》

汉代许慎（约58~约147）的《说文解字》，产生的时代背景跟《方言》一样，是为了解决战国以来字形变化巨大、各地分化严重等问题而作的。

《说文解字》也简称《说文》，成书于安帝建光元年（121），是中国的第一部字典。许慎认为"依类象形"谓之"文"，"形声相益"谓之"字"，"文、字"总称为"书"。书名的含义就是：说解"文"和"字"。《说文解字》是中国第一部分析字形、考究字源、说解字义、辨识读音的字典。

现存宋初徐铉校订本，共30卷，收字9353个，分为540部，"分别部居"，"据形系联"。总篇幅达13万多字。字头用小篆书写，解释部分用隶书。有些字还收古文、大篆体的重文，共1163个。

《说文》最大的特点在于：根据古字形进行系统的形声分析，"以形为主，因形以说音说义"，从而溯本求源，指明本义。例如：

"宀（mián）"字："⌂交覆深屋也。象形。凡宀之属皆从宀。"
"家"字："⌂居也。从宀，豭省声。⌂古文家。"
"宅"字："⌂所托也。从宀乇声。⌂古文宅。⌂亦古文宅。"
"室"字："⌂实也。从宀从至。至，所止也。"
"安"字："⌂静也。从女在宀下。"

《说文解字》对后世语言文字研究、字典编撰有深刻影响。比如它首创的偏旁编字法，一直沿用至今。清代小学兴盛，研究《说文》的著作有200多种，最著名的是段玉裁《说文解字注》（图51）、桂馥《说文解字义证》、王筠《说文句读》《说文释例》、朱骏声《说文通训定声》，合称"说文四大家"。

另，晋代吕忱的《字林》是对《说文》的续补。

图51 清·段玉裁《说文解字注》
本页含"須（须）、頾（髭）、䫇（髯）"三字。

077

附：汉许慎《说文解字·叙》

古者庖羲氏之王天下也，仰则观象于天，俯则观法于地，视鸟兽之文与地之宜，近取诸身，远取诸物；于是始作《易》、八卦，以垂宪象。及神农氏，结绳为治，而统其事。庶业其繁，饰伪萌生。黄帝史官仓颉，见鸟兽蹄迒之迹，知分理之可相别异也，初造书契。百工以乂，万品以察，盖取诸夬。"夬，扬于王庭"，言文者，宣教明化于王者朝庭，"君子所以施禄及下，居德则忌"也。

仓颉之初作书，盖依类象形，故谓之文。其后形声相益，即谓之字。文者，物象之本；字者，言孳乳而寖多也。著于竹帛谓之书。书者，如也。以迄五帝三王之世，改易殊体，封于泰山者七十有二代，靡有同焉。

《周礼》：八岁入小学，保氏教国子，先以六书。一曰指事。指事者，视而可识，察而见意，"上、下"是也。二曰象形。象形者，画成其物，随体诘诎，"日、月"是也。三曰形声。形声者，以事为名，取譬相成，"江、河"是也。四曰会意。会意者，比类合谊，以见指㧑，"武、信"是也。五曰转注。转注者，建类一首，同意相受，"考、老"是也。六曰假借。假借者，本无其事，依声托事，"令、长"是也。

及宣王太史籀，著大篆十五篇，与古文或异。至孔子书六经，左丘明述《春秋》传，皆以古文，厥意可得而说也。

其后诸侯力政，不统于王。恶礼乐之害己，而皆去其典籍。分为七国，田畴异亩，车涂异轨，律令异法，衣冠异制，言语异声，文字异形。秦始皇帝初兼天下，丞相李斯乃奏同之，罢其不与秦文合者。斯作《仓颉篇》。中车府令赵高作《爰历篇》。大史令胡毋敬作《博学篇》。皆取《史籀》大篆，或颇省改，所谓小篆也。

是时，秦烧灭经书，涤除旧典。大发吏卒，兴戍役。官狱职务繁，初有隶书，以趣约易，而古文由此绝矣。自尔秦书有八体：一曰大篆，二曰小篆，三曰刻符，四曰虫书，五曰摹印，六曰署书，七曰殳书，八曰隶书。

汉兴有草书。尉律：学僮十七以上始试。讽籀书九千字，乃得为史。又以八体试之。郡移太史并课。最者，以为尚书史。书或不正，辄举劾之。今虽有尉律，不课，小学不修，莫达其说久矣。

孝宣皇帝时，召通《仓颉》读者，张敞从受之。凉州刺史杜业，沛人爰礼，讲学大夫秦近，亦能言之。孝平皇帝时，征礼等百余人，令说文字未央廷中，以礼为小学元士。黄门侍郎扬雄，采以作《训纂篇》。凡《仓颉》以下十四篇，凡五千三百四十字，群书所载，略存之矣。

及亡新居摄，使大司空甄丰等校文书之部。自以为应制作，颇改定古文。时有六书：一曰古文，孔子壁中书也。二曰奇字，即古文而异也。三曰篆书，即小篆。四曰左书，即秦隶书。秦始皇帝使下杜人程邈所作也。五曰缪篆，所以摹印也。六曰鸟虫书，所以书幡信也。

壁中书者，鲁恭王坏孔子宅，而得《礼记》《尚书》《春秋》《论语》《孝经》。又北平侯张苍献《春秋左氏传》。郡国亦往往于山川得鼎彝，其铭即前代之古文，皆自相似。虽叵复见远流，其详可得略说也。

而世人大共非訾，以为好奇者也，故诡更正文，乡壁虚造不可知之书，变乱常行，以耀于世。诸生竞逐说字，解经谊，称秦之隶书为仓颉时书，云："父子相传，何得改易！"乃猥曰："马头人为长，人持十为斗，虫者，屈中也。"廷尉说律，至以字断法："苛人受钱，苛之字止句也。"若此者甚众，皆不合孔氏古文，谬于《史籀》。俗儒鄙夫，玩其所习，蔽所希闻。不见通学，未尝睹字例之条。怪旧埶而善野言，以其所知为秘妙，究洞圣人之微恉。又见《仓颉篇》中"幼子承诏"，因曰："古帝之所作也，其辞有神仙之术焉。"其迷误不谕，岂不悖哉！

《书》曰："予欲观古人之象。"言必遵修旧文而不穿凿。孔子曰："吾犹及史之阙文，今亡矣夫。"盖非其不知而不问。人用己私，是非无正，巧说邪辞，使天下学者疑。

盖文字者，经艺之本，王政之始。前人所以垂后，后人所以识古。故曰："本立而道生。"知天下之至赜而不可乱也。今叙篆文，合以古籀；博采通人，至于小大；信而有证，稽撰其说。将以理群类，解谬误，晓学者，达神恉。分别部居，不相杂厕也。万物咸睹，靡不兼载。厥谊不昭，爰明以喻。其称《易》孟氏、《书》孔氏、《诗》毛氏、《礼》周官、《春秋》左氏、《论语》《孝经》，皆古文也。其于所不知，盖阙如也。

5.《玉篇》

魏晋南北朝也是文字变化、分化严重的时代。所以从当时直至唐代，出现了很多正字方面的著作。前面提到颜之推的《训俗文字略》、颜师古的《字样》、颜元孙的《干禄字书》，都是这类书。另有南朝梁陈间人顾野王（519~583）的《玉篇》对后世的影响很大。

今本《玉篇》是梁代肖恺、唐代孙强、宋代陈彭年等补充修订的《重修大广益会玉篇》。其体例跟《说文解字》近似，分542部，收22500余字，字头用楷书（原书字头则有楷书、隶书两说）。用反切注音，释义简略。并收入一些异体字、后起字、俗字。卷末有《分毫字样》，分辨248个形近字。

《玉篇》成书较早，引用了多种亡佚的书，对文字发展史研究和典籍研究有重要价值。

6.《康熙字典》

在《康熙字典》之前，比较重要的通用字典是明代梅膺祚的《字汇》、张自烈《正字通》；《正字通》因袭《字汇》而有所改进。

《说文解字》字头为篆体，不便日用。《玉篇》没有次序，难于检索。《字汇》《正字通》体例较好，但不完备。康熙四十九年（1710）年诏命张玉书、陈廷敬等30余人编一部字典，历时近6年完成，这就是《康熙字典》。《康熙字典》是现存的第一部官修字典。

《康熙字典》仿照《字汇》《正字通》的体例，又有所改进。分214部首，部首依笔画多寡为序，部内各字的排序也依笔画多寡，检索比较方便。

该书收集了历代字书、韵书的释音、释义，并广泛引用古书例证。每字都载有古体，又附录重文、别体、俗书、讹字。收字47035个，另有古文字1995个，是传统字典里收字最多的。正文后的"补遗"另收冷僻字，"备考"收不能用的字。这样，凡古籍中所见的字，几乎搜罗无遗。

该书材料丰富，不过错误也比较多。

第二章　古今声韵

中国传统语言学又叫小学，包括文字学、音韵学、训诂学三个部分，分别对应于字形、字音、字义的研究。许慎《说文解字·序》上说："周礼八岁入小学，保氏教国子先以六书。"可见古代儿童跟现在的小学生一样，上小学校首先要识字写字，即学习字音、字形、字义。所以后来研究汉字音、形、义的学问就叫"小学"。

音韵学是中国传统语言学的一个分支，研究汉字的字音及其历史变化，又叫声韵学。传统音韵学分今音学、古音学和等韵学三个部分。今音学研究中古（南北朝到隋唐）语音系统，以《切韵》系韵书为对象，也有人称之为"广韵学"或"切韵学"。古音学研究上古时期的语音系统，以先秦两汉诗歌韵文为主要对象——尤以《诗经》用韵为主，再结合形声字。等韵学研究韵书的声、韵、调系统，可以说是中国古代的普通语音学。最先发展的是今音学，其次是等韵学，再次是古音学。另外，有人提出建立"近代语音学"或"北音学"，涵盖元代以来《中原音韵》系韵书和近代等韵图的研究。

《潮流图》的落脚点是语文现代化，而语文现代化的精神是言文一致，它的两个主要目标——国语标准语、国语罗马字（以及地位相近的注音字母）都需要语音研究作为基础。所以《潮流图》特别重视音韵学这条线索。

一、古人的注音方法

我们都知道，很多汉字有表音的声旁，但不可靠。想读准汉字的音，要靠查字典、词典上的汉语拼音或注音符号；有些专业书籍上也用国际音标注音。在没有注音字母、汉语拼音方案、国际音标这类工具之前，人们是怎样给汉字注音的呢？

1. 譬况法

汉魏以前注音一般用譬况法。这是最早的汉字注音方法，也叫比况，其实就是打比方。北齐颜之推在《颜氏家训·音辞》上说："逮郑玄注六经，高诱解《吕览》，许慎造《说文》，刘熙制《释名》，始有譬况假借以证字音者耳。"

譬况法最常见的是用"读若"或"读如"表示，意思是"读得像（某字）"。比如汉许慎《说文解字》"夫"字："并行也。从二夫。辇字从此。读若伴侣之伴。""瑎"字："黑石似玉者。从玉皆声。读若谐。""莠"字："禾粟下生莠。从艸秀声。读若西。"《说文解字》中有740多条"读若"的例子。

有时也描写发音部位。如东汉刘熙《释名》卷一释"天"："豫司兖冀以舌腹言之，天，显也。……青徐以舌头言之，天，坦也。"

有时也描写发音方法。如《淮南子·地形训》："其地宜黍，多旄犀。"东汉高诱注："旄读绸缪之缪，急气言乃得之。"

打比方是很难完全准确的。上引颜之推的话，后面他接着说："而古语与今殊别，其间轻重清浊犹未可晓，加以外言内言、急言徐言、读若之类，益使人疑。"

颜氏家训·音辞
[北齐]颜之推（531~约590后）

夫九州之人，言语不同，生民已来，固常然矣。自《春秋》标齐言之传，《离骚》目楚辞之经，此盖其较明之初也。后有扬雄著《方言》，其言大备。然皆考名物之同异，不显声读之是非也。逮郑玄注六经，高诱解《吕览》《淮南》，许慎造《说文》，刘熹制《释名》，始有譬况假借以证音字耳。而古语与今殊别，其间轻重清浊，犹未可晓；加以内言外言、急言徐言、读若之类，益使人疑。孙叔言创《尔雅音义》，是汉末人独知反语。至于魏世，此事大行。高贵乡公不解反语，以为怪异。自兹厥后，音韵锋出，各有土风，递相非笑，指马之谕，未知孰是。共以帝王都邑，参校方俗，考覈古今，为之折衷。摧而量之，独金陵与洛下耳。南方水土和柔，其音清举而切诣，失在浮浅，其辞多鄙俗。北方山川深厚，其音沉浊而鈋钝，得其质直，其辞多古语。然冠冕君子，南方为优；闾里小人，北方为愈。易服而与之谈，南方士庶，数言可辩；隔垣而听其语，北方朝野，终日难分。而南染吴、越，北杂夷虏，皆有深弊，不可具论。其谬失轻微者，则南人以"钱"为"涎"，以"石"为"射"，以"贱"为"羡"，以"是"为"舐"；北人以"庶"为"戍"，以"如"为"儒"，以"紫"为"姊"，以"洽"为"狎"。如此之例，两失甚多。至邺已来，唯见崔子约、崔瞻叔侄，李祖仁、李蔚兄弟，颇事言词，少为切正。李季节著《音韵决疑》，时有错失；阳休之造《切韵》，殊为疏野。吾家儿女，虽在孩稚，便渐督正之；一言讹替，以为己罪矣。云为品物，未考书记者，不敢辄名，汝曹所知也。

古今言语，时俗不同；著述之人，楚、夏各异。《仓颉训诂》，反

"秭"为"遍卖",反"娃"为"於乖";《战国策》音"刎"为"免",《穆天子传》音"谏"为"间";《说文》音"戛"为"棘",读"皿"为"猛";《字林》音"看"为"口甘反",音"伸"为"辛";《韵集》以"成、仍、宏、登"合成两韵,"为、奇、益、石"分作四章;李登《声类》以"系"音"羿",刘昌宗《周官音》读"乘"若"承";此例甚广,必须考校。前世反语,又多不切,徐仙民《毛诗音》反"骤"为"在遘",《左传音》切"椽"为"徒缘",不可依信,亦为众矣。今之学士,语亦不正;古独何人,必应随其伪僻乎?《通俗文》曰:"入室求曰搜。"反为"兄侯"。然则"兄"当音"所荣反"。今北俗通行此音,亦古语之不可用者。"玙璠",鲁人宝玉,当音"余烦",江南皆音"藩屏"之"藩"。"岐山"当音为"奇",江南皆呼为"神祇"之"祇"。江陵陷没,此音被于关中,不知二者何所承案。以吾浅学,未之前闻也。

北人之音,多以"举、莒"为"矩";唯李季节云:"齐桓公与管仲于台上谋伐莒,东郭牙望见桓公口开而不闭,故知所言者'莒'也。然则'莒、矩'必不同呼。"此为知音矣。

夫物体自有精粗,精粗谓之好恶(hǎo è);人心有所去取,去取谓之好恶(hào wù)。此音见于葛洪、徐邈。而河北学士读《尚书》云"好(hǎo)生恶(è)杀"。是为一论物体,一就人情,殊不通矣。

"甫"者,男子之美称,古书多假借为"父"字;北人遂无一人呼为"甫"者,亦所未喻。唯管仲、范增之号,须依字读耳。

案诸字书,"焉"者鸟名,或云语词,皆音"於愆反"。自葛洪《要用字苑》分"焉"字音训:若训"何"训"安",当音"於愆反","於焉逍遥""於焉嘉客""焉用佞""焉得仁"之类是也;若送句及助词,当音"矣愆反","故称龙焉""故称血焉""有民人焉""有社稷焉""托始焉尔""晋郑焉依"之类是也。江南至今行此分别，昭然易晓；而河北混同一音，虽依古读，不可行于今也。

"邪"者，未定之词。《左传》曰"不知天之弃鲁邪？抑鲁君有罪于鬼神邪？"、《庄子》云"天邪地邪？"、汉书云"是邪非邪？"之类是也。而北人即呼为"也"，亦为误矣。难者曰："系辞云：'乾坤，易之门户邪？'此又为未定辞乎？"答曰："何为不尔！上先标问，下方列德以折之耳。"

江南学士读《左传》，口相传述，自为凡例，军自败曰"败"，打破人军曰"败"。诸记传未见"补败反"，徐仙民读《左传》，唯一处有此音，又不言自败、败人之别，此为穿凿耳。

古人云："膏粱难整。"以其为骄奢自足，不能克励也。吾见王侯外戚，语多不正，亦由内染贱保傅，外无良师友故耳。梁世有一侯，尝对元帝饮谑，自陈"痴钝"，乃成"飔段"，元帝答之云："'飔'异凉风，'段'非干木。"谓"郢州"为"永州"。元帝启报简文，简文云："庚辰吴入，遂成司隶。"如此之类，举口皆然。元帝三教诸子侍读，以此为诫。

河北切"攻"字为"古琮"，与"工、公、功"三字不同，殊为僻也。比世有人名"暹"，自称为"纤"；名"琨"，自称为"衮"；名"洸"，自称为"汪"；名"霬"，自称为"獝"。非唯音韵舛错，亦使其儿孙避讳纷纭矣。

2.直音法

汉末出现了直音法。直音的格式是"某音某"。比如《汉书·高帝纪》："单父人吕公善沛令。"颜师古注引孟康曰："单音善，父音甫。"《康熙字典》引《经典释文》："单音蝉，又音丹，或音善。"这种方法的主要目的是用常用字音注明生僻字音。直音法的局限是有时找不到同音的常用字，有些音节根本就没有同音字；还有就是不同时代、不同方言区的人就同一个字，读音可能不同。

后来又出现了改变注音字声调的直音法，这样就灵活多了。如唐代唐玄度《九经字样》："控音空去。"意思是"控"读"空"字的去声。

值得注意的是，在唐之前，直音法有时包含释义的功能。如《汉书·高帝纪》："汉王跳，独与滕公共车出成皋玉门。"如淳注："跳音逃，谓走也。《史记》作逃。"这里既注音，也表示假借关系。

直音法简便明了，又比譬况法准确，所以至今还有人用。

3.反切法

反切又称反语、反言、反音，或简称反、翻、切，是用两个字给一个字注音的方法。如："冬，都宗切。""东，德红切。""反，甫晚切。"第一例的意思是"都"字的声和"宗"字的韵（含声调）相拼，就是"冬"字的读音（如按现代汉语读音来讲就是d+ōng=dōng）。因古书直行上下书写，所以前一个字"都"叫反切上字，简称切上字、上字。后一个字"宗"叫反切下字，简称切下字、下字。被注音的字"冬"，叫被切字。

东汉初年佛教传入中国。佛经原是古代梵文写的，而梵文是拼音文字。外国僧人学习汉语、翻译佛经，或者中国人学习梵语、翻译佛经，以及佛教徒朗读佛经，都会注意字音的问题。在这种背景下，尤其是在梵语拼音的直接启发下，人们发明了反切法给汉字注音。唐代陆德明、张守节认为三国魏孙炎创造反切，《经典释文·条例》说："古人音书，止为譬况之说，孙炎始为反语。魏晋以降，蔓衍实繁。"这是传统说法。而据章太炎、吴承仕等人考证，东汉服虔、应劭时代就产生了反切。

早期的反切有很大局限。反切上、下字都有多余成分，拼合时有困难。反切用字较为随意，用字数量过多，难于掌握；《广韵》有反切上字四百多个，表示d的有"都、丁、多、当、得、德、冬"七个字。更有些窄韵借用邻韵的字作反切下字，一般人难以掌握。从《集韵》以后，各家韵书不断对反切进行改良。到清代李光地等人的《音韵阐微》和刘熙载的《四音定切》时，反切达到了成熟期。旧版《辞源》《辞海》的反切注音基本上是依据《音韵阐微》。民国二年（1913）国音统一会审音也是以《音韵阐微》为蓝本，后来体现在《国音字典》里。不过，因为是以字注字，跟譬况法、直音法一样，反切始终也不能解决方音、古今音带来的问题。

反切的实质是对汉字字音的分析，这是汉语音韵学发生的重要标志之一。

二、四声的发现

汉藏语系的语言大多数有声调，以四声分别意义是汉语的重要特点。四声在中古是指平声、上声、去声、入声四种调类，在现代汉语普通话中则指阴平、阳平、上声、去声。平、上、去都是通过音节的音高变化来区别的，中古入声则以塞音韵尾[p][t][k]区别于平、上、去三声。

最初，反切注音法对字音的分析是将声、韵整体分开，韵包含声调。直到南北朝，才进一步把声调单独分析出来。《南史·陆厥传》：

> 时盛为文章，吴兴沈约、陈郡谢朓、琅玡王融，以气类相推毂。汝南周颙善识声韵。约等文皆用宫商，将平、上、去、入四声，以此制韵，有平头、上尾、蜂腰、鹤膝。五字之中音韵悉异，两句之内角徵不同，不可增减，世呼为永明体。

可见当时的文风——永明体与音韵学的发展有直接关系。另据记载，周颙著有《四声切韵》，沈约著有《四声谱》，今皆不传。

四声的发现，是反切发明之后音韵学史上的又一个里程碑。

现代汉语普通话的四声是由中古四声发展而来的。受声母清浊不同的影响，中古平声分化为阴平、阳平两类，即所谓"平分阴阳"；中古上声分化为上声、去声两类，即"浊上归去"。中古去声仍为普通话去声。中古入声变化复杂，派入各声都有，即"入派三声"。需要注意的是，四声是四种调类，中古四声与普通话四声有对应关系，实质却不相同，其实际调值今天已经无从考据了。

三、韵书

作韵文要押韵，韵书就是供人查找押韵字的字典。编排方式大体是以韵母为中心，从声、韵、调三个维度分类（各家分类次序不一），最终把同音字汇集在一起，并略加注解。韵书包含了丰富而系统的汉字声韵调信息，韵书的出现是音韵学从注释学中分离出来成为独立学科的标志。据史书记载，最早的韵书是三国魏李登的《声类》，后有西晋吕静的《韵集》，唐代以前都已失传。

六朝诗文重形式，"永明体""齐梁体"都特别讲求声律。当时沈约等人发现了汉字声调的规律，应用于创作，并为此编撰字典。所以这个时期"音韵锋出"，类似韵书的著作有二十多种，现在都已失传。

隋开皇初年，陆法言等人对当时流行韵书"各有土风，递相非笑""互有乖互"的混乱局面不满意，于是编撰了以审定字音为主要动机的《切韵》。

1.《切韵》

《切韵》成书于隋文帝仁寿元年（601），是中国传统语言学中划时代的著作，是中古音韵学的主要研究对象。

公元581年杨坚统一中国，建立隋朝。隋开皇（581~600）初年，刘臻、颜之推、卢思道、李若、萧该、辛德源、薛道衡、魏彦渊八位有影响的文人共论音韵，鉴于汉语古今南北的差别和前人韵书的乖互，决定重编一部能沟通古今、南北的韵书，作为全国文人审音辨韵的根据。当时只是粗略讨论，由二十岁出头的陆法言（562~?）做记录。后来陆法言广泛参考诸家音韵、古今字书，继续编撰，最终编成《切韵》一书时，已经过了近二十年。《切韵》行世后影响很大，到唐代时更成为科举评价的标准，以至于此前的韵书渐渐湮没无闻了。

《切韵》分193韵，收11000余字，分平声二卷，上、去、入各一卷，合计五卷。

实际上，《切韵》是以当时的洛阳音为基础的，同时吸收了古音和各地方音的一些特点。它反映的并非一时一地的实际方音，而是经过审音、正音后的标准通用官话语音，是当时文学语言的语音、读书音。

《切韵》原书已经失传，仅存序言一篇（见后文）。20世纪初在敦煌石室发现一些唐写本和五代刻本韵书残卷，有几种跟《切韵》原本比较接近。1947年发现的明代宋濂跋唐写本王仁昫《刊谬补缺切韵》则是最为完整的。

切韵·序

[隋]陆法言

昔开皇初，有仪同刘臻等八人，同诣法言门宿。夜永酒阑，论及音韵。以（古）今声调既自有别，诸家取舍亦复不同。吴楚则时伤轻浅，燕赵则多（涉）重浊；秦陇则去声为入，梁益则平声似去；又"支、脂、鱼、虞"共为一韵，"先、仙、尤、侯"俱论是切。欲广文路，自可清浊皆通；若赏知音，即须轻重有异。吕静《韵集》、夏侯泳《韵略》、阳休之《韵略》、周思言《音韵》、李季节《音谱》、杜台卿《韵略》等，各有乖互。江东取韵与河北复殊。因论南北是非，古今通塞，欲更捃选精切，除削疏缓。萧、颜多所决定。魏著作谓法言曰："向来论难，疑处悉尽，何（为）不随口记之。我辈数人，定则定矣。"法言即烛下握笔，略记纲纪。（后）博问英辩，殆得精华。于是更涉馀学，兼从薄宦，十数年间，不遑修集。今返初服，私训诸弟子，凡有文藻，即须明声韵。屏居山野，交游阻绝，疑惑之所，质问无从。亡者则生死路殊，空怀可作之叹；存者则贵贱礼隔，已报绝交之旨。遂取诸家音韵，古今字书，以前所记者，定之为《切韵》五卷。剖析毫氂，分别黍累。何烦泣玉，未得悬金。藏之名山，昔怪马迁之言大；持之盖酱，今叹扬雄之口吃。非是小子专辄，乃述群贤遗意。宁敢施行人世？直欲不出户庭。于时岁次辛酉，大隋仁寿元年也。

2.《广韵》

到唐代，很多人对《切韵》进行增补、修订，有些仍沿用旧名，也有叫《广切韵》或《刊谬补缺切韵》的。天宝年间孙愐等增补了3500字，并改称《唐韵》。北宋真宗大中祥符元年（1008）在《唐韵》基础上再次增订，增加一万多字，称《大宋重修广韵》，简称《广韵》（图52）。后来印刷术发展，《广韵》得以广泛流行，《切韵》原本就失传了。从此直到民国初年，人们说《切韵》时其实指的是《广韵》。

从《切韵》到《广韵》，字数、注释有大幅增加，韵数、分韵、反切用字稍有变化，但体例和所反映的语音系统基本没有变。

编《广韵》时还编了一个简缩本以便使用，叫《韵略》，今已失传。

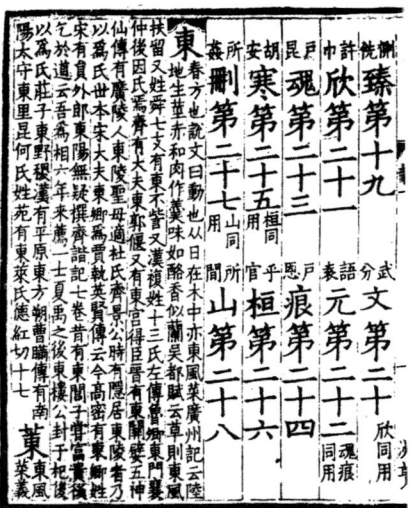

图52 《广韵》（四部丛刊影印宋刊巾箱本）

3. 从《集韵》到"平水韵"

《广韵》所反映的语言与当时语音已经不合。所以北宋仁宗景祐四年（1037），丁度、贾昌朝等奉敕增修《广韵》，按当时语音大量改动反切，并补充注释，增加27000多字，总字数已达53000多（合并多音字、重复字后实有40000多）。因为收字很全，所以称《集韵》；又因注释丰富，成了一部不可多得的字典。《集韵》音系已经不同于《切韵》音系了。

景祐四年，宋朝最后一次大规模修订韵书，编成新的《集韵》和《礼部韵略》。《礼部韵略》是在《集韵》原有缩略本《韵略》基础上修订的，是当时科举取士所用的官韵标准。该书收9590字，大大少于《广韵》，解释也尽量简略。因礼部负责科举之事，所以改名《礼部韵略》。今已失传。

金中叶后出现了几部有革新精神的韵书。韩道昭的《五音集韵》（1212）基于当时的北方方言，把《广韵》《集韵》的206韵合为160韵，每韵按三十六字母排列。其后王文郁的《平水新刊韵略》（1229）、刘渊根据《礼部韵略》所编《壬子新刊礼部韵略》更把《广韵》《集韵》206韵分别并为106韵、107韵。明清两代官韵即是106韵，称"平水韵"，甚至当代写古诗的人还有依据平水韵的。

4.《中原音韵》

元代最重要的韵书是周德清（1277~1365）的《中原音韵》（1341），它是当时北曲用韵的规范。

《中原音韵》彻底摆脱《切韵》至平水韵的传统，而基于当时以大都为中心的北方方言的语音实际。比如传统的平、上、去、入四声变为阴平、阳平、上声、去声，即平分阴阳，浊上归去，入派三声。这反映了隋唐到元代最重要的语音系统变化：全浊声母和塞音韵尾消失。《中原音韵》音系已经很接近现代汉语普通话的音系。

《中原音韵》在历史上一直受轻视，直到20世纪国语运动兴起后才逐步得到重视。1913年国音统一会审音，最初还是按《切韵》至平水韵的"读书音"（国音）传统，后因东南各省教育界极力反对，才改成《中原音韵》的"京音"传统，这就是著名的"国音京音"之争。

如今《中原音韵》是近代汉语语音共时研究的主要依据。

四、三十六字母

中国佛教徒特别重视经典字音研究，甚至以"参禅为大悟，以审音为小悟"。唐代传入的密宗认为，准确念经、念咒才能与佛顺利沟通。在佛教的推动下，到唐代末年，继反切、四声之后，出现了"三十六字母"。

三十六字母指中古声母系统的36个代表字，反映了中古语音的声母类别。唐末僧人守温原定三十字母，宋代增为"三十六字母"，见表格5。

表格5　宋人三十六字母

		全清	次清	全浊	次浊	清	浊
唇音	重唇（双唇音）	帮	滂（pāng）	并（bìng）	明		
	轻唇（唇齿音）	非	敷	奉	微（wéi）		
舌音	舌头（舌尖中音）	端	透	定	泥		
	舌上（舌面前音）	知	彻	澄（chéng）	娘		
齿音	齿头（舌尖前音）	精	清	从（cóng）		心	邪
	正齿（舌面前音）	照	穿	床		审	禅（shàn）
牙音（舌根音）		见（jiàn）	溪（qī）	群	疑		
喉音（零声母、舌根及半元音）		影			喻	晓	匣
半舌音（舌尖边音）					来		
半齿音（舌面鼻擦音）					日		

字母名称音据鲁国尧、吴葆勤《四声、三十六字母、〈广韵〉韵目今读表》

前面说过，反切上字代表声母。人们最初使用反切上字时比较随意，同一个声母会用不同的字。这反映出人们还没有声母类别的概念。三十六字母实际上是反切上字的归类，它是音韵学历史上的又一个重要里程碑。

五、等韵图与等韵学

等韵图最初是用来分析韵书反切的，其实质是分析韵书的声、韵、调系统，相当于声、韵、调配合表或音节总表。我们看《切韵指掌图》（图

53）。最上边一行是用三十六字母表示的声母；最左边一列是用《广韵》206韵目表示的韵母，最右边一列是声调。每个声调的四个韵母，从上到下分别叫一、二、三、四等，用以区分韵母的差异。

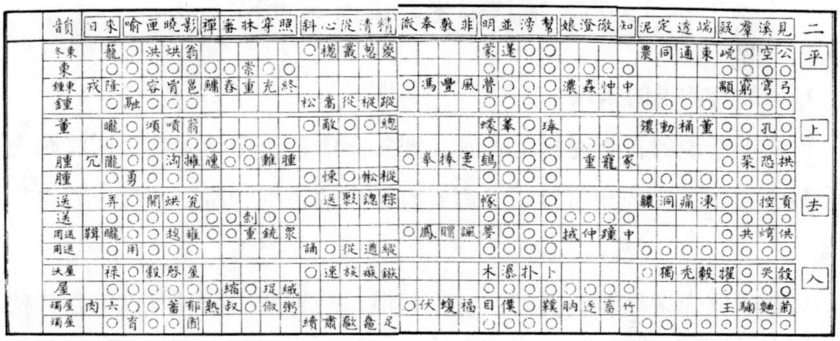

图53 《切韵指掌图》（局部）

四等的区别在于声音的洪细。清江永《音学辨微》说："音韵有四等，一等洪大，二等次大，三四皆细，而四尤细。"用现代语音学术语来说，一二等韵没有介音[i]，所以声音"大"，三四等韵有介音[i]，所以声音"细"；二等韵主要元音的发音部位比一等韵稍前稍高，发音时口腔共鸣空间稍小，所以是"次大"；四等韵的主要元音比三等韵更前更高，发音时口腔共鸣空间最小，所以"尤细"。等与声母也有关系。（参考唐作藩《音韵学教程》56~59页）

现存最早的等韵图是宋代无名氏的《韵镜》，郑樵的《七音略》，传为司马光的《切韵指掌图》，无名氏的《四声等子》。前两部体现《广韵》系韵书的语音系统，后两部根据当时的语音对《广韵》系韵书的语音系统加以调整。后来出现的等韵图，绝大多数都是表现当时实际语音的。

等韵学即是基于等韵图的系统分析汉语语音结构的一门学科，可以说是中国古代的普通语音学。等韵学分析声母的发音部位、发音方法，分析韵母的结构，归纳韵母的类别，通过等韵图表示声韵配合关系。等韵学约始于唐代中叶，是汉语语音研究的进一步系统化、精密化。

六、清代以来的上古音研究

1. 破除叶韵说的错误

传统上所说的古音专指上古音，即先秦语音。两汉尤其是西汉跟先秦语音较为接近，而与魏晋以后的语音有较大的差别，所以两汉语音也算上古音。

六朝人读先秦典籍，遇到读音不和谐的韵脚就用临时改读的办法使之和谐。这就是"叶韵"说。叶韵也叫叶音、协句、协韵、取韵等。

叶韵说在唐宋盛行，产生了很不好的影响。唐颜师古注《汉书》，李贤注《后汉书》，李善注《文选》，都采用了叶韵说。宋朱熹撰《诗集传》（图54），用当时语音读《诗经》凡不押韵的地方，即临时改读字音，以求谐合。比如《国风·召南·行露》：

厌浥行露，岂不夙夜？谓行多露。

谁谓雀无角，何以穿我屋？
谁谓女无家，何以速我狱？
虽速我狱，室家不足。

谁谓鼠无牙，何以穿我墉？
谁谓女无家，何以速我讼。
虽速我讼，亦不女从。

就第二章，朱熹说"家""叶音谷"，以便"家"跟"角、屋、狱、足"相谐。而就第三章，又说"家""叶各空反"，"牙""叶五红反"，以便跟"家""牙"跟"墉、讼、从"相谐。这样一来，在同一首诗里，同一个字"家"字有两个毫无出处的不同读音。

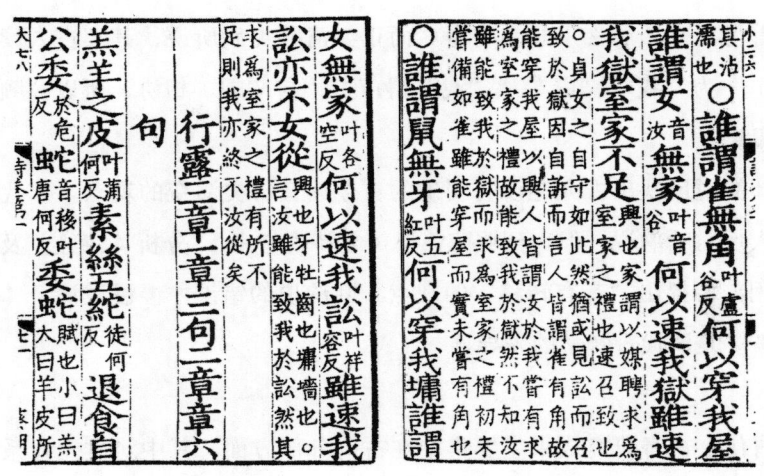

图54 宋·朱熹《诗集传》

更甚的是为了叶韵而改字改训。最著名的是唐玄宗命令改《尚书·洪范》"无偏无颇"的"颇"为"陂"的例子。唐玄宗开元十三年《改尚书洪范无颇字为陂字敕》：

> 门下：典谟既作，虽曰不刊，文字或讹，岂必相袭？朕听政之暇，乙夜观书，匪徒阅于微言，实欲畅于精理。每读《尚书·洪范》，至"无偏无颇，遵王之义"，三复兹句，常有所疑。据其下文，并皆协韵，唯"颇"一字，实则不伦。又《周易·泰卦》中："无平不陂。"《释文》云："陂字亦有颇音。""陂"之与"颇"，训诂无别，为"陂"则文亦会意，为"颇"则声不成文。应由煨烬之余，编简坠

缺；传受之际，差舛相沿。原始要终，须有刊革。朕虽先觉，兼访诸儒，佥以为然，终非独断。其《尚书·洪范》"无偏无颇"字，宜改为"陂"。庶使先儒之义，去彼膏肓；后学之徒，正其鱼鲁。仍宣示国学。主者施行。（载《全唐文》卷三百十）

看得出来，唐玄宗颇为自得。而正如清顾炎武所说，其实古人读"义（義）"为"我"（"義"从"我"得声），与"颇"相协，所以"颇"字本就没错。

叶韵说反映出古人还没有明确的古今读音历史演变的观点。宋代以来即有人反对叶韵说，但直到明陈第撰《毛诗古音考》，分析《诗经》及先秦韵文用韵，提出"音有转移"的观点，叶韵说的错误才慢慢澄清。《毛诗古音考》是清代古音学的先导。

清代上古音研究成果主要集中在古韵分部方面，其中对主元音系统和韵尾系统的研究较为深入，对介音系统的研究则较为薄弱；声母、声调方面的研究成果则较少有定论。

2.顾炎武的《诗经》用韵研究

《诗经》是我国古代的第一部诗歌总集。诗歌是押韵的，《诗经》保存了丰富的上古韵部信息。最早利用《诗经》研究古韵部的人是明末清初的顾炎武。

顾炎武（1613~1682）是明清之际著名思想家、社会活动家、文学家，也是清代朴学的开山祖师。他开创了清代古音学，《音学五书》是这方面的代表作，其中的《诗本音》是最重要的一部。

中古用韵系统体现在韵书中，而上古没有韵书，怎么了解用韵系统呢？顾炎武把《诗经》看作系统的古音载体，他在《诗本音》中说：

"三百五篇,古人之音书也。"他开创性地使用韵脚字系联法进行古韵分部,以《诗经》用韵为本证,参证其他先秦韵文用韵,既从系统中看单字的古韵,又有意识地把字与字串联起来,从而建立起古韵部类。这就好比总结出了上古用韵的韵书。

顾炎武之后,古韵学经过清代、民国直至当代的一些著名学者如江永、段玉裁、钱大昕、孔广森、王念孙、章炳麟、黄侃、王力等人的研究,取得了很大的成绩。

3.段玉裁的谐声字研究

研究上古语音系统,有两种最重要的材料,一是前面说到的《诗经》韵脚,二是形声字。

形声字也叫谐声字,在汉字中占有很大的比重。理论上讲,形声字的声旁反映了造字时代的真实字音;又因声旁往往复用,新字又可做声旁,从而构成一个体系,反映出造字时代的语音系统。比如,"寺"从上部的"之"得声,而"侍、等、特、持"等字又从"寺"得声。当然,造字时代要比《诗经》时代早得多,而且不可能是一时一地造成的,所以实际情况是很复杂的。

从宋代就有人用谐声字考证古音。到顾炎武时,开始有意识地把同韵部的谐声字主次分明地放在一起,让人一目了然。其后段玉裁发展了这种做法,全面利用谐声字研究古韵,成就超越前人。

段玉裁(1735~1815)是杰出的古文字学家,他善于利用自己的古文字知识促进古音研究。他在《六书音均表》中提出了"同谐声者必同部"理论,并据此列出古韵部每部的主谐字,制成谐声表(图55);主谐字与被谐字也有不能归在一部的,这时读音也当相近。这一理论不仅促进了古音韵研究,对于我们简便地学习、掌握古音也很实用。

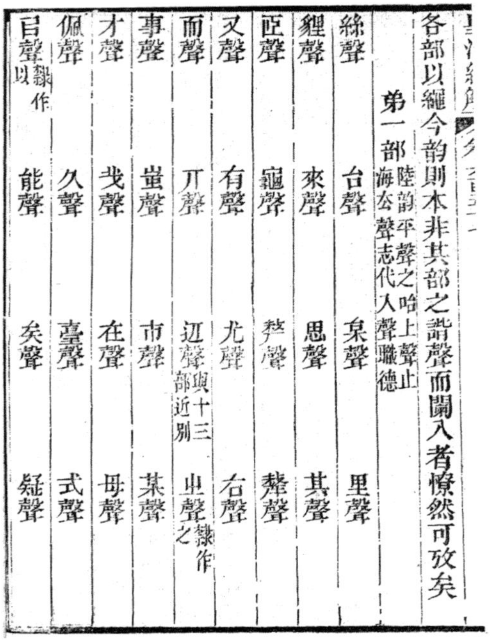

图55 《六书音均表》"古十七部谐声表"(局部)
选自《皇清经解》

4. 钱大昕古无轻唇、古无舌上说

"古无轻唇"指上古音中没有轻唇音声母,这是古音学中的重要论断。清钱大昕(1728~1804)在《古无轻唇音》(《十驾斋养新录》卷五)中最先断定"凡轻唇之音,古读皆为重唇",即是说上古没有轻唇声纽,中古的轻唇音声纽(非、敷、奉、微)在上古一律都读重唇音(帮、滂、並、明)。他主要通过古书异文来证明,如:"封域"即是"邦域","妃"读如"配","芜菁"即是"蔓菁",等等。

当代学术界参证了现代方言和外民族语音史,确信钱氏的判断是正确的。在闽语、粤语、吴语中,轻唇字大多数仍然读重唇,而重唇字却没有读轻唇的。当然,这种变化是有条件的:只有合口三等重唇音后来才变成轻唇。

除了"古无轻唇"，钱大昕还提出了"古无舌上"的重要论断，指上古音中没有舌上音声母。他在《舌音类隔之说不可信》（《十驾斋养新录》卷五）中说："古无舌头舌上之分。知、彻、澄三母，以今音读之，与照、穿、床无别也。求之古音，则与端、透、定无异。"即是说中古的舌上音（知、彻、澄）在上古属于舌头音（端、透、定）。他举出许多古书异文作为证据，如："竺"又作"笃"，"抽"又作"搯"，"直"又作"特"，等等。

参照现代汉语方言和各民族语音的演变历史，学界认为钱氏的判断是正确的。当然，这种转变也是有条件的：上古舌头音在韵母是二、三等韵的条件下，后来变成舌上音。

七、古代语音的拟测

19世纪以后，欧洲的一些语言学家系统考察梵语、波斯语和其他印欧语系语言之间的关联，研究其间的历史演变关系，建立了历史比较语言学。20世纪以后，分析语音的物理实验、生理实验方法也有很大发展，形成了实验语音学。在西方现代语言学的影响下，研究汉语的学者们开始用音标记音、分析语音系统，开始对现代方音、中外对音、汉藏诸语言进行研究。于是，音韵学成为最早完成向现代语言学转变的学科之一，从传统的音类研究转向了音值的拟测。

需要首先说明的是，因为古音研究的材料是复杂而有限的，今人拟测的古音音值不可能与古代语音完全一致。拟音的主要价值在于尽可能完整、准确地重构古代语音的音位系统，为语音学其他方面的研究提供支持。有些人声称要"复原"古音，一些古诗词爱好者试图用"古音"读古诗，这是不切实际的。

1. 现代语言学的传入

1923年，前俄男爵钢和泰（B. von Staël-Holstein，1877~1937）的《音译梵书与中国古音》一文由胡适译成中文发表。此文介绍了瑞典汉学家高本汉的《中国音韵学研究》（当时只发表了一部分），高度评价了高氏的中古音构拟。他还提出了构拟古音可用的三种重要材料：

> 第一，中国各种方言里与日本、安南、朝鲜文里汉字读音的比较研究。第二，古字典（如《唐韵》之类）里用反切表示汉字的读法，古韵表可以考见韵母的分类。第三，中国字在外国文里的译音，与外国字在中国文里的译音。
>
> 在那些外国字的汉文译音之中，最应该特别注意的是梵文的密咒（Mantras）一类。……古代的传说以为这种圣咒若不正确地念诵，念咒的人不但不能受福，还要得祸。梵文是诸天的语言，发音若不正确，天神便要发怒，怪念诵的人侮辱这神圣的语言。这个古代的迷信，后来也影响到佛教徒，所以我们读这些汉文音译的咒语，可以相信当日译音选字必定是很慎重的。因为咒语的功效不在它的意义，而在它的音读，所以译咒的要点在于严格地选择最相当的字音。况且这两三千年以来，梵文的音读不曾经过变迁。
>
> （选自刘晓南《音韵学读本》，上海交通大学出版社，2011）

在此文的启发下，汪荣宝同年发表了《歌戈鱼虞模古读考》。他利用多种汉语中的外语译音、外语中的汉语译音作为例证，得出结论："唐宋以上，凡歌戈韵之字皆读a音，不读o音；魏晋以上，凡鱼虞模之字亦皆读a音，不读u音或ü音也。"（载杨树达《古声韵讨论集》79页）此文发表后引起了大讨论，标志着中国音韵学研究从音类研究转向了音值拟测。其后不久，历史比较语言学得以系统地介绍到中国，促进了汉语音韵学的发展。

2. 高本汉的中古音拟测

瑞典汉学家高本汉（Klas Bernhard Johannes Karlgren，1889~1978）是第一个用历史比较语言学方法系统拟测汉语中古音的学者，对汉语古音拟测有奠基性、开创性的贡献。上面说到，他的《中国音韵学研究》还没有发表完的时候，已经由钢和泰介绍到中国，引起了大讨论。

1940年，高本汉的《中国音韵学研究》中文本出版。这个译本由赵元任、罗常培、李方桂翻译，丁声树核对；译者在翻译过程与作者一起，做了很多修正、补充工作，因此代表了当时汉语音韵学研究的最高水平。

《中国音韵学研究》的路线是：首先拟测《切韵》音系，并对现代汉语方音作科学的描写；然后研究二者的变迁关系，说明现代方音是以何种规律从中古音演变而来的。高本汉依据的材料有三个方面：一是当时能看到的《广韵》系韵书、宋元等韵图，并参考了陈澧的《切韵考》。二是33种方言资料，其中24种是他自己调查的（其余引用他人的资料则多不可靠）。三是外语中的汉字借音，主要是日语、朝鲜语、越南语的汉字读音。

高本汉拟测的中古音音值总体上是成立的。其后学者，如赵元任、罗常培、陆志韦、王力、王静如、董同龢、周法高、李荣、李方桂等，都是基于他的成果进行修正、改进，也做出了重要贡献。

高本汉也开创了上古音的全面拟测工作，但由于材料的限制，并不如其中古音拟测那样成功。

3. 王力的古音拟测

王力（1900~1986）是中国现代语言学的奠基人之一。王力于20世纪30年代开始从事古音拟测研究，晚年写成的《汉语语音史》，乃是这方面的集大成之作。这本书把上古至现代的汉语分成九个阶段进行语音拟测，是迄今为止最全面、系统的汉语语音拟测著作。

在《汉语诗律学》（1958）中，王力对中古四声提出了拟测意见：中古平声是长的，不升不降（所以叫平声）；上、去、入三声是短的，或升或降（所以叫仄声）。“上”指升，“去”指降，“入”指短促，“仄”指侧、不平。

在《上古汉语入声和阴声的分野及其收音》（1960）中，就上古汉语韵尾拟测提出：“在汉藏语系中，韵尾-g，-d，-b和-k，-t，-p是不能同时存在的。”这是后来他的《汉语史稿》上古音韵尾构拟的基础。

1985年《汉语语音史》出版（图56）。在这本书里，王力把汉语语音划分为九个阶段：先秦、汉、魏晋南北朝、隋唐—中唐、晚唐—五代、宋、元、明清、现代。他以各时段韵文、反切、音注等为研究对象，于是得以突破《广韵》音系的限制。比如汉代韵部，是根据张衡及其同时代文学家的用韵分析出来的；宋代声母系统、韵部则根据朱熹《诗集传》《楚辞集注》的反切进行归纳。

第十章　历代语音发展总表

（一）声母

（1）帮滂並明、非敷奉微

时代 / 声母	先秦	西汉	东汉	南北朝	隋唐	五代	宋	元	明清	现代①
帮	p	p	p	p	p	p	p	p	p	p
非	p	p	p	p	p	f	f	f	f	f
滂	p'	p'	p'	p'	p'	p'	p'	p'	p'	p'
敷	p'	p'	p'	p'	p'	f	f	f	f	f
並（平）	b	b	b	b	b	b	p'	p'	p'	p'
並（仄）	b	b	b	b	b	b	p	p	p	p
奉	b	b	b	b	b	v	f	f	f	f
明	m	m	m	m	m	m	m	m	m	m
微	m	m	m	m	m	ɱ	ɱ	v	v	w

① 现代指现代北京音系。

（二）韵部

（1）之部

时代 / 韵母	先秦	西汉	东汉	南北朝	隋唐	五代	宋	元	明清	现代
开一（该）	ə	ə	ə	ɐi	ɑi	ɑi	ai	ai	ai	ai
开一（埋）	ə	ə	ə	eɐi	ai	ai	ai	ai	ai	ai
合一（梅）	uə	uə	uə	uɐi	uɑi	uɐi	uɐi	əi	əi	ɔi
合一（母）	uɔ	uə	uə	u	ou	ou	u	u	u	u
合一（怪）	uə	uə	uɔ	oɐi	oai	oai	uai	uai	uai	uai
开三（基）	ĭə	ĭə	ĭə	ĭə	i	i	i	i	i	i
开三（丕）	ĭə	ĭə	ĭə	ĭei	i	i	i	i	əi	əi
开三（思）	ĭə	ĭə	ĭə	ĭə	i	i	ɿ	ɿ	ɿ	ɿ
开三（之）	ĭə	ĭə	ĭə	ĭə	i	i	i	ʅ	ʅ	ʅ
开三（而）	ĭə	ĭə	ĭə	ĭə	i	i	i	ʅ	ɚ	ɚ
合三（牛）	ĭuə	ĭuə	ĭuə	ĭu	iou	iou	ĭəu	ĭəu	ĭəu	ĭəu
合三（龟）	ĭuə	ĭuə	ĭuə	ĭuei	ĭui	ĭui	ĭui	yi	uəi	uəi

图56 《汉语语音史》“历代语音发展总表”（局部）

八、汉语方言

方言不限于声韵问题,只是为了方便章节安排,列在这里。

中国自古有书面语、共同语(有时二者是一体)与方言并行的传统。古代社会的交通、商业不发达,社会分离、地理阻隔使方言得以形成,而人群迁徙、民族融合、语言接触等因素则又使方言变异,或造成新的方言。

现代汉语包括现代汉民族共同语(普通话)和各种汉语方言。划分方言的标准有粗有细。比如汉语的粤方言,在当地人看来还有广州话和香港粤语的不同。据《中国语言地图集》(1987),现代汉语方言分为10个大区:官话、晋语、吴语、徽语、湘语、赣语、客家话、粤语、闽语、平话(图57)。

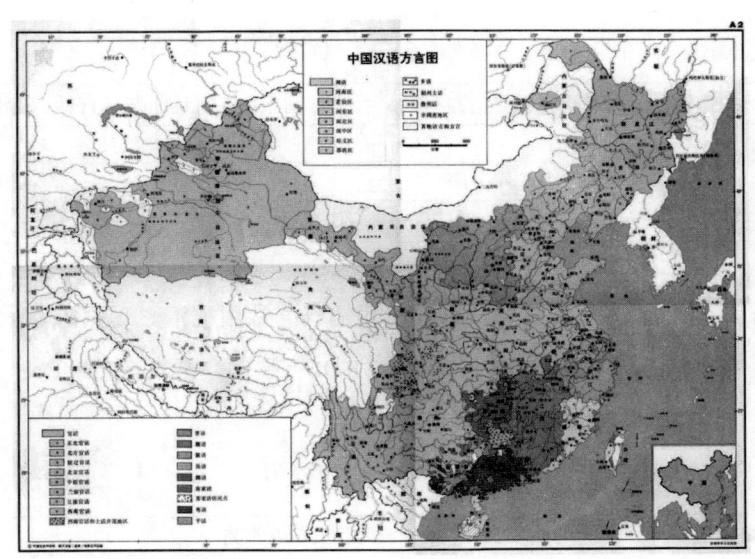

图57 《中国语言地图集》"中国汉语方言图"

汉语方言之间的差异,人们感受最大的是语音,其次是词汇。

官话方言的语音与共同语相差不大。而东南诸方言的语音则与共同语差别很大，只会官话的人是听不懂的。比如普通话只有4个声调；官话方言大多如此，也有5个或3个的。吴语则多为7~8个。闽语多为7个。客、赣方言多为6个。粤语多为8~9个，多则10个。

据北大中文系《汉语方音字汇》（1989），官话方言声母有20个左右，韵母有40个左右。双峰、苏州、温州等方言点有浊声母，所以声母近30个，而韵母在33个至49个之间。而东南各方言大多声母少，而韵母、声调多。官话方言则声、韵、调类别少，但普遍有轻声和连读变调，许多方言点有儿化。

又如入声在大多数官话方言里已经消失，但是原入声字派入哪些调类是很不同的，这可以作为方言划分的一个依据。李荣《官话方言的分区》（1985）就是这么做的（表格6）。

表格6 古入声字的今调类

	西南官话	中原官话	北方官话	兰银官话	北京官话	胶辽官话	江淮官话
古清音	阳平	阴平	阴平	去声	阴阳上去	上声	入声
古次浊	阳平	阴平	去声	去声	去声	去声	入声
古全浊	阳平	阳平	阳平	阳平	阳平	阳平	入声

方言词汇的差异也是很大的，尤其是口语常用词汇。现据陈章太、李行健《普通话基础方言基本词汇集》（1996）举例，见表格7。

表格7 方言同义词举例

普通话词语	方言同义词举例
粥	稀粥、稀饭、米汤、水饭、黏粥、汤、二抹子饭、二抹头、甜稀粥
米饭	大米饭、大米干饭、白米饭、干饭、蒸饭、饭、粳米饭、稠饭、干粥、稠粥
胡同	胡同儿、过道（儿）、巷儿、圪浪得、合浪（子）、巷道、巷当、巷路、巷巷（儿）、冲冲、弄子、弄儿、巷口、巷子、道子

（续表）

厨房	灶火屋（儿）、饭屋儿、灶火坑、伙房、火庵儿、里楼、屋儿地下、堂屋地、正间地、灶间、伙屋、灶屋、棚儿虑底下、灶房、灶门间、火边、灶门口、锅屋、灶下、锅上
厕所	茅房、茅厕、茅厕坑、茅子、厕所儿、茅楼（儿）、便所（儿）、栏子、圈、屎栏、后楼、圈圈、茅厕子
丈夫	当家的、男人、先生、孩儿他爹、孩子他爹、老头子、老汉子、掌柜的、老汉子、班儿上的、外头的、屋外的、老登、女婿、她男的、男的、外头人、当家哩、当家人、老倌（儿）、男边的、门前人、老公、领头人、男将、外手的、外人儿、老爷们、他爹
妻子	媳妇儿、太太、老婆（子）、娘儿们儿、孩子他娘、女人、媳子、孩儿他娘、家里（的）、老伴、婆姨、屋里人、老摭、屋儿里的、屋里（的）、家里人、老婆儿、婆娘、家里头的个、堂客、女的、她的、屋头边的、女将、屋头的、奶奶、内人、家眷、老嫚子
乳房	个个、咂儿、妈儿、奶头儿、奶子、妹妹、妈妈、奶、妞妞、奶奶、奶妞、乳头儿、妈妈儿、斗斗儿、咪咪、妈、捏捏疙瘩、灭灭、芒芒
这里	这儿、这、这点儿、这堂、这大、这歹、这圪垯、这块、这凯、格尖、唎口儿、这来、这下、格里、格块、格拉、这块儿、这向头儿、这合儿、这边儿拉、这垯、自垯、这些、这地方、这得、札儿、这塔儿

明清以后城市和商业繁荣，共同语的影响力增大，方言开始弱化。近代以来这种趋势更强了。吴语、赣语、湘语的方言在逐渐接受共同语的特点、成分，逐渐蜕变；闽语、粤语、客家话也有这样的趋势，只因与共同语差异较大，所以变化较慢。如调类的减少，这是方言发展的大趋势。据专家调查，不少吴语区青年的单字调从上一辈的7~8类减少为5~6类。又如，在湖南沿江、沿铁路线地区的湘方言中，全浊声母现在已经变为不送气的清声母。至于方言中吸收大量普通话的词语，更是自然的事。

第三章　语文现代化运动（上）：1949年以前

　　语文现代化运动是一股世界性的潮流，日本、朝鲜半岛、越南、苏联、蒙古国、土耳其等国家和地区的语文现代化运动曾对中国有影响。（可参见附录二：汉字文化圈的语文现代化运动）语文现代化首先是社会改革运动，其次才是语言文字学术上的思想潮流。

　　中国的汉语文现代化运动的基本精神是言文一致，主要包括国语统一、白话文代文言文、文字简化拼音化三个方面。以下大体以文字简化拼音化运动为纲，兼及其他。

一、明末以来外国人的汉语注音、拼音

1. 利玛窦的《西字奇迹》与金尼阁的《西儒耳目资》

　　中国语文现代化的直接动机是中国在中日甲午战争中惨败（见后文"中国第一快：切音字运动"），而其学术渊源还可以回溯到明末耶稣会在华传教士对汉字的注音。

　　意大利耶稣会传教士利玛窦（Matteo Ricci，1552~1610）为方便同行学习汉语，用罗马字给汉字注音，于万历三十三年（1605）出版了《西字奇迹》。书已亡佚。明代程大约《程氏墨苑》收有利玛窦所作《信而步海

明汪廷讷《坐隐弈谱》中有很多名人题赠,其中有罗马字拼音短文一则,没有汉字对照。汪氏说是利玛窦给他的赠言,并附上自作酬答诗一首。陈垣先生考证为汪廷讷伪作,乃剪裁前面四篇材料拼凑而成,其实词句不通,"殊可笑也"。(《明末罗马字注音文章》38页)

疑而即沉》(见《潮流图》)、《二徒闻实即舍空虚》《媱色秽气自速天火》三篇宗教故事和给程氏的赠言《述文赠幼博程子》(图58),并插图四张。四篇文章和部分图题图注是汉字与注音并排。据罗常培先生分析,利玛窦的注音方案有26个声母,44个韵母。

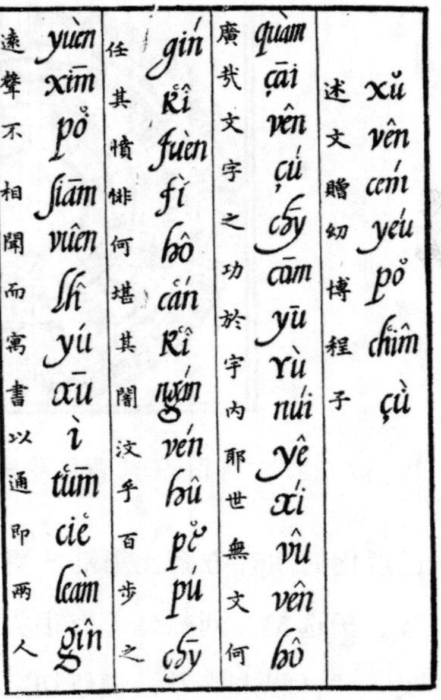

图58 利玛窦《述文赠幼博程子》(局部)

利玛窦1610年在北京逝世。同年法国耶稣会传教士金尼阁(Nicolas Trigault)来华传教。金尼阁改进利玛窦的注音方案,于1626年出版了《西儒耳目资》。这是罗马字注音的汉字字汇,供西洋读书人(西儒)学习汉语之用。其方案包括"字父"(声母)20个,"字母"(韵母)50个。"父母相会","字子"(音节)就生成了。参见图59。

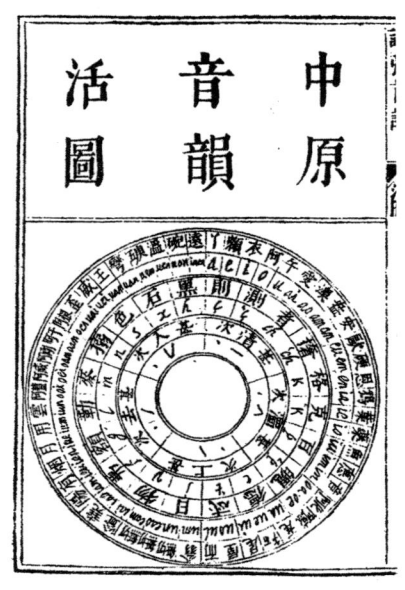

图59 《西儒耳目资》声韵表

这种音素化的注音方案比等韵图更为条理明晰,对当时的中国音韵学家如方以智、杨选杞、刘献廷等有很大启发。杨选杞读后,在《声韵同然集》中感叹:"吾阅未终卷,顿悟切字有一定之理,因可为一定之法。"(转引自《罗常培文集》第3卷8页)

2. 教会罗马字

鸦片战争(1840~1842)后,基督教在中国广泛传播。当时民众识字的不多,且方言常常有音无字。所以教会翻译《圣经》、出版读物时干脆用罗马字拼写方言,并用于扫盲。这就是"教会罗马字"。19世纪末20世纪初为全盛期,至少有17种方言用罗马字拼音出版过《圣经》。

教会罗马字在东南沿海地区广泛流行。最早的方案见于基督新教第一位来华传教士、英国人马礼逊（Robert Morrison，1782~1834）所编《中文字典》（1815~1823），他1807年到广州传教。厦门的"话音字"则形成于1850年；1921年闽南教区出版读物近14.7万份，其中5万份用方言罗马字。（倪海曙《中国拼音文字运动史简编》11页）1851年，后来任京师同文馆、京师大学堂总教习的丁韪良（William Alexander Parsons Martin，1827~1916）从厦门到宁波，制订了宁波话罗马字方案，影响也很大。

天主教会也有类似的工作和成果，如"辣体汉字"，不过影响要小得多。

1912年中华民国成立，次年公布注音字母，此后教会罗马字就慢慢衰落了。

3.威妥玛式和邮政式

威妥玛（Thomas Francis Wade，1818~1895）1867年出版的《语言自迩集》是一套供外国人学习北京话的教材。书中的汉语注音方案被称为"威妥玛式"，曾在邮政、海关、图书编目等领域广泛应用，至今欧美图书馆仍有沿用的。威妥玛曾任上海海关第一任外国税务司、英国驻华公使，1888年受聘为剑桥大学第一任汉学教授。

1906年，在上海召开的帝国邮电联席会议决定，邮政系统中的中国地名拉丁字母拼写，基本以翟理斯（Herbert Allen Giles，1845~1935）所编《华英字典》为准，而省略附加符号。是为"邮政式"。翟理斯是威妥玛的学生，《华英字典》的拼音实际上是威妥玛式，但地名往往依当地方言拼写，或沿用习惯拼法。

二、中国第一快：切音字运动

鸦片战争之后很多读书人意识到中国的落后，并且开始向西方学习，此时洋务运动兴起。1894年中日甲午战争爆发，中国惨败于昔日"岁时来献见"的"蛮夷"小邦日本，标志着洋务运动失败。于是读书人的眼光开始"向下"看，"学夷技以制夷"的救国路线转变为普及教育、开通民智。黎锦熙先生说：

> 切音运动的动机，就在他们目击甲午（1894）那一次大战败，激发了爱国的天良。大家推究原因，觉得日本的民智早开，就在人人能读书识字，便归功于他们的五十一个假名。一方面又有几位到过西洋的，不但佩服他们文字教育之容易而普及，更震惊于他们"速记术"之神速，于是乎群起而创造切音新字。（《国语运动史纲》，91页）

卢戆章是切音字运动第一人，最早制订拼音文字方案的中国人。卢戆章（1854~1928）字雪樵，福建同安人，住厦门。18岁应试不第，21岁赴新加坡学习英文，回国后曾协助英国传教士马约翰翻译《英华字典》。当时漳泉地区教会用方言罗马字"话音字"刊行《圣经》，进行扫盲。卢氏在"话音字"的基础上，经十余年精心增改，制成罗马字式拼音文字方案，取名"中国第一快切音新字"，1892年出版《一目了然初阶（中国切音新字厦腔）》。这时中日甲午战争还没有爆发。

"中国第一快切音新字"设计有"韵脚"（声母）、"字母"（韵母）符号55个。拼厦门话用36个，拼漳州话再加2个，拼泉州话又加7个，其余10个用于他地方言。卢氏切音新字当时在厦门流行，很多外国人也学习。据说学习者只需半年，便能自由读写。

卢戆章在《切音新字》（1892）序中说，切音字因"字话一律""字画简易"而效率很高（"中国第一快"），只需要学习几十个字母和拼法，就能无师自通地读书学习了；这样省下十余年光阴，用于学习数理化，"以及种种之实学，何患国不富强也哉！"可以说，这是所有拼音文字方案的共同理路。

1898（戊戌）年，卢戆章的同乡、京官安溪林辂存将卢氏方案呈请都察院代奏。不幸戊戌变法失败，新学新政都被废除。

1900年八国联军占领北京，两宫出逃；1903年俄国占领东北，1904年日俄战争爆发。"朝野上下连受了这几次大刺激，新机又大动了。"（黎锦熙《国语运动史纲》93页）于是卢氏旧事重提，1905年将切音新字著作呈交学部；其间，因当时王照等人的假名式方案已经流行，卢戆章也把原来的罗马字式改成了假名式（图60）。学部最终把他的书交译学馆审定。审定意见虽然认为作为"我国国粹之源泉，一切文物之根本"的汉字不可废弃，但对于在普通民众中推行拼音文字以普及教育，持开放的态度：

> 现今世界文字，大别为二：一为象形字，一为切音字。除中国独用象形字外，余如国书之字头，泰西各国之字母，皆切音也。日本朝鲜虽亦沿用汉字，然日本则有假名，朝鲜则有谚文，用以补汉字之不逮，假名、谚文，亦切音字也。象形切音二法虽各有长短得失，然论其难易，二者实有霄壤之别：切音得数十笔十余笔而有余者，象形累数千字数万字而未足。而文字之难易，又与教化之广狭相为比例：识字难，则游惰不得不多；识字易，则教育自然普及。近来日本教育会屡有改良国字之议，至欲尽废汉字，专用假名或罗马字以代之，盖为此也。夫汉字为我国国粹之源泉，一切文物之根本，在日本因袭既久，尚难一旦更张；在我国累代相传，岂可反行废弃？特以字形繁重，施诸初等教育，实有劳而少功博而寡要之患，故仿照国书及泰西诸国文字成例，别制切音字一种，以与固有之象形字相辅而行，亦今日不得已之举也。

后来卢戆章截取这段话印在自己的书上（图60），而省略了后文的反对意见。译学馆的专家从学理上反对推行卢氏的方案，认为方案没有完整继承传统音韵学的成果（如卢氏方案缺14个浊音，没有入声）；又"迁就方音"，不以传统字书、韵书上的传统读书音为准，不利于全国通行；其写法"以韵母为经，居中大写；以声母为纬，各按字音之平上去入，细书于韵母之上下左右"，更是不合古今中外文字之通例。方案就这样被批驳了。这时是1906年，简字运动已经后来居上了。

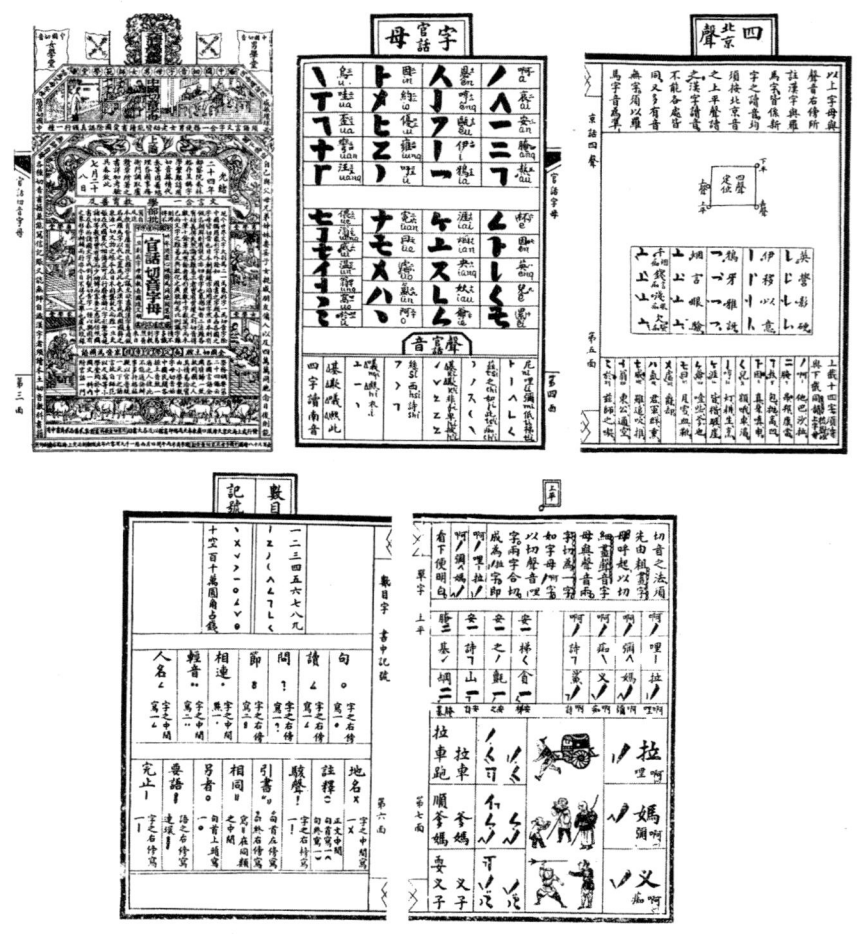

图60 官话切音字母方案
选自《北京切音教科书》（1906）

戊戌年前后还有福建龙溪人蔡锡勇的《传音快字》（1896，图61）、江苏吴县人沈学的《盛世元音》（1896）、福建永泰人力捷三的《闽腔快字》（1896）、广东东莞人王炳耀（外交家王宠惠之父）的《拼音字谱》（1897）等。四人的方案都是速记式切音字，而蔡锡勇影响最大。

蔡锡勇（1847~1897）幼入同文馆，曾出使美、日、秘三国，任参赞。其方案受欧美速记术的影响。其子蔡璋、蔡璐传习家学。蔡璐在译学馆念书时用"传音快字"记录讲演，受到注意。所以后来资政院聘请他的兄长蔡璋训练资政院的速记员。从清资政院到民国的历届国会，都是蔡璋和他的学生负责现场速记。这是中国速记学的渊源。蔡璋著有《中国速记学》。

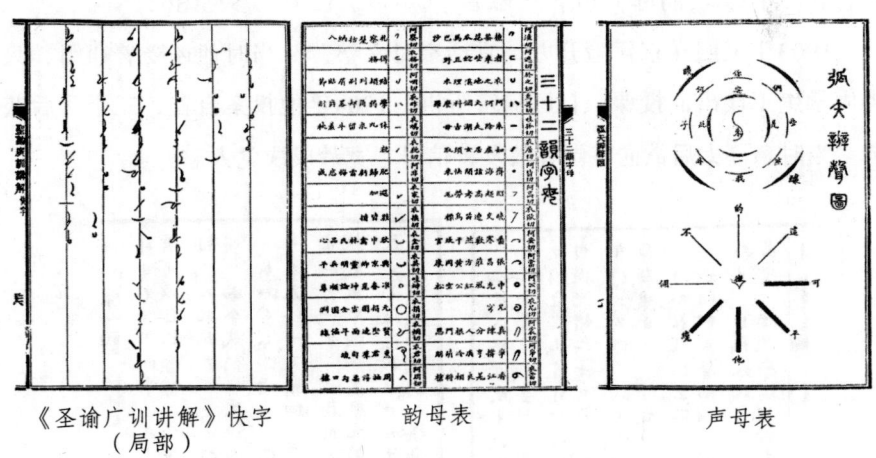

《圣谕广训讲解》快字　　　　韵母表　　　　　声母表
（局部）

图61　《传音快字》（1896）

三、勇猛可嘉：官话字母和简字运动

1. 王照的官话字母

第一个创造拼音文字并用于民众教育的中国人是王照。王照（1859~1933）字小航，号芦中穷士，又号水东，河北宁河人。王照是戊戌党人，以勇猛著称。他曾奉诏上书，提议光绪皇帝与慈禧太后一同出洋考察，先去日本；又提议专设管理教育的"教部"。礼部尚书许应骙拒不代奏，王照当面诘责他抗旨。许应骙羞愤难当，奏劾王照"请圣驾游外洋，安知非包藏祸心"。光绪帝很生气，下谕："朕心自有权衡，无庸该尚书等鳃鳃过虑！"于是把礼部堂官六人都革了职，并陈赞王照"勇猛可嘉"，超擢为四品京堂候补，赏三品顶戴，预备让他代黄遵宪出使日本。不久政变，王照受到通缉，于是逃亡日本。（他一生颇为传奇，黎锦熙先生撰有《王照略历》一篇，载《国语运动史纲》。）

王照在日本时受日本语文现代化运动的启发，创制"官话合声字母"。1900（庚子）年，《官话合声字母》在天津出版，其方案为片假名式，含"字母"（韵母）50个，"喉音"（声母）12个。参见图62。

1903年王照在京冒险开办"官话字母义塾"。当时他还受着通缉，只得由学生王璞出面授课，自己隔帘听讲。1904年他投案自首，三个月后获释。当时慈禧太后欲向各国释放友善信号，宽赦戊戌党人。

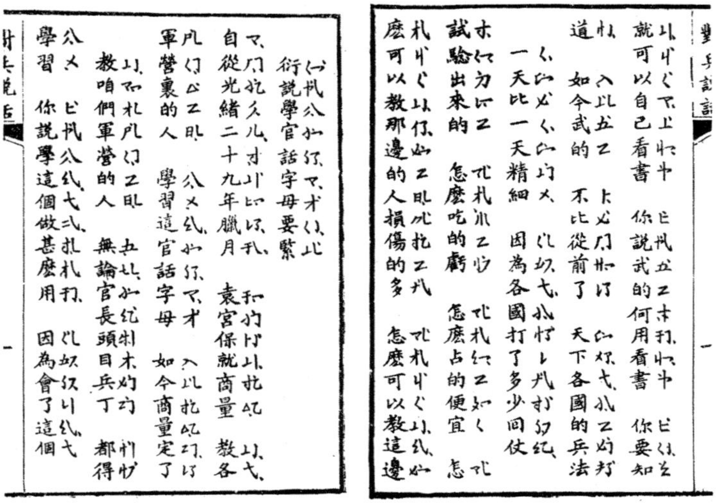

图62 王照《对兵说话》（节选）
选自《官话字母读物八种》

当时很多重要人物如翰林严修，桐城古文老将吴汝纶，北洋大臣、直隶总督袁世凯，江宁提学使、音韵学家劳乃宣等，热心推行他的方案。

吴汝纶（1840~1903）是桐城古文老将，他是较早提倡统一国语的人。他在日本考察教育时注意到，日本萨摩地方在师范学校中教授国语，使国语三十年间得以普及。他上书管学大臣张百熙，提议推行王照的官话字母，说："此音尽是京城口声，尤可使天下语言一律。"1903年，张百熙、荣庆、张之洞《奏定学堂章程》前的《学务纲要》"各学堂皆学官音"条说："兹拟以官音统一天下之语言，故自师范以及高等小学堂，均于中国文一科内，附入官话一门。各学堂皆应用《圣谕广训直解》一书为准。"因王照是戊戌党人，章程没有规定"官话"的课本（《圣谕广训直解》只能算读物），但"官话字母"实际上因此得以广泛推行。黎锦熙先生说：

> 光宣之交，我在湖南优级师范，要遵章传习官话，也用过这种字母；同学们多以为怪异。也就因为部章没有规定课本，致各省于官话一门，多不一律，不免发生笑话。例如福建各学堂教这门功课，一律要请驻防的旗人作教习，大约是沿袭他们从前正音书院的旧法罢，开首几句话，一定是"皇上、朝廷、主子的家：我们都是奴才"。那时有一位林白水君起而反对，便捉将官里去了。（《国语运动史纲》102页）

1904年，在总督袁世凯要求下，直隶通令全省启蒙学堂传习官话字母，又办了很多官话字母义塾，拨款译办书报，将官话字母加入师范及小学课程中，并在天津设立大规模的"简字学堂"。两江总督周馥、盛京将军赵尔巽也效仿袁世凯，各在省城设立"简字学堂"，传习官话字母。如此，1905、1906年间，官话字母约在十三省得以广泛传播。

王照的拼音官话书报社，刊行《拼音官话报》，编印初学修身、伦理、历史、地理、地文、植物、动物、外交等拼音官话书，销售六万多部。

到宣统初袁世凯倒台，拼音官话书报社因触忌被查封，官话字母也被禁止传习。这时幸有劳乃宣（1843~1921）将官话字母改头换面，取名"简字"，继续推行。

2.劳乃宣的合声简字

劳乃宣1905年开始在南方推行官话字母，改称"合声简字"。他1907年出版《简字全谱》，京音一谱与王照相同；另加6母、3韵为《宁音谱》，在两江总督所办简字学堂使用；端方继任两江总督后，又令江宁四十所初等学堂都设简字科。后来又扩展成《吴音谱》《闽广音谱》，涵盖全国方言。劳乃宣主张先"言文一致"再"国语统一"，很多人反对，说他分裂语言文字。

劳乃宣于1908、1909年两次上奏，请旨颁行天下，强制推行。因为学部不予回应，他联合赵炳麟、汪荣宝等名流在北京组织了"简字研究会"，这是民国"国语研究会"的先声。

1910年资政院成立，预备立宪。在议员江谦、汪荣宝、严复、陶镕、陆宗舆等三十多人以及各地学界、京官的推动下，资政院决定："将简字正名为'音标'，由学部审择修订，奏请钦定颁行。"可是第二年辛亥革命爆发，"简字运动"也随之终止了。

3.章太炎的纽韵文及其他

除王、劳两家外，同期还有不少方案。

朱文熊的《江苏新字母》（1906）是中国人设计的第一个音素制的罗马字拼音方案。刘孟扬的《中国音标字书》（1908）也是罗马字方案，拼写官话。

章太炎改良传统反切为纽韵文，是为篆籀式方案。1908至1910年间，在留法学生主办的《新世纪》上，有人主张中国改用万国新语，即世界语。章太炎反对这种主张，同时对切音字也有不同意见，于是作《驳中国用万国新语说》。他主张人人兼习章草，以便速写，略知小篆，以便识字；以传统读书音为正音，并改进传统反切。他改进的反切含36个“纽文”（声母，参见图63），22个“韵文”（韵母），“皆取古文篆籀径省之形，以代旧谱，既有典则，异于向壁虚造所为，庶几足以行远。”他改良反切只为注音，不是为了代替汉字。但是谁也没想到，这个方案后来成了国家推行的注音字母的前身！

紐文三十六	
喉音　亦曰深喉音	
丨	今隶作丨.唐韵古本切.即旧見母.
凵	今隶作凵.唐韵口犯切.即旧溪母.
乁	今隶从小篆作及.唐韵巨立切.即旧群母.
乂	今隶作乂.唐韵魚廢切.即旧疑母.
牙音　亦曰淺喉音	
一	今隶作一.唐韵於悉切.即旧影母.
厂	今隶作厂.唐韵呼旱切.即旧曉母.
㠯	今隶作㠯.字亦作以.唐韵羊止切.即旧喻母.
乙	今隶作巳.唐韵乎感切.即旧匣母.
舌头音	
刀	今隶作刀.唐韵都牢切.即旧端母.
土	今隶作土.唐韵乇魯切.即旧透母.
大	今隶作大.唐韵徒蓋切.即旧定母.
乃	今隶作乃.唐韵奴亥切.即旧泥母.
舌上音	
乇	今隶作乇.唐韵陟格切.即旧知母.
屮	今隶作屮.唐韵丑列切.即旧徹母.

图63 章太炎《驳中国用万国新语说》纽文三十六（部分）

据统计，1892至1910年间，全国共有28种切音字、简字方案，其中假名式（笔画式）14种，速记式5种，拉丁字母式5种，其余还有篆籀式、草书式、象数式等。（倪海曙《清末汉语拼音运动编年史》9~12页）

四、个个想做仓颉：国音统一、注音字母与白话文运动

1. 读音统一会与注音字母

1911年10月10日武昌起义，次年1月1日民国成立，4月南京临时政府迁往北京。

1912年7月，教育部临时教育会议通过《采用注音字母案》。12月教育部设立读音统一会筹备处，聘吴稚晖（1865~1953，名敬恒）为主任。吴草拟章程八条，第五条规定"本会职务"为：（一）审定一切字音为法定国音；（二）将所有国音均析为至单至纯之音素，核定所有音素总数；（三）采定字母，每一音素，均以一字母表之。（黎锦熙《国语运动史纲》122页）

读音统一会共有会员80人，其中教育部延聘30余人，部派10余人，其余是各省代表。代表籍贯集中在江苏（17人）、浙江（9人）、直隶（8人），其余都在4人以下。因路途遥远等原因，1913年开会时，仅44人到会，记名投票选举吴稚晖为议长（29票），王照为副议长（5票）。王照属直隶，他对江浙人太多非常不满。

会议按章程第五条进行，首先依清代李光地《音韵阐微》等逐字审定国音。各省代表认定一个读音，用预备的"记音字母"注音。最后按一省一票统计，得票最多的音定为"国音"。这就是后来《国音字典》的蓝本。不过这时并没有审定声调；当时很多人认为声调将来会消失，就像世界大多数语言没有声调那样，而且方言间声调差别巨大，统一声调无法实行。这为后来"京音国音之争"埋下了伏笔。

当时通用语要有基础方言（如普通话的基础方言是北京话）观念不强，还是按照颜之推、陆法言修《切韵》以来1300多年的老思路——折中于古今南北之音；不同之处在于《切韵》是私人标准，"我辈数人，定则定

矣",这回是民主国家行使公权,所以要投票。

  第二步是核定因素,采定字母。提交方案的很多,属偏旁派(假名式)的有直隶王照、江苏汪荣宝、福建蔡璋等;自定符号(包括速记、假名多式)的有直隶马体乾、江苏吴稚晖("豆芽字母")、浙江张海画(镇海商人,由吴稚晖代表提交,后于1918年印成《全球人人父母生成天然音韵反切注音字母张氏研究顶快识字全书》)、福建卢戆章、留意学生会等;属罗马字母的有江苏杨曾诰;用罗马字符兼标义符的有直隶刘继善。吴稚晖后来评论说:

> 读音统一会开会的时节,征集及调查来的音符,有西洋字母的、偏旁的、缩写的、图画的,各种花样都有。而且都具匠心,或依据经典,依据韵学,依据万国发音学,依据科学。无非个个想做仓颉,人人自算佉卢,终着意在音字,几乎也无从轩轾,无从偏采那一种。(《三十五年来之音符运动》,1931)

  会中争论不休,最后按浙江会员马裕藻、朱希祖、许寿裳(三人都是章太炎的学生)、钱稻孙和部员周树人(鲁迅)等人提议,把审定字音时暂用的"记音字母"正式通过,定名"注音字母"。"注音字母"其实就是在章太炎所创字母基础上改成的。

  会议最后议决《国音推行办法》七条,其中:四、请教育部将初等小学"国文"一科改作"国语",或另添国语一门。五、中学师范国文教员及小学教员,必以国音教授。六、《国音汇编》(即后来的《国音字典》)颁布后,小学校课本应一律于汉字旁添注国音。(黎锦熙《国语运动史纲》126页)

  此次读音统一会有不少遗闻轶事,黎锦熙先生在《国语运动史纲》(127~130页)中描述颇详,今略述如后:

读音统一会首先要审音，而审音先要有统一的记音字母，而记音字母的拟定又涉及审音的实质，即确定哪些方音因素进入国音。这就把后面核定音素、采定字母两个议题也牵扯进来了。于是在确定会议用"记音字母"时发生了激烈的争论，僵持了三十多天，而预定会期总共才三个月。

争论焦点是入声，其次是浊声母等。江浙会员人多，其中汪荣宝等人是音韵学家，主张收入声、浊音。汪荣宝常说："南人若无浊音及入声，便过不得日子。"其他各省反对者则由王照率领，寸步不让。王照说："字母加入十三浊音，则是以苏浙音为国音，我全国人民世世子孙受其困难。"

议长吴稚晖居间调和，欲两边讨好，实四方得罪。他在开幕演讲时谈三十六字母、四等呼，说："这是我们中国人的老祖宗给我们留下的，我们应该遵守！"轮到副议长王照演讲，则强调制订新字母的宗旨在于拼白话、广教育。东南会员要收入三十六字母中的十三个浊音。吴稚晖滑稽地说："浊音字甚雄壮，乃中国之元气。德文浊音字多，故其国强；我国官话不用浊音，故弱。"为了说明"浊音的雄壮"，还给大家唱了一段弋阳腔。吴稚晖发言往往滔滔不绝，云山雾罩，不免让各方生疑。新派以为他蓄意复古，旧派尤其是章门以为他暗中废汉字，以"万国新语"（Esperanto，世界语）代汉语。四川代表、今文经学家廖平说："我到会，只主张一事：汉字万不可废！因为六经六书都是孔子作的；孔子制作六经，就是把从前的拼音字，一律改为合六书的字呢。"

王照在马体乾、刘继善及学生王璞的支持下，召集北方十余省及川、滇、闽、粤各省会员三十人，在会外又开了一个小会。王照提出，下次开在近代，能不能像英文那样分出he、she、it，在当时很多人看来是衡量一种文字是野蛮还是文明的一个标准。吴稚晖回忆，有朋友教留学欧洲的南洋华侨青年学汉语。一天这些青年对吴稚晖讲："我等不料中国文字野蛮至此！区区代名词之第三位，尚不知分别男女。如此，将措辞之间，一切混乱无序，我辈甚觉其毫无可学之价值也。"吴不以为然。（《评前行君之〈中国新语凡例〉》）

刘半农则造了"她"字，还造了"牠"字。1920年6月6日，刘半农在《她字问题》中说："一，中国文字中，要不要有一个第三位阴性代词？二，如其要的，我们能不能就用'她'字？……我现在还觉得第三位代词，除'她'字外，应当再取一个'牠'字，以代无生物。"（见《半农杂文》）

鲁迅在《忆刘半农君》中说："他活

会时他将提议修改表决规则，改一人一表决权为一省一表决权。众人约定，这个提案如果不通过，大家都自行退出会议。开会时王照郑重提出这个议案，苏浙会员哗然。汪荣宝高声地说："若每省一表决权，从此中国古书都废了！"王照质问他："此语作何解释？是否苏浙以外更无读书人？"众人纷纷附和。汪荣宝自觉失言，于是认错，离席。

吴稚晖左右为难，实在没有办法只好拖延，三天不付表决。王照就率领大家到代部长董鸿祎家辞行，说："'苏浙读音统一会'，我等外省人阑入多日，甚为抱歉！"董鸿祎安慰大家，并保证当天就表决王照的议案且一定通过。后来果然。于是十三浊音字母问题、记音字母问题、六千五百多个字音问题，都以一省一表决权得以迅速通过了。

王照积劳痔发，不时血流到脚上，又咯血，不能天天到会了。有一天他和汪荣宝争辩。过后汪荣宝与同座用苏白闲话，说到"黄包车"。王照以为是说"王八蛋"，顿时大怒，甩开膀子过去要打人："你骂我王八蛋，我就来揍你这个王八蛋！"汪荣宝赶忙躲避，以后也不与会了。

劳乃宣辛亥革命后隐居涞水，吴稚晖上门请他与会，他推辞。后来他写了份《读音统一意见书》，以私信形式寄给吴稚晖，其中有推赞王照官话字母双拼法的话，也有增加入声等与东南会员一致的地方。吴稚晖秘而不宣，以免惹麻烦。会议快结束的一天，劳乃宣的长女劳绁（孔繁淦妻）到会旁听时跟王照谈及。当天晚上王照带了四个会员到孔家，索来一个副本。第二天他拿着劳乃宣的意见书登台质问吴稚晖，跟吴又争吵了一回。于是吴稚晖决议辞去议长之职。又有江西代表高鲲南一定要会议采用他的《记音简法》，与吴稚晖力争，甚至于要动手打吴。吴稚晖遂辞职。照例由副议长王照任会议主席。因苏浙会员侧目不止，没几天王照也辞职了。他的学生王璞继任主席，加紧推进，草草了事；尤其是字音的审定颇为潦草。

读音统一会闭会之后，因政局变动，各项决议不再有人过问。幸好有在京会员王璞等人积极推动，组织"读音统一期成会"，创立注音字母传习所（所长王璞），办学习班，出版注音字母书报，"颇能继承清末官话字母运动之遗规"。

2. 国语研究会与白话文运动

袁世凯复辟一事再一次提醒知识人，要想真正实现共和，还得从根子上下功夫：改革教育，启迪民众。又认为发展教育的基础在言文一致和国语统一。当时陈懋治、朱文熊、黎锦熙等人在报刊上发表此类看法，并与胡玉缙、林纾等人展开争论。各地有两百多人来信赞成。因此，1916年，中华民国国语研究会在北京成立，以"研究

泼，勇敢，很打了几次大仗。譬如罢，答王敬轩的双鐄信，'她'字和'牠'字的创造，就都是的。这两件，现在看起来，自然是琐屑得很，但那是十多年前，单是提倡新式标点，就会有一大群人'若丧考妣'，恨不得'食肉寝皮'的时候，所以的确是'大仗'。现在的二十左右的青年，大约很少有人知道三十年前，单是剪下辫子就会坐牢或杀头的了。然而这曾经是事实。"确实，当代人看近代以来的语文现代化运动，不免觉得"琐屑得很"，然而它曾经是很严肃而重要的"事实"。

另有"祂"字，最早是在华传教士用来指称上帝、耶稣的第三人称代名词。

周有光先生在《汉语拼音和华文教学》（载《周有光语言学论文集》）中回忆说：他1923年刚上大学时，白话文还在热潮中。一个同学用白话文给父亲写信，称呼道："亲爱的爸爸和妈妈。"他的父亲把他痛骂一顿。周先生比较谨慎，仍旧用文言："父母亲大人膝下敬禀者。"不过也添了一点新气象：加上了新式标点。没想到放假回家，父亲对他说："白话文唐宋就有，我赞成；中文加上西洋标点，不伦不类，好比长袍马褂加上一条领带！"

本国语言，选定标准，以备教育界之采用"为宗旨。1917年国语研究会在北京开第一次大会，推举蔡元培为正会长，张一麐为副会长。

当时读书人鼓吹言文一致时，还主要着眼于儿童和普通百姓的教育，他们自己做文章、写信都用文言。在言文一致上以身作则的第一人是胡适。1917年底，胡适从美国寄来一张申请入会的明信片，是用白话写的。一时间，会员争相效仿。不过，同年在陈独秀主编的《新青年》杂志上，胡适、陈独秀、刘半农等人倡导"文学革命"，文章也还是用文言写的。

1918年国语研究会会员增至1500多人，请愿教育部公布注音字母。11月，教育部正式公布注音字母。这一年《新青年》全都是白话文章了。胡适发表《建设的文学革命论》，提出"国语的文学，文学的国语"，从此"文学革命"与"国语统一"得以合流。1919年初，在北京大学学生傅斯年、罗家伦组织的《新潮》上，白话文、注音字母、新式标点一齐登场了。

1919年国语研究会会员增至9800多人。教育部国语统一筹备会成立。会员有赵元任、蔡元培、沈兼士、黎锦晖（黎锦熙弟）、许地山、林语堂、王璞、钱玄同、胡适、刘半农、周作人、马裕藻、黎锦熙、朱文熊、钱稻孙等一百多人，会长张一麐，副会长袁希涛、吴稚晖。

1919年4月，巴黎和会消息传来，然后

"五四"运动爆发,一时间白话小报大行其道,多达400余种。日报副刊的旧诗文和花边八卦变成了新文艺和国语译著。从此"国语统一""言文一致"成为社会共识。

1920年教育部发布训令,规定初等小学四年全教"语体文",称"国语"。如此急进的改革令很多人感到意外。胡适说:"这个命令是几十年来第一件大事。他的影响和结果,我们现在很难预先计算。但我们可以说:这一道命令把中国教育的革新至少提早了二十年。"(《国语讲习所同学录序》,载《胡适文存》卷一)

1920至1922三年间,教育部审定国语教科书约400册。白话的儿童文学,也在周作人等提倡下流行起来。黎锦熙先生后来感慨地说:

> 大凡一种关于历史文化与社会生活的改革事业,要不是社会自身受了惊心动魄的刺激,感着急切的需要;单靠政府的力量,虽起秦皇于地下,迎列宁于域外,雷厉风行,也不见得能办得通。直到民国七八年间,欧战结局,全世界发生一种新潮流,激荡着中国的社会,于是这"国语运动"才算水到渠成,政府和社会互助而合作,三五年工夫,居然办到寻常三五十年所办不到的成绩。

赵元任1922年从美国写信给黎锦熙,告诉对方自己的国语罗马字研究思路,末了说:"此请问语体文安。"白话文运动出人意料地迅速取得了决定性的胜利。

3. 由国音到京音京调

注音字母公布后,学术上、技术上的争议不少,做了一些调整。最重要的是由国音变成京音,由不规定声调变成以京调为准。

1912年国音统一会没有审定声调。1918年公布的注音字母方案规定的四声点法，是把传统读书所用"圈破法"的圈改作点而成（图64），主要是给临时手写记音用，不适合排版印刷。对于声调的看法，比较有代表性的是吴稚晖一贯的"草鞋主义"。吴稚晖认为语言文字工具如同鞋子，应以当前合脚适用为准标，"灶婢厮养"的粗人是搞不懂四声的，不必分别太精细，能表情达意即可，可以一边使用一边根据实际需要修改。（参见《草鞋与皮鞋》，载《吴稚晖学术论著》第三编）1920年国语统一筹备会临时大会上，汪怡提出不分四声，单分长短（长音即平声）。钱玄同提出"国音不必点声的议案"，建议以"词类连书"帮助区别声调。当时胡适、黎锦熙等都不主张标调。于是大会决议："教授国音，不必拘泥四声。"如此，1932年之前，小学国语课本的注音往往不标调，甚至教育部公布的《国音字典》也没标调（图65）。

　　减少限制自然是好意，但没有标准却会造成混乱。1921年第三次大会上，黎锦熙的弟弟、本来主张废除五声的黎锦晖（1891~1967），提出了《呈请教育部公布国音声调标准案》，因为他在开封、上海教了半年国语后发现，实际教学中如果不标声调，师生无所依托，带来很多麻烦和混乱。他主张以北京调为国语的声调标准，用赵元任的标调法。因此1922年教育部公布的《注音字母书法体式》就采用了他的提案。于是"满脸麻子"变成了"满脸帽子"。

　　又有国音和京音的争议。1918年吴稚晖在读音统一会原审定的6500多字国音基础上，增补了6000多字，一边准备出版，一边交国语统一筹备会校订。1919年《国音字典》出版。《国音字典》没有标声调，引起了教育界的混乱和争议。南京高师的张士一1920年著《国语统一问题》，主张教育部以北京话作为标准语的定义，予以公布，然后组织专家详尽地分析标准语的语音，在此基础上重新制配字母。这在学理上是很正确的，但等于把前面所审定的国音、所制的注音字母推倒重来。同年8月，第六届全国教育会联合会在上海开会，决定"请教育部广征各方面意见，定北京音为国音标准,照此旨修正《国音字典》,即行颁布"。同时江苏全省师范附属小学联合会在常州开会,通过议案,不承认国音,主张以京音为标准音,并暂时不执行教育部年初公布的《国民学校令施行细则》"首宜教授注音字母,正其发音"的规定。

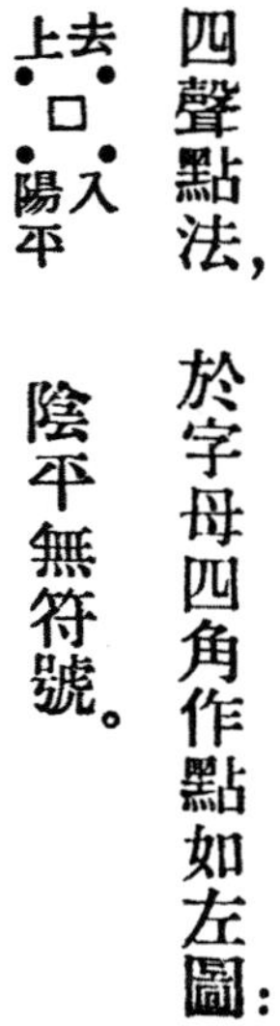

图64 注音字母四声点法,1918

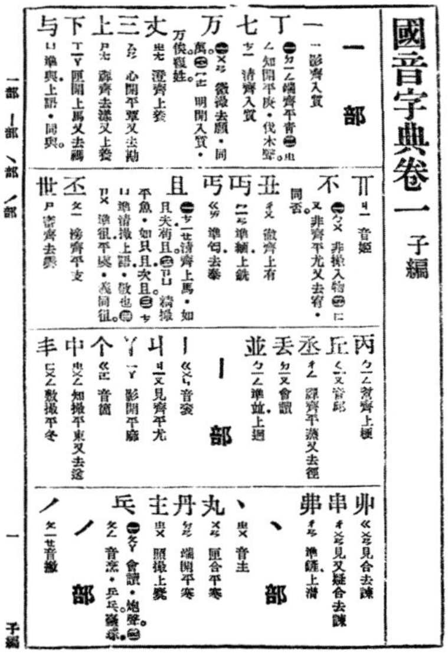

图65 《教育部公布校改国音字典》,1923年国语统一筹备会订正

1920年12月,吴稚晖、黎锦熙等到南京与张士一、顾实等讨论,没有达成一致(黎锦熙提出教师自行按"国音京调"教学的主张,被称作滑头办法)。12月底教育部公布《国音字典》,所附教育部训令中对争论做出解释和回应说:读音统一会审定的是"普通音",即所谓官音、官话音,是数百年来流传的读书音,是有资格并适宜全国通行的。北京音在国音中占有极重要的地位,《国音字典》所注字音,九成以上与北京音相同。至于声调问题,注音字母仅列阴平、阳平、上、去、入五声,并未指定五声的方

言标准，这是因为全国声调“千差万殊，绝难强令一致”；语音统一只求能顺利表情达意，至于绝对一致，不仅做不到，实际上也没有必要。

这个解释也是“草鞋主义”的。如前所说，不加限制或降低要求不等于不要定标准；没有标准正是引起教学混乱，引起争论的主要原因。不过争论确实改变了专家的看法。前文讲到1922年教育部公布的《注音字母书法体式》中，采纳了黎锦晖上一年的提案。1923年国语统一会成立了17人组成的《增修国音字典》委员会，因缺乏经费，1925年才开会，推王璞、赵元任、钱玄同、黎锦熙、汪怡、白镇瀛为起草委员，完全按京音、京调逐字审音。1926完成《增修国音字典》稿，国音和京音的争议才算了结（参考图66）。

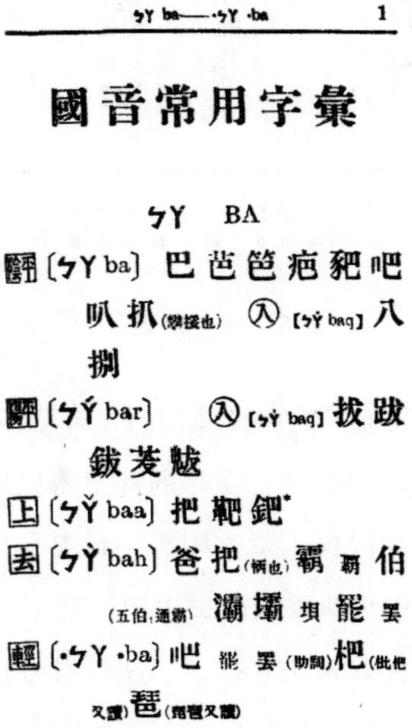
ㄅㄚ ba——·ㄅㄚ ·ba　1

國音常用字彙

ㄅㄚ　BA

陰〔ㄅㄚ ba〕巴 芭 笆 疤 豝 吧 叭 扒(攀援也) 入〔ㄅㄚ̇ baq〕八 捌

陽〔ㄅㄚˊ bar〕 入〔ㄅㄚ̇ baq〕拔 跋 鈸 茇 魃

上〔ㄅㄚˇ baa〕把 靶 鈀*

去〔ㄅㄚˋ bah〕爸 把(柄也) 霸 覇 伯(五伯，通霸) 灞 壩 垻 罷 罢

輕〔·ㄅㄚ ·ba〕吧 罷 罢(助詞) 杷(枇杷又讀) 琶(琵琶又讀)

图66 《国音常用字汇》，1932（此据1933年第3版）
据《增修国音字典》稿编成

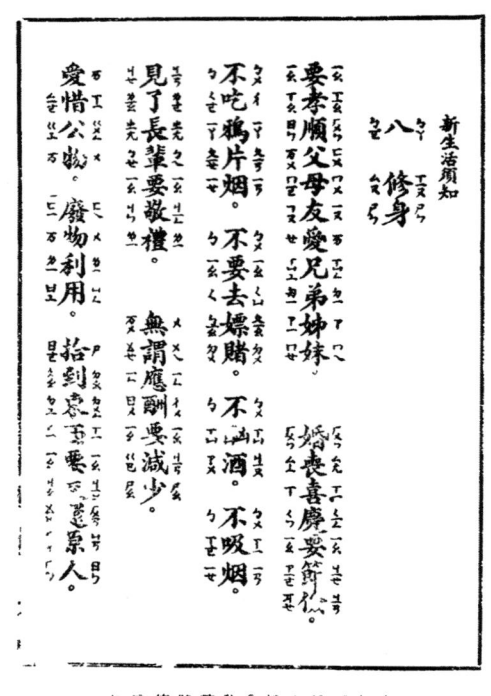

图67 新生活须知

1928北伐成功,国民政府定都南京。1930年召开"全国教育会议",在吴稚晖的推动下,由政府推行注音字母的提案得以通过。当时教育部长蒋梦麟很热心,蒋介石、胡汉民、戴季陶等一致参与提案。为了避免社会误解,吴稚晖又在国民党中央执委会上提出把注音字母改称"注音符号",也获得通过。此后在中央党政机关开办了"注音符号传习会"。不过大好形势维持不到一年,气氛又平淡下来了。1933年以后,国民党忙着"围剿",学校开始"读经",形势已经大不相同了。

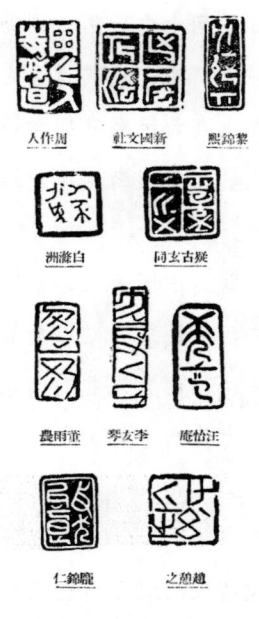

图68 注音符号印章

五、吾辈数人，定则定矣：国语罗马字运动

1. 汉字革命

1916年赵元任在《留美中国学生会月报》上发表《吾国文字能否采用字母制及其进行方法》，这是后来国语罗马字最早的草案。

1918年，钱玄同（1887~1939）在《在新青年》第四卷第四号上发表致陈独秀的信——《中国今后之文字问题》，重提清末留法无政府主义者废汉语汉字、采用世界语的主张。他说：

> 我要爽爽快快说几句话：中国文字，论其字形，则非拼音而为象形文字之末流，不便于识，不便于写；论其字义，则意义含糊，文法

极不精密；论其在今日学问上之应用，则新理新事新物之名词，一无所有；论其过去之历史，则千分之九百九十九为记载孔门学说及道教妖言之记号。此种文字，断断不能适用于二十世纪之新时代。

我再大胆宣言道：欲使中国不亡，欲使中国民族为二十世纪文明之民族，必以废孔学、灭道教为根本之解决，而废记载孔门学说及道教妖言之汉文，尤为根本解决之根本解决。

钱玄同主张用世界语代替汉语汉字。在汉语还没有消灭之前，先用一种外文比如英文或法文，作为汉语汉字的补助；同时限制汉字使用范围，定在两千字，最多三千字以内。

陈独秀、胡适、朱我农（朱经农之兄）、傅斯年等人主张暂存汉语，而以罗马字拼写汉语，代替汉字。

1923年《国语月刊》出版汉字改革专号。钱玄同发表《汉字革命》，他说：汉字在词典检索、电报、排版、打字等许多方面都很难使用，"处处都足以证明这位'老寿星'的不合时宜，过不惯二十世纪科学昌明时代的新生活"。

这种担忧不是一时一地一人所特有的，而是由来已久，长盛不衰。当时在欧美，打字机已经是平常的办公设备；日本造出了汉字打字机，但是字数太少，键盘面积太大（中文打字机始终也没有成为个人的书写工具）。20世纪80年代汉字激光照排技术逐步普及，这种担忧才渐渐减少。但直到1990年代初，作家王小波为了写作方便，还自己编写了一套输入法和文字处理软件。在社会大众中，则要到1995年微软公司推出Windows（视窗）95操作系统之后，拼音输入法、文字处理等软件开始被普通人掌握，这样的担忧才渐渐平息了。2010年代以来，智能手机普及，人工智能（AI）爆发，通用领域的中文信息处理与西文信息处理，技术差距已经不大。

应用领域的问题直接影响了文字改革者的思路。20世纪80年代初计算机处理汉字仍很困难,以至于周有光先生提出了"中文信息处理的双轨制":

有人说,计算机可以处理汉字,汉语拼音没有用了。事实刚好相反。如果不用汉语拼音,计算机就不可能成为大众的文化工具。处理汉字的计算机,设备贵、手续繁,难于人手一机。只有处理汉语拼音的计算机可能大众化,并且便于跟国际信息系统相联系。这跟字母打字机是大众化工具,汉字打字机不是大众化工具,只能在办公处由专业打字员使用,道理一样。为了使中文信息处理赶上时代,必须采用双轨制:一方面有汉字的计算机,另一方面有汉语拼音的计算机。前者由具备人力、财力,并有使用汉字必要的单位采用。后者由个人、家庭、学校的班级、较小的单位采用。(《中国语文的现代化》,1983)

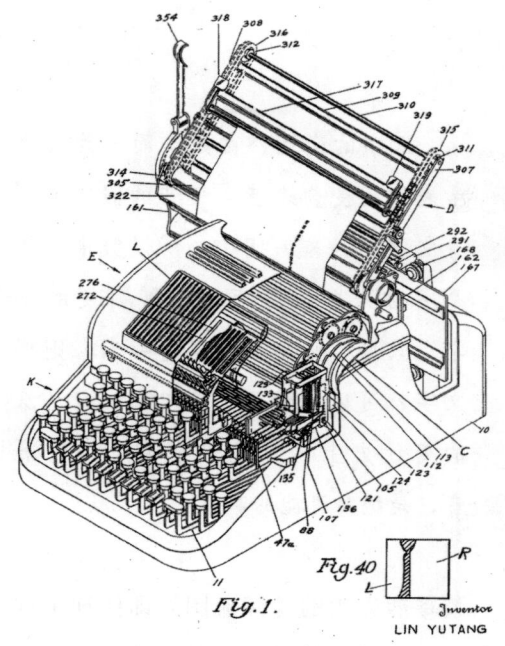

图69 林语堂1947年设计的"明快"中文打字机(专利申请图纸)
林语堂为此花费超过12万美元,弄到"倾家荡产",却始终未能量产。

图70 20世纪80年代机关单位常见的"双鸽"牌中文打字机

对于汉语拼音文字的可行性问题,钱玄同说:

> 汉字的变迁,由象形而变为表意,由表意而变为表音。表音的假借字和拼音文字,只差一间……所以假借字还只是一种未曾统一而且不甚简便的注音字,只要百尺竿头,再进一步,则拼音文字就可以出世了。所以我说:从汉字的变迁史上研究,汉字革命,改用拼音,是绝对可能的事。

黎锦熙先生的《潮流图》即体现了这种思想。钱玄同倡议:"汉字应该革命!对于那'骸骨迷恋者',拼个你死我活,毫无妥协余地,如此则汉字改革事业才有希望。"

2.国语罗马字

赵元任(1892~1982)在1923年《国语月刊》汉字改革号上发表的《国语罗马字的研究》一文,探讨了许多重要问题和技术细节,并提出了国际化、体系完整的国语罗马字草案,对后来国语罗马字以至于汉语拼音方案,都有深远的影响。比如他提出的原则中:"第十原则:限于二十六个老字母,不造新字形。""第十二原则:一个字可以有两

> 周先生对现实问题满心关切,不过此处他对计算机编码技术有误解,对计算机技术的发展速度也估计不足。

种或几种读法。""第二十三条原则：字形要醒目不易混淆"中的"'幺'不写au而作ao，免同an相混。""第二十四原则：词头连写。"这些原则，后来汉语拼音方案都遵循了。

1923年国语统一筹备会根据钱玄同等人提案，决定组织"国语罗马字拼音研究委员会"，指定钱玄同、黎锦熙、黎锦晖、赵元任、周辨明、林玉堂（语堂）、汪怡、叶谷虚、易作霖、朱文熊、张远荫为委员。后因时局影响无法开展工作。1925年9月，刘复（1891~1934，字半农）在赵元任家发起"数人会"，成员还有钱玄同、黎锦熙、赵元任、林玉堂、汪怡（五人都是国语罗马字拼音研究委员会委员）。"数人"当取自《切韵序》中魏彦渊鼓励陆法言的话："向来论难，疑处悉尽，何为不随口记之。我辈数人，定则定矣。"在这表面平淡的词语里，暗含着力挽狂澜的壮志。经过一年22次聚会和朋友间通信（大多用讨论中的罗马字书写），议定了《国语罗马字拼音法式》。后于1926年经国语罗马字拼音研究委员会议决通过。再呈请教育部公布，没有批准，只得先行以图书出版方式非正式公布。"数人会"此后没有再开会。

国语罗马字（简称国罗）只用26个拉丁字母，不添改字母，不加符号。不够用时采取变读法，比如j、ch、sh同时代表后来汉语拼音的j、q、x和zh、ch、sh两组声母。参见图71、图72。国罗一开始就是作为拼音文字设计的，为解决汉语同音词众多的问题，很注重分词连写；又为了符合西文习惯且美观，用变化拼法而不是附加符号来表示声调。比如上声的标调说明是：

（1）韵母中只有一个元音字母的，把它双写，如guu古、leeng冷。（2）韵母中有两个或三个元音字母的，改其中的i和u为e和o（韵头和韵尾都有i和u的，改头不改尾），如hae海、dean点、goa寡、sheu许、cheau巧，但ie、ei、uo、ou四韵，则不改i和u，而把其中的

e和o双写，如meei美、guoo果。（3）结合韵母独用时，在它的前面加y和w，如yea雅、yiin尹、wuu五、yeu雨，但iee和uoo两韵，则改韵头的i和u为y和w，如yee也、woo我。（1931年订正的《国音字母》单张，载《国语运动史纲》）

国语罗马字设计精巧、严密，也因拼调规则过于繁琐等问题，被批评过于"书斋气"。又加上汉语词语界限不明确，分词较为困难，致使日后推行困难重重。其拼调规则，据说只有赵元任本人能用得随心应手。黎锦熙先生多年使用注音字母、国语罗马字写日记，效果似乎也没有预想的好：

> 我用注音字母写日记，是一九二二年一月开始的，后来改用国语罗马字写日记，是一九二七年一月开始的，一直到现在，前后近三十年，每天总有十分钟多则到半小时的工作——脱离汉字以练习一种国语新文字的工作。结果是：写是写得很纯熟了（从前测验过：写"完全形式"的国语罗马字，比写那"行楷"体的汉字要快些），看起来可就慢得多（看汉字的书，要快时，普通可以"一目三行"；看这个，必须"一目一行"，逐字认读，时间至少加两倍。也曾于最短时期先后试写不标调符的注音字母和拼法上不分声调的拉丁化新文字，写是更快，读则更慢，因为日记内容是繁杂的，许多词儿更要从句子的上下文猜想出意义来，所以读的时间比读汉字有时多到十倍。）这是很坦白的报告，可算是心理学上的问题，主要是受了社会上汉字环境的影响，请付专家讨论。（《国语新文字论》，1949。载《汉字改革论丛》，1957）

等到1928年北伐成功，9月国语罗马字才得以由大学院正式公布："可以为《国音字母》第二式，以便一切注音之用，实于统一国语有甚大之助

1922年土耳其开始文字改革运动。在凯末尔总统的强力推动下，1928年11月，安哥拉国民议会通过了废止阿拉伯字母、改用拉丁化"土耳其新字母"的议案，规定次年起公用领域一律实行；个别手写领域宽限至1930年6月1日，以后再用将受刑事处分（科学研究、古籍再版等除外）。当时，一些中国语文现代化运动者对土耳其决绝的文字改革举措欣羡不已，并盼望出现中国的"凯末尔"。

力。"稍早有土耳其国会通过《新文字法》，计划用15年时间，改阿拉伯字母为罗马字母的消息传来。这样，公布后引起学术圈子里的一些讨论，但在民间几乎没有响应。同年底北平大学请示教育部（即先前的大学院）"北京"的罗马字写法。按《国语罗马字拼音法式》应写作Beeipyng，而教育部的回电却仍写作Peiping。于是钱玄同、黎锦熙致函部长蒋梦麟，表示抗议。但教育部并没有收回成命。

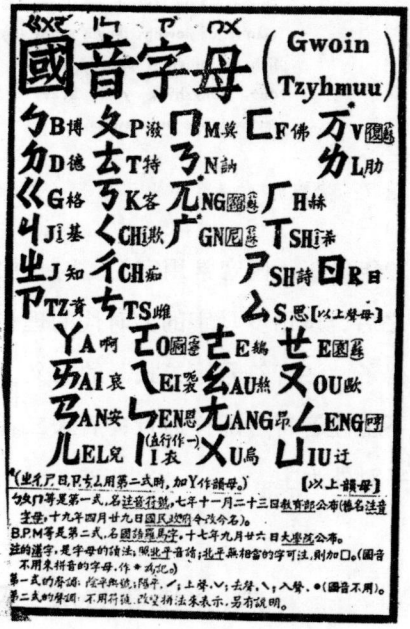

图71 国音字母单张（一式：注音符号/注音字母；二式：国语罗马字）

```
Ibae-nian yee keeyii              一百年也可以
Yeou ren wenn woo:                有人问我:国语罗马字

Gwoyeu  Romatzyh  dwotzan         多咱可以通行?我说:"如果代替
keeyii tongshyng? Woo shuo:       汉字,总得五百年后。这是一个
ruguoo    daytih    Hanntzyh,     理想的中数,因为疑古先生以为
tzoongdeei wuubae-nian how.       只要一百年,而吴稚晖先生曾经
Jehsh ige liisheangde jong-shuh,  说要一千年。"
inwey Yiguu shiansheng yiiwei
jyy yawibae-nian, erl Wu Jyh-
huei Shiansheng tserngjing shuo
yaw ichian-nian.

    Ibae-nian yee keeyii, tzay    一百年也可以,再少一点儿
shao ideal yee keeyii, jiow kann  也可以,就看我们的努力;努力编
woomende nuulih; nuulih bian      书、出报、翻译三千年来的旧籍,
shu, chu baw, fanyih sanchian-    翻译世界的名著,出品越多,通行
nian lai de jiowjih, fanyih shyh- 越快。此外别无妙法。
jieh de mingjuh; chupiin yueh
duo, tongshyhg yueh kuay,
tsyyway bye wu miawfaa.
```

图72 黎锦熙《一百年也可以》(局部),国语罗马字与汉字对照

1932年出版《国音常用字汇》时,加注了国语罗马字拼音(图66)。1934年之后,国语罗马字的大时代的理想光芒几乎完全暗淡了。实际上,它只取得了"注音符号第二式"的名义(图71),不仅没有做成文字,也远远比不上注音符号那样通行;后来二者的分工是注音符号对内为主,国语罗马字对外为主。

六、治标的办法:汉字改良运动

黎锦熙先生说,清末以来有三种对待汉字的思路:(1)汉字改良,尽量采用简体字。(2)汉字改换,加注音,"注国音可,注土音可,注于文字之旁可,单用而注出口中之语亦可"。(1930年4月19日国民政府训

令）（3）汉字改革，另造一种拼音文字。注音符号是汉字改换，国语罗马字是汉字改革。而汉字改良发展最慢，1930年代初期仍在研究讨论中，未能实施。（《国语运动史纲》18页）

1922年教育部国语统一筹备会第四次大会上，钱玄同提出《简省现行汉字的笔画案》（载1923年《国语月刊》汉字改革号），陆基、黎锦熙、杨树达联署。提案说：

> 我以为改用拼音是治本的办法，减省现行汉字的笔画是"治标"的办法。那治本的事业，我们当然应该竭力去进行。但这种根本改革，关系甚大，不是一朝一夕就能达到目的的。……但现行汉字在学术上、教育上的作梗，已经到了火烧眉毛的地步，不可不亟图补救的方法！我们决不能等拼音的新汉字成功了才来改革！所以治标的办法，实是目前最切要的办法。

他主张减省汉字笔画，应该基于当时通行于民间的简体字，主要是宋元以来俗字。如果不够用，可根据民间俗字的八种构成方法添造新字，主要用草书楷化（東作东）、采用古体（禮作礼）、同音假借（薑借姜，乾借干，幾借几）三种方法，其余整体删减（壽作寿）、仅写部分（聲作声）、部分简写（劉作刘）、改用简单音符（燈作灯）、另造简体（竈作灶）五种方法少用。

提案说：

> 这种通行于平民社会的简体字，在明清以降，今日以前，都是用在账簿、当票、药方、小说、唱本上面，所谓"不登大雅之堂"者。我们现在应该将它竭力推行，正式应用于教育上、文艺上，以及一切学术上、政治上。

> 我们不认它是现行汉字的破体，认它为现行汉字的改良之体。正如我们对于白话文学一样，不认它是比古文浅鄙的通俗文学，认它是比古文进化的优美文学。

这种"向下"的眼光，与当时的民主潮流、白话文运动、民间文艺运动等是一致的。这个提案通过后，组成了汉字省体委员会。

商务印书馆的张元济、高凤谦（高梦旦）和中华书局的陆费逵都表示支持，他们清末以来一直是这样主张的；只是钱玄同主张重印古书也用简体字，他们表示可以不必。

当时胡适、黎锦熙等人认为，简体字应该在民间流行的简体（"破体""俗体""小写"）字的基础上收集整理，而不是成体系的新造。胡适说：

> 我是有历史癖的；我深信语言是一种极守旧的东西，语言文字的改革绝不是一朝一夕能做到的。但我研究语言文字的历史，曾发现一条通则：在语言文字的沿革史上，往往小百姓是革新家而学者文人却是顽固党。从这条通则上，又可得一条附则：促进语言文字的革新，须要学者文人明白他们的职务是观察小百姓语言的趋势，选择他们的改革案，给他们正式的承认。这两条原则，是我五年来关于国语问题一切论著的基本原理，所议我不须举例来证明了。（1923年《国语月刊》汉字改革号卷头言）

黎锦熙说：

> "小百姓"运用汉字本来是很有限的，他们业已"创造"的"破体字"，如果调查齐全，我想没有什么不够。假如不够，不够就不够

吧。最大限度也只能在将来的《简体字谱》中再挑一些"固有而较适用"的出来大家提倡,却不可创造新的,因为"简体字"的"创制权"完全操在"小百姓"手里,文人学士乃至政府都不可滥用此权,滥用了也是行不通的(唐朝武则天皇后就可为证)。(《国语运动史纲》25页)

他认为新造的简体字和新造的拼音文字,对"小百姓"来说是一样的难学,一样推行困难,还不如直接推行后者划算。假如新造简体字推行后,繁体字同时存在,麻烦就更多了。他提出一个"自然"的原则:

> 我很赞成"简体字"运动,认为是提倡"大众语文"的现阶段中应该做的事情,但是须在"自然"的原则下很自然地做去,就是不可强定系统,臆造新体。

1930年,刘复(刘半农)、李家瑞的《宋元以来俗字谱》出版,同时陈光垚等有专论、专著出版。1932年教育部公布《国音常用字汇》,"对于习见之简体字,酌收若干,用小字附注于普通体之下,以示提倡"。除此之外,没有多大成绩。

1934年,钱玄同在国语会提出《搜采固有而较适用的"简体字"案》(载《钱玄同文集》第三卷):

> 【理由】……普及简体字,先要规定简体字的写法;要规定简体字的写法,先要搜采固有而较适用的简体字做材料。有了这种材料,便可就其中选取最适用之一体定为标准的简体字;有了标准体,便可用其偏旁而为新的配合。这一配合,简体字便多多的增加了。要是还嫌不够,便可参考这些固有材料所用减省笔画的方法而造新的简体

字。所以搜采固有而较适用的简体字,是规定简体字的预备。固有的简体字,其可取材者约有六处:(一)现在通行的俗体字;(二)宋元以来小说等书中俗字;(三)章草;(四)行书与今草;(五)《说文》中笔画简少的异体;(六)碑碣上的别字。

【办法】拟就上列六类中,搜采较适用之简体字,编为《简体字谱》一书。

从这里能看出来,钱玄同与黎锦熙的"自然"观点不同,他还主张偏旁类推简化,并对仿造简体字持开放态度。

20世纪30年代的拉丁化新文字运动和大众语运动中,在上海等地还出现推行简化字的"手头字运动"。1935年春,上海成立了手头字推行会,在各大报刊上发表了《推行手头字缘起》,刊印选定的300个手头字。在这种形势下,1935年,钱玄同主持编写的《简体字谱》草稿完成,收字2400多个。在此基础上,8月21日,教育部公布《第一批简体字表》,收比较通行的俗字、古字、草书楷化字共324个(图73)。因遭到国民党元老、考试院长戴季陶、湖南省主席何健等人极力反对,1936的2月又通令收回。

周有光:"据说是死硬分子戴季陶向反动头子蒋介石下跪'为汉字请命',蒋就下令教育部'不必推行'。"(《汉字改革概论》325页注3)洪炎秋:"教育部公布了这第一批简体字之后,不意何健主席一纸通电,反对于先,戴传贤(季陶)院长痛哭流涕,阻止于后,遂致教育部的一番理想,不得不因而搁浅。"(见洪著《语文杂谈》207页,1978年台北国语日报出版。转引自谢世涯《新中日简体字研究》58页注10)

同期影响比较大的简体字研究成果还有容庚的《简体字典》(1936),收4445字,多为基于草书的成体系的改造字;陈光垚的《常用简字表》(1936),收3150字,约一半基于草书,四成来自俗体又经过作者改造；北平研究院字体研究会的《简体字表》（1937）第一表，约收1700字，字字有出处。

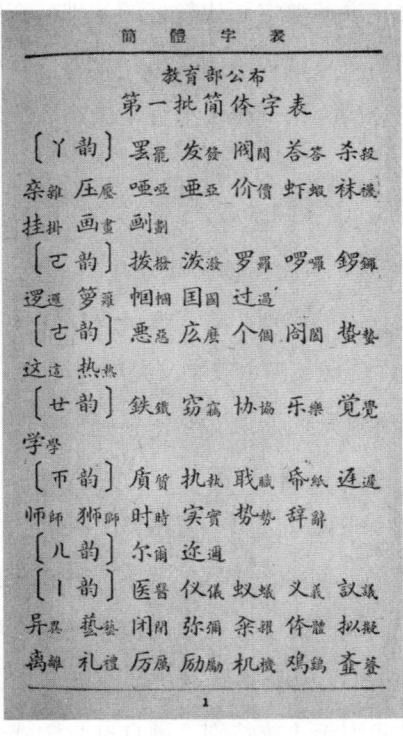

图73 《第一批简体字表》（局部）

另有国民党元老、著名书法家于右任（1879~1964）先生的《标准草书》（1936），按千字文的顺序系统地收集、整理了历代名家草字一千余个，草楷对照，个个标明出处，并在凡例、例释中对符号系统进行了解释。于右任持"识楷书草"的文字改良观点，与章太炎兼习章草以便速写一致。他于1932年在上海组织了标准草书社，致力于推广系统、规范的标准草书。章太炎、于右任可以说是现今"识繁写简"观的源头。

因学术上把推行注音字母、国语罗马字看作治本的办法，而把汉字简化看作治标的办法，不够重视，更因为国民政府权威不够，民国时期的汉字改良运动没有在政府层面得以推行。这个时期的学术研究和社会推行运动为后来新中国的文字改革奠定了比较好的基础，新中国第一批简化字即是以钱玄同《简体字谱》草稿为基础；另一方面，新中国的文字改革运动也把汉字改良看作治标的办法，再加上盲动激进取代了自然无为的态度，导致很多问题。

中国古人对典籍、文字往往持恭敬态度，不能随意改字、造字；改字、造字被看作浅薄狂妄的表现。这大概是汉字保持很强的延续性的一个原因。但另一方面，在历史长河中汉字又是时时生灭，变动不居的。

《新唐书》记载唐则天武后"载初中……作曌、兩、埊、②、囝、〇、鳳、悳、袁、鏖、秊、㫚十有二文。太后自名曌"。（《新唐书卷七十六·列传第一·后妃上》）这12个字对应的分别是"照、天、地、日、月、星、君、臣、初、载、年、正"。武后，这个全世界最有权势的女人这是要干什么呢？其实没什么大惊小怪的，中国很多皇帝过得不顺心就改元，换一个年号，调整一下状态。汉武帝用过11个年号，唐高宗用过14个号。只不过武则天比较特别，她自己肯定感觉到了自己将是空前绝后的优秀女人，所以压力特别大。改元载初是690年，这时她还没有称帝，已经用过4个年号了。这一年她还改了历法。然后就是第二年，她称帝了！改元天授，改国号周！

好比一个碰到爱情的古人会去烧香，不管信不信佛；现代人则会上网算星座，不管相不相信爱情。——只是压压惊。改元，改历法，给自己改名字，进而给天、地、日、月、时间、空间改名字，都是武后给自己压惊的小巫术。

小学课文《闰土》节选自《故乡》，文中有一段诗情画意的想象："深蓝的天空中挂着一轮金黄的圆月，下面是海边的沙地，都种着一望无际的碧绿的西瓜，其间有一个十一二岁的少年，项带银圈，手捏一柄钢叉，向一匹猹尽力地刺去，那猹却将身一扭，反从他的胯下逃走了。"这"猹"是什么呢？鲁迅1929年给舒新城的信中说："'猹'字是我据乡下人所说的声音，生造出来的，读如'查'。……现在想起来，也许是獾罢。"

儿童世界里的角色常常没有名字，或者被儿童赋予一个怪异的新鲜名字。如果这里写一个"獾"，是不是童话意味就少了一分呢？

晚清以来为了翻译现代科学著作，尤其是化学著作，用音符加意符直接造出一些字，如"锌、镭、铀、氢、氧、氮、氯、烷、烯、炔、醚、酚、醛、苯、蒽、芘"等。

近代以来还造了一些带"口"字旁的译音用字（有时是假借原有的带"口"字旁的字）。比如"咖啡、吗啡、咖哩"中各字，"酒吧"的"吧"，有机化学名词"咔唑、噻唑、吖嗪、哒嗪、哌嗪"中的字。前面说到的计量单位用合音字"呎、吋、哩、𠺖、唡"，其实是译音字，但为区别中国原有的同音单位，附加了译意的音节。

翻译外国人名常常依照中国人名用字习惯，比如女性名爱用草字头、女字旁的字来译音，如"茜、莉、莎、娃、娜"。其中"茜"字，汉字中原读qiàn，指一种可用作红色染料的草，译音用时按声旁"西"的现代音读xī。现在中国人取名用这个字，一般读qiàn，偶尔也有读xī的——根据"名从主人"的原则，这也不能说错。"娜"原读nuó，有纤细柔美的意思；而翻译外国人名或中国人取名，都按声旁"那"的现代音读nà。

汉字"〇"一般作为"零"的替身，用在数字中表空位。"零"字笔画多不便写，看起来跟其他数字也不协调。比如"二零一七"就不如"二〇一七"好写好看。"〇"很久以前就有了，在一些古书页码中能看到。但直到1979年它才被承认是"字",正式收入"汉字族谱"——《新华字典》《现代汉语词典》。

前面我们说武则天造了一个"〇"(星)字,到现在也没有被承认。

七、汉字和大众是势不两立的: 拉丁化新文字运动

1921年瞿秋白(1899~1935)到苏联。当时苏联为扫盲需要,开始给很多没有文字的少数民族新创文字。瞿秋白受此影响,考虑用拉丁字母拼写汉语,写了《拉丁化中国字》草稿。1927年,大革命失败后,瞿秋白再次到苏联。他和吴玉章一起研究,于1929年写出《中国拉丁化字母》,这是一套拉丁化新文字方案。1931年瞿秋白回国,吴玉章、林伯渠、萧三、王相宝等人与苏联语言学者一起起草中国话的拉丁化新字母方案。当时苏联正在推行"彻底消灭文盲,普及初等教育"的运动,他们的方案就用于在苏10万中国工人的扫盲教育中。

1920年代以后,苏联为一百多个少数民族中的六十多个(包括东干族)新创或改订了文字。中国的拉丁化运动即发源于此。

新中国成立后为少数民族新创、改订文字,显然渊源在此。受苏联民族政策和语言政策的影响,1950年代末期以来,中国政府组织语言文字专家先后帮助12个民族设计了18种文字方案。在教育、普通话和大众传媒日益普及的大形势下,现在这些新创文字渐渐荒废。彝族、傈僳族、维吾尔族、哈萨克族等原来就有文字的民族,其新创的拉丁字母文字后来基本被废弃,又恢复到民族文字形式。

图74 中华人民共和国宪法修正案草案表决票样票（正面）
中国国家博物馆藏，来自中国国家博物馆官方网站
2004年3月14日，十届全国人大二次会议表决通过《中华人民共和国宪法修正案》。表决票正面依次印有汉族、蒙古族、藏族、维吾尔族、哈萨克族、朝鲜族、彝族和壮族八种民族文字的"中华人民共和国宪法修正案草案表决票"字样。（只有最下边的壮文是新创文字）

瞿秋白回国后，与应修人等发表文章，提出自己的"中国拉丁化字母"方案。他批判赵元任主导的国语罗马字运动的"同文政策"，认为普通话应该是经济社会发展过程中自然形成的，不可能也没有必要用"同文政策"强制实现：

> 现在最适当的办法，是适应着自然发展出来的普通话，制造一种新中国文——用罗马字母拼音的文字，作为全国通用的文字，同时，只要有必要，可以用这种字母同时制造拼音的广东文、江浙文、福建文……这才是发展民众文化的道路。（《罗马字的中国文还是肉麻字中国文》，载倪海曙《中国语文的新生》）

他还主张以"北方普通话"（蓝青官话）而不是北京话作为语音标

准；反对标出声调，这样才"可以使新中国字的拼法得到最大限度的简单化"。这些主张与当时民国政府主导的以国语统一为基础、"京音京调"的文字改革潮流是不同的。

1931年9月，吴玉章（1878~1966）等人在瞿秋白方案的基础上制订了"拉丁化中国字"方案，在海参崴"中国新文字第一次代表大会"上通过，称"中国新文字"（后来国内一般称"拉丁化新文字"）。这次会议决定的原则之一是"从速废止汉字"，并决议于1932年内，用拉丁化新中国字完全扫除苏联远东地区中国工人文盲。同年以海参崴、伯力为中心，开展大规模扫盲活动，并出版报纸图书，其中各类读物、宣传材料50多种，10万册，相当于在苏华人人手一册。

1933年，上海的世界语者首先介绍了苏联拉丁化中国字运动。1934年报章上兴起了"文言复兴运动"与"大众语运动"的论战。论战中，拉丁化新文字得到详细介绍和热烈讨论，叶籁士、鲁迅等热情支持拉丁化新文字。1934年8月至年底，鲁迅发表了一系列有关大众语和拉丁化新文字的意见：

> 汉字和大众，是势不两立的。（《且介亭杂文·答曹聚仁先生信》）
>
> 汉字也是中国劳苦大众身上的一个结核，病菌都潜伏在里面，倘不首先除去它，结果只有自己死。（《且介亭杂文·关于新文字》）
>
> 汉字不灭，中国必亡。因为汉字的艰深，使全中国大多数的人民，永远和前进的文化隔离，中国的人民，决不会聪明起来，理解自身所遭受的压榨，理解整个民族的危机。我是自身受汉字苦痛很深的一个人，因此我坚决主张，以新文字来替代这种障碍大众进步的汉

字。（与《救亡情报》访员谈话。以上各条并载倪海曙《鲁迅论语文改革》）

1931年"九·一八"、1932年"一二·八"后，日本侵华的步子逐步深入，于是在救亡图存的浪潮中，拉丁化新文字运动蓬勃开展。先后在上海、北平、天津、西安、重庆、昆明、汉口、南京和曼谷、东京、巴黎、柏林等二十多个地方成立了拉丁化新文字团体；仅1934至1937三年间，至少成立了70个以上。其中，上海的"中文拉丁化研究会"成立最早，贡献也最大。1935年陶行知发起组织"中国新文字研究会"，成立后成为各地拉丁化团体的总会。1934至1937年间出版拉丁化新文字书籍61种；1935至1937年间出版刊物36种。1936至1937年间，共制订了13种方言的拉丁化方案。（倪海曙《中国拼音文字运动史简编》133~136页）

1935年12月，上海中文拉丁化研究会提出《我们对于推行新文字的意见》，蔡元培、孙科、柳亚子、鲁迅、郭沫若、茅盾、陈望道、陶行知、叶绍钧（叶圣陶）、李公朴等688名文化界人士签署。意见说：

中国已经到了生死关头，我们必须教育大众，组织起来解决困难。但这教育大众的工作，开始就遇着一个绝大难关。这个难关就是方块汉字，方块汉字难认难识难学。每一个人必得化费几年功夫几十块钱百块钱才能学得一点皮毛。一个每天做十二三点钟苦工的大众是没有这些空暇时间，也化不起许多钱来玩这套把戏。手头字简字是方块字的化身，不是根本的解决。注音字母是为方块字注音的工具，不过是方块字的附属品。国语罗马字崇奉北平话为国语，名为提倡国语统一，实际是来它一个北平话独裁。在有闲有钱的人看来，学了一口北平话再用罗马字母读读写写，是不费什么事。但是叫一个上海的、福州的或广州的苦人同时学北平话又学罗马字，那几乎是和学外国话一样的难。国语罗马字又注重声调的符号,把初学的人弄得头昏脑黑。简举的说,中国大众所需要的新文字是拼音的新文字,是没有四声符号麻烦的的新文字,现在是已经出现了。(《我们对于推行新文字的意见》,载倪海曙《中国语文的新生》)

                    I.   (一)

1. Latinxua iao dadao xanz.
2. Nago kanmendi ba tiemen sokilaila.
3. Nidi xua idianr ie buco.
4. Zotian libai-l, gintian libai-2.
5. Ta liuxia iben siaocez gei wo.
6. Ganxodi iao tuangiekilai cai xao.
7. Wo dui ni shuola, tebie sh womn ganxodi, iao shz, iao nian latinxuadi sin wenz.
8. Zanm iao gen go-guodi ganxodi laki shoulai.
9. Wo xen guanian wodi laoniang.
10. Wo sh shenma giao du bu siangsindi. Zunggiao laosh xushuo-badao: shenma shangdi, shenma gui!

1. 拉丁化要打倒漢字。
2. 那個看門的把鐵門鎖起來啦。
3. 你的話一點兒也不錯。
4. 昨天禮拜一,今天禮拜二。
5. 他留下一本小冊子給我。
6. 幹活的(工人)要團結起來才好。
7. 我對你說啦,特別是我們幹活的,要識字,要念拉丁化的新文字。
8. 咱們要跟各國的幹活的拉起手來。
9. 我很掛念我的老娘。
10. 我是什麼敎都不相信的。宗敎老是胡說八道:什麼上帝,什麼鬼!

图75 拉丁化新文字读物
选自中文拉丁化研究会《中国话写法拉丁化理论原则方案》(1935)

    虽然1938年3月,国民党中央宣传部发文称"中国字拉丁化运动在纯学术之立场上,加以研究,或视为社会运动之一种工具,未尝不可",但国民党始终对运动持警惕、防范态度。1940年3月,教育部提出"五年扫除文盲计划"。于是在4月第五次国民参政会中,参政员张一麐、沈钧儒、任鸿隽、胡景伊、王云五、史良、陶行知、邹韬奋、董必武等十人联名向教育部提起询问案,询问:为了实现扫盲目标,召集新文字专家和王、劳以来文字改革旧学家开会讨论的可行性。教育部在答复中推脱说:"至于拉丁化文字,其功效如何,尚不可知。……在未证明其功效胜过注音符号以前,一时难以加之采用,仍以推行注音符为主。"(倪海曙《中国拼音文字

运动史简编》161~162页）

　　1940年11月，陕甘宁边区新文字协会成立。12月，边区政府颁发了《关于推行新文字的决定》，规定从1941年元旦起，新文字与汉字有同等法律地位。1941年5月，毛泽东在延安高级干部会议上作《改造我们的学习》的报告，整风运动开始。12月，陕甘宁边区新文字协会在延安召开第一届年会。大会推举董必武、孙科、张一麐、陶行知、黎锦熙、赵元任、成仿吾、叶籁士、陈鹤琴等为名誉主席，选林伯渠、吴玉章、徐特立、胡乔木、萧三等为大会主席团。吴玉章在会上作了《新文字在切实推行中的经验和教训》的报告，批评了新文字运动中存在的政治上过左的关门主义、学术上的宗派主义以及推行上的主观主义的错误。

　　在抗战时期，拉丁化新文字运动与抗日救国宣传，与工农兵扫盲教育结合在一起，在全国乃至南洋和美国华人中蓬勃开展，影响范围之广是历次文字改革运动所不能比拟的。

第四章 语文现代化运动（下）：
新中国的文字改革运动

一、中国文字改革协会

1949年5月，在解放战争即将在全国取得胜利之时，黎锦熙联合北平多所高等院校的语言文字专家，向吴玉章建议成立文字改革研究会，恢复一度沉寂的文字改革工作。

吴玉章1949年8月写信向毛泽东请示。毛泽东提出三条原则：1.根据文字应当力求科学化、国际化、大众化的原则，中国文字应改成拼音文字，并以改成罗马字的，也就是拉丁化的拼音为好，不要注音字母式拼音与日本假名式拼音；2.各地方、各民族，可以拼音文字拼其方言或民族语，但同时要以比较普遍的、通行得最广的北方话作为标准，使全国语言有一个统一发展的方向；3.整理各种汉字和简体字（约二千多可用的），作为目前通俗读本之用。至于大报纸和主要书籍文件，仍照旧用繁体汉字。（王均《当代中国的文字改革》55页）

毛泽东同时请郭沫若、茅盾、马叙伦审议吴玉章的请示。郭沫若等认为统一的国语是推行中国拼音文字的先决条件，在目前"重点试行新文字，条件尚未成熟"；赞成少数民族文字拉丁化，但不赞成汉语方言拉丁化。

1949年10月10日，中国文字改革协会在北京正式成立。协会有理事78

人，其中吴玉章、胡乔木、成仿吾、胡愈之、沈雁冰、郭沫若、马叙伦、徐特立、彭真、钱俊瑞、叶籁士、叶丁易、叶圣陶、林汉达、陆志韦、倪海曙、陈定民、陈鹤琴、范文澜、张照、黎锦熙、罗常培、萧三、魏建功、聂真等25人为常务理事。吴玉章为常务理事会主席兼拼音方案研究委员会主任。黎锦熙、胡乔木为副主席兼拼音方案研究委员会副主任。黎锦熙兼汉字整理委员会主任，罗常培为地方语文研究委员会主任，叶圣陶为编审出版委员会主任，聂真为常务理事会秘书处主任。

协会把研究拼音文字作为主要任务。1949年10月至1952年2月，中国文字改革协会主要研究拉丁化汉语拼音文字方案。协会在成立后不到半年时间里，收到几百种新文字方案。

二、中国文字改革研究委员会

1951年12月，中央人民政府政务院文化教育委员会决定设立中国文字改革研究委员会，主任委员为马叙伦，副主任委员吴玉章。1952年2月，在中国文字改革研究委员会成立大会上，郭沫若和马叙伦传达了毛泽东主席的新指示：文字必须改革，要走世界文字共同的拼音方向；形式应该是民族的，字母和方案要根据现有汉字来制定。吴玉章就自己的文字改革认识进行了自我批评：错误地认为文字是有阶级性的；没有估计到民族特点和习惯，而把它抛开了，认为汉字可以立即用拼音文字来代替，这事实上是一种脱离实际的幻想。会议决定以民族形式的拼音文字为中国文字改革的方向，规定了中国文字改革研究委员会的主要任务是：1.研究并提出中国文字拼音化的方案（汉字笔画式）；2.整理汉字并提出简化方案。

1954年7月，研究委员会全体委员会议讨论了拼音方案组提出的五种民族形式拼音方案草案，没有取得共识。

1952年3月，中国文字改革研究委员会成立汉字整理组，成员有叶恭绰、马叙伦、魏建功、季羡林、丁西林。汉字整理组根据"以采用普遍通行的简体字为主，用草书楷化的方法加以增补"的原则，于下半年拟出《常用汉字简化表草案》第一稿，收比较通行的简体字700个。该稿送毛泽东主席审阅，毛泽东指出：这700个简化字还不够简。作简体字要多利用草体，找出简化规律，做出基本形体，有规律地进行简化；汉字的数量也必须大大减缩，一个字可以代替好几个字，只有从形体上和数量上同时精简才算得上简化。（王均《当代中国的文字改革》142页）

根据指示，1953年4月汉字整理组制定了《汉字整理的工作计划》（载丁西林等《汉字的整理和简化》）。计划中说："汉字字形简化的工作，今后要和汉字字数精简工作结合起来，成为全部通用汉字的整理。""精简通用字数，以减少到三千个以下为目标。""精简汉字采用以下三项办法：（一）删除，（二）同音代用，（三）拼音化（如正式字母还没有制出，暂时用注音字母代替）。""根据以上研究结果，将精简后的通用汉字全部改成草化简体字。"

现在看来，这个计划显然脱离实际，难以落实。比如通用字数，《现代汉语常用字表》收常用字和次常用字共3500个，现在执行的《通用规范汉字表》收通用字多达8105个。滥用草书楷化办法增加了汉字部件的数量，破坏原有的部件系统。而滥用同音替代法，导致很多意义混淆问题。"拼音化"，即拼音文字和汉字夹杂着用，更是当时的想当然尔。

三、中国文字改革委员会

1954年10月，周恩来总理提议设立"中国文字改革委员会"，作为国务院直属机构。11月，国务院任命吴玉章为中国文字改革委员会主任，胡愈之为副主任；吴玉章、胡愈之、韦悫、丁西林、叶恭绰为常务委员；12月任命丁西林、王力、朱学范、吴玉章、吕叔湘、邵力子、季羡林、林汉达、胡乔木、胡愈之、马叙伦、韦悫、陆志韦、傅懋勣、叶恭绰、叶圣陶、叶籁士、董纯才、赵平生、黎锦熙、聂绀弩、魏建功、罗常培等23人为中国文字改革委员会委员。

1954年12月，中国文字改革委员会（简称文改会）正式成立并举行第一次全体会议。会议提出了1955年的三项工作任务：制定《汉字简化方案》，制定《汉语拼音方案》，研究和推行标准音（普通话）的教学。会议还通过了经过6次修改后形成的《汉字简化方案（初稿）》。1955年1月《汉字简化方案草案》发表，在全国征求意见。

文字改革运动引起了社会的极大兴趣。1950至1955年，全国各地工农兵、机关干部、学校师生和海外华侨共633人寄来了655个汉语拼音文字方案，有笔画式，注音字母式，拉丁字母式（或兼用斯拉夫字母），速记式，方位字母式，数码式，图案式，以及各种杂合式样。（王均《当代中国的文字改革》210~211页）到1957年10月，收到方案累计达1200多种。（文字改革出版社《当前文字改革的任务和汉语拼音方案》26页）

1955年1月《汉字简化方案草案》发表，至7月，文改会收到群众来信、意见书共5167件。全国各地召开很多讨论会，参加人数多达20万，其中赞成方案的人数达97%。（王均《当代中国的文字改革》146~147页）

1956年6月，文改会所属文字改革出版社成立。

四、全国文字改革会议与现代汉语规范问题学术会议

1955年10月，教育部和文改会联合召开全国文字改革会议。吴玉章在报告中指出："毛主席在一九五一年指示我们：'文字必须改革，要走世界文字共同的拼音方向。'毛主席又指示我们，汉字的拼音化需要做许多准备工作；在实现拼音化以前，必须简化汉字，以利目前应用。"他提出这次会议的任务是首先解决两个迫切的具体问题：简化汉字和推广以北京

语音为标准音的普通话。

文改会汉字整理部主任叶恭绰在报告中解释了汉字整理的"约定俗成，稳步推进"的原则："约定俗成"是尽可能采用已经流行的简化字，并不是把目前的汉字彻底改造成为整批新字，也不是有系统地改变字体。"违反约定俗成而采用严格地系统类推的原则，是没有好处的。""稳步前进"是说简化步骤不是一次简化，而是分批简化。看得出来，这是对1953年《汉字整理的工作计划》的纠正。会议通过了《汉字简化方案修正草案》和《第一批异体字整理表草案》。

文改会提出6种拼音文字方案初稿，供到会代表讨论：4种为汉字笔画式，1种为拉丁字母式即《汉语拼音文字（拉丁字母式）草案初稿》，1种为斯拉夫字母式。仍无法取得一致意见。

会议通过的《全国文字改革会议决议》，建议文改会把修正后的《汉字简化方案》提请国务院审定公布实行；要求各报刊、出版和印刷单位、广播电台、文化教育机关、学校等推行普通话和简化汉字，废除异体字；建议在全国各省市设立推广普通话的工作委员会。

这次会议是中国历史上第一次全面讨论文字改革问题的会议，标志着新中国文字改革工作从研究准备阶段进入全面实施阶段。

全国文字改革会议结束的第二天，1955年10月25日，中国科学院在北京召开现代汉语规范问题学术会议。会议决议中建议组织普通话审音委员会，组织词典计划委员会以开展《现代汉语词典》等词书的编撰工作，拟订方言普查计划，加强科学院语言研究所和高等学校语文系科的研究工作上的联系，并共同组织社会力量参加语言研究工作等。

五、汉字简化方案、汉语拼音方案

1956年1月，国务院全体会议第二十三次会议通过了《关于公布〈汉字简化方案〉的决议》,1月31日,《人民日报》发表了这个决议和《汉字简化方案》。

《汉字简化方案》分三表：汉字简化第一表有230字，已经由报纸杂志试用，从1956年2月1日起全国通用；汉字简化第二表有285字，汉字偏旁简化表有简化偏旁54个，这两个表供试用，3月底收集各省市政协委员意见。《汉字简化方案》是新中国文字改革工作的第一个重大成果。这一批简化字大多沿用至今。

> **漢字簡化第一表**
>
> 这个表里有230个简化汉字，按注音字母的音序排列。括弧里边的字是原来的繁体字。
> (1) ba　罢(罷)——约定俗成字，是从异体"罷"字简化而来。
> (2) bo　卜(蔔)——同音代替字。因为"蔔"字向来不單用，一定是用在"蘿"字下面。这样，"萝卜"的意义已有上一字的"艹"头作了说明，所以下一字只要读音相同或相近就行了。
> (3) bei　备(備)——约定俗成字。保留原字的特有部分，这部分是异体"俻"字的右旁。
> (4) bau　宝(寶)——约定俗成字，保留原字的主要部分。按："宀"音mian，意思就是房屋，"宀"下有"玉"，也还保留了原字的一部分意义。
> (5) bau　报(報)——草书楷化字，和"执"字同例。
> (6) ban　办(辦)——约定俗成字，是从草书变来的。
> (7) ban　板(闆)——同音代替字。长江一带的人多半把商店的经理叫"老闆"，但同时他們也写作"老板"，这两个字原来就是通用的。
> (8) baŋ　帮(幫)——约定俗成字。"幫"的本义是"鞋幫"，但音义不很明白，而且很不好写。现用"帮"字，从"巾"，"邦"声，容易学習多了。
> (9) bie　别(彆)——约定俗成的同音代替字。"别"字代"彆"通行已久，如"彆扭"作"别扭"，这已成了習慣。至于"憋""瞥"等字如何简化，將来另行处理。

图76 陈光垚《简化汉字字体说明》, 1956

1956年1月，中央推广普通话工作委员会成立，陈毅为主任；不另设机构，由文改会负责具体工作。2月，国务院发布《关于推广普通话的指示》，指出："汉语统一的基础已经存在了，这就是以北京语音为标准音、以北方话为基础方言、以典范的现代白话文著作为语法规范的普通话。"这里明确了普通话的定义。又指定了正音、正词作为《现代汉语词典》的宗旨："中国科学院语言研究所应该在一九五六年编好以确定语音规范为目的的普通话正音词典，在一九五八年编好以确定词汇规范为目的的中型的现代汉语词典。"此后各部委发出通知，"推普"工作全面展开。

1955年1月1日起，《光明日报》首先实行横排。至1956年1月1日，全国全面试行了横排横写。横排横写的一个目的是为推广拉丁化字母做准备。

新中国成立以来，对于新的拼音文字取民族式还是拉丁字母式，争议一直没有解决，毛泽东主席的看法也曾反复，这就导致汉语拼音方案迟迟不能公布。1956年1月，中共中央召开知识分子问题会议。毛主席说："在将来采用拉丁字母，你们赞成不赞成呀？我看，在广大群众里头，问题不大。在知识分子里头，有些问题，中国怎么能用外国字母呢？但是，看起来还是以采取这种外国字母比较好。……因为这种字母很少，只有二十几个，向一面写，简单明了。"这些话终于结束了民族式还是拉丁式的争论。周恩来总理在总结发言时说："中央政治局决定：首先简化汉字，推行书报横排，拼音方案采用拉丁字母，公布后用在小学课本上，代替注音字母。"

1956年2月，《人民日报》发表了《汉语拼音方案（草案）》，向全国征求意见。三四月间，全国各地政协组织大讨论，参加人数有万人以上。与汉语拼音关系密切的邮电、

自甲骨文以来，汉字都以上下直行书写为主。近代以来最早的横排著作是卢戆章1892年出版的《一目了然初阶》，他的字母是罗马字式的，所以书中55篇汉字与切音字对照读物都用横排。严复1904年出版的《英文汉诂》是讲英语语法的，其中自然有很多英文单词，所以也是横排，并且使用英文标点符号。出于排印公式、阿拉伯数字、西文符号、杂用或夹注西文单词的实际需要，"五四"前已经有一些科技期刊和数、理、化、音乐教科书采用横排。

钱玄同在1917年《新青年》第三卷第三号"通信"栏目讨论译音问题，首先提出："我固绝对主张汉文须改用左行横迤，如西文写法也。"当时支持横排横写的理由大致有：一、汉字笔顺往往是由左到右的，与汉字由上到下直行排列互相矛盾；文言用字少，问题不大，而白话文用字量大增，矛盾突出。二、科学公式、阿拉伯数字、夹注的西文单词等与直排汉字矛盾，不如一律横排方便

美观。三、眼睛横向视域比竖向视域宽，头、眼左右移动比上下移动自由。

虽然1956全国报刊基本实现了横排，但直到1981年2月国务院办公厅发布《国家行政公文处理暂行办法》规定"国家行政公文的文字一律从左至右横写、横排"，横写、横排才得以正式规定。

铁道、海军、盲聋哑教育等部门也组织了专门讨论。从1956年2月到9月，文改会收到书面意见多达4300余件。（王均《当代中国的文字改革》219页）

邮电系统提出了很重要的技术性意见。比如：字母数目最好不超过26个，赞成用拉丁字母双拼（指zh、ch、sh、ng），不赞成再增加新字母（指在z、c、s的笔画末尾附加装饰线条而形成的三个新字母和ŋ、ı、ɥ）。反对在拉丁字母中加入斯拉夫字母ч：1.看起来不协调；2.无法用于国际电信；3.手写体与r易混淆；4.俄文字母ч与注音字母ㄐ只是形似，音值不同，只因形似而附会，没有必要。后鼻音韵尾不用国际音标ŋ，用ng表示，或用q表示。v可以考虑作为别的用途，仍列为字母。因为当时邮电系统相当于现在的邮政、电信和互联网与信息产业，地位显赫，这些意见最受重视，后来都落实到定案中。

1956年4月至1957年10月间，文改会根据各方意见对拼音方案进行修订。国务院又批准成立了汉语拼音方案审订委员会，任命郭沫若为主任。审订委员会经广泛征求意见，深入讨论，于1957年10月提出《汉语拼音方案修正草案》，并经政协全国常委会扩大会议同意。11月，国务院全体会议通过了《关于公布汉语拼音方案草案的决议》（图77）。

12月11日，《人民日报》发表了《汉语拼音方案草案》。1957年12月至1958年1月，在全国各地对《汉语拼音方案草案》进行了广泛宣传。1958年1月27日，第一届全国人民代表大会第五次会议批准了《汉语拼音方案》。

汉語拼音方案草案

（1957年11月1日国务院全体会議第60次会議通过）

一　字母表

字母	Aa	Bb	Cc	Dd	Ee	Ff	Gg
名称	ㄚ	ㄅㄝ	ㄘㄝ	ㄉㄝ	ㄜ	ㄝㄈ	ㄍㄝ
	Hh	Ii	Jj	Kk	Ll	Mm	Nn
	ㄏㄚ	ㄧ	ㄐㄧㄝ	ㄎㄝ	ㄝㄌ	ㄝㄇ	ㄋㄝ
	Oo	Pp	Qq	Rr	Ss	Tt	
	ㄛ	ㄆㄝ	ㄑㄧㄡ	ㄚㄦ	ㄝㄙ	ㄊㄝ	
	Uu	Vv	Ww	Xx	Yy	Zz	
	ㄨ	ㄪㄝ	ㄨㄚ	ㄒㄧ	ㄧㄚ	ㄗㄝ	

v 只用来拼写外来語、少數民族語言和方言。

字母的手写体依照拉丁字母的一般書写習慣。

二　声母表

b	p	m	f	d	t	n	l
ㄅ玻	ㄆ坡	ㄇ摸	ㄈ佛	ㄉ得	ㄊ特	ㄋ訥	ㄌ勒
g	k	h		j	q	x	
ㄍ哥	ㄎ科	ㄏ喝		ㄐ基	ㄑ欺	ㄒ希	
zh	ch	sh	r	z	c	s	
ㄓ知	ㄔ吃	ㄕ詩	ㄖ日	ㄗ資	ㄘ雌	ㄙ思	

在給汉字注音的时候，为了使拼式簡短，zh ch sh 可以省作 ẑ ĉ ŝ。

三　韵母表

	i ㄧ 衣	u ㄨ 烏	ü ㄩ 迂
a ㄚ 啊	ia ㄧㄚ 呀	ua ㄨㄚ 蛙	
o ㄛ 喔		uo ㄨㄛ 窩	
e ㄜ 鵝	ie ㄧㄝ 耶		üe ㄩㄝ 約
ai ㄞ 哀		uai ㄨㄞ 歪	
ei ㄟ 欸		uei ㄨㄟ 威	
ao ㄠ 熬	iao ㄧㄠ 腰		
ou ㄡ 歐	iou ㄧㄡ 憂		
an ㄢ 安	ian ㄧㄢ 烟	uan ㄨㄢ 彎	üan ㄩㄢ 冤
en ㄣ 恩	in ㄧㄣ 因	uen ㄨㄣ 溫	ün ㄩㄣ 暈
ang ㄤ 昂	iang ㄧㄤ 央	uang ㄨㄤ 汪	
eng ㄥ 亨的韵母	ing ㄧㄥ 英	ueng ㄨㄥ 翁	
ong (ㄨㄥ)轟的韵母	iong ㄩㄥ 雍		

(1) "知、吃、詩、日、資、雌、思"等七个音节的韵母用 i，即：知、吃、詩、日、資、雌、思等字拼作 zhi，chi，shi，ri，zi，ci，si。

(2) 韵母ㄦ写成 er，用作韵尾的时候写成 r。例如："兒童"拼作 ertong，"花兒"拼作 huar。

(3) 韵母ㄝ單用的时候写成 ê。

(4) i 行的韵母，前面沒有声母的时候，写成 yi（衣），ya（呀），ye（耶），yao（腰），you（憂），yan（烟），yin（因），yang（央），ying（英），yong（雍）。

u 行的韵母，前面沒有声母的时候，写成 wu（烏），wa（蛙），wo（窩），wai（歪），wei（威），wan（彎），wen（溫），wang（汪），weng（翁）。

ü 行的韵母，前面沒有声母的时候，写成 yu（迂），yue（約），yuan（冤），yun（暈）；ü 上兩点省略。

ü 行的韵母跟声母 j，q，x 拼的时候，写成 ju（居），qu（区），xu（虛），ü 上兩点也省略；但是跟声母 n，l 拼的时候，仍然写成 nü（女），lü（呂）。

(5) iou，uei，uen 前面加声母的时候，写成 iu，ui，un，例如 niu（牛），gui（归），lun（論）。

(6) 在給汉字注音的时候，为了使拼式簡短，ng可以省作ŋ。

四　声調符号

陰平	陽平	上声	去声
ˉ	ˊ	ˇ	ˋ

声調符号标在音节的主要母音上。轻声不标。例如：

媽 mā	麻 má	馬 mǎ	罵 mà	嗎 ma
（陰平）	（陽平）	（上声）	（去声）	（轻声）

五　隔音符号

a，o，e 开头的音节連接在其他音节后面的时候，如果音节的界限发生混淆，用隔音符号（'）隔开，例如：pi'ao（皮袄）。

图77 《汉语拼音方案草案》
与次年全国人大批准的《汉语拼音方案》相同

〔附录三〕

汉語拼音字母用法举例

注音式

dà luó bo
大 萝 卜

yǒu ge lǎo gōng gong zhòng le ge luó bo
有个老公公，种了个萝卜。

nà ge luó bo zhǎng de hěn dà hěn dà lǎo
那个萝卜长得很大很大。老

gōng gong xīn li hěn huān xǐ
公公心里很欢喜。

yǒu yì tiān lǎo gōng gong qù bá dà luó
有一天，老公公去拔大萝

bo bá a bá bá bu qǐ lái lǎo pó
卜。拔啊拔，拔不起来。老婆

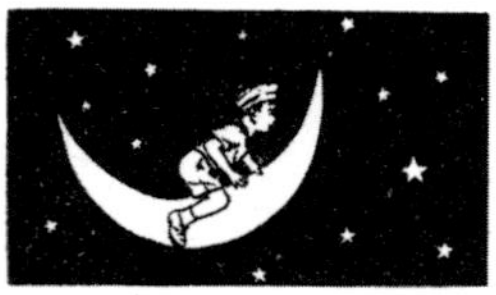

对照式

Xiaoxiaode Chuan
小小的船

Wanwande yuer xiaoxiaode chuan.
弯弯的月儿小小的船。

Xiaoxiaode chuan liang tou jian.
小小的船两头尖。

Wo zai xiaoxiaode chuan li zuo,
我在小小的船里坐，

Zhi kanjian shanshande xingxing lanlande tian.
只看见闪闪的星星蓝蓝的天。

（以上二篇选自《拼音小学语文课本》第一册）

图78 汉语拼音字母用法
选自叶籁士《汉语拼音方案问答》，1958

在"对照式"中，拼音分词连写，不标声调，句首、标题词首字母大写，加标点符号。这就是当时文改运动家心中的未来的汉语拼音文字了。20世纪80年代至2010年代间使用的"注音识字，提前读写"小学语文教材使用对照式但加注声调。

六、不同的声音

文字改革获得了热烈的支持,也有一些不同程度的异议,后来作为"少数意见"甚至"反面教材"保留下来。以下是两位基础群众对《汉语拼音方案(草案)》的看法——

程刚:

将来社会发展趋向必然是共产主义社会,到那时就需要全世界的文字的统一和语言的统一。现在创造的这种文字,群众要费"九牛二虎"的力量才能掌握,可是到了共产主义社会还得再来个全世界文字大改革,这种文字不是又不实用了吗?

张家裕:

我是一个年幼无知文化很低的工人,对于文字没有什么研究和认识。但是我认为咱们原来的汉字是很好的。它为我国劳动人民所服务的成绩是难以说完的。它的缺点就是有的字笔画多。可是在文字改革委员会的努力下克服了这个缺点实行了简化字。我认为这是非常好的。同时又把许多同音字取消了,我更觉得好。我是赞成和拥护这样做的。二月十四日我从报上看到了拉丁字母的拼音草案后,觉得用这样的字母不好。用几个字母拼成一个字,比一个汉字的笔画还多。

用拉丁字母拼成的"开会"和"学生",可麻烦,反不如用简化了的汉字写起来方便。再说,我们要是实行了拉丁字以后,咱们的子子孙孙对祖国的文化遗产就无从了解和认识了。

我希望你们要多多了解一下农村和城市里群众的意见。我个人是不同意用拉丁字母的。

(以上意见均见文字改革出版社编《汉语拼音方案草案讨论集》,1957)。

1957年"大鸣大放"期间很多学者提出不同程度的异议,如陈梦家、翦伯赞、杨晦、唐兰、章伯钧、罗隆基、李长之、施蛰存、谢无量、钱文浩、萧璋、潘菽、翁文灏、周祖谟、王伯祥、陈定民,当时《光明日报》(总编辑储安平)、《文汇报》发表了不少表达不同意见的文章和报道。(参考倪海曙《文改鸣放录》,载《1957年文字改革辩论选辑》)

施蛰存的《倒绷孩儿》则被称为"向汉字简化方案射来的一支冷箭"。被指出的段落如下:

> 《水浒传》里有一句话,叫做"八十老娘,倒绷孩儿"。用以比喻一个老手对熟练的工作反而不会做了。我的文字生涯,也该有三四十年了,对于祖国的语言文字,虽不能深入钻研,成为语文专家,一般使用阅读,一向还对付得过去。可是近来却颇有"倒绷孩儿"之感,常常有许多文章,或一言一句,看不懂,非但如此,连自己写的文字,一经排成铅字,也往往看不懂了。真是一件很替自己担忧的事。(转引自倪海曙《文改鸣放录》,载《1957年文字改革辩论选辑》)

1957年2月至5月间,陈梦家发表文章,到文改会发表演讲或参加座谈会,接受媒体访谈,多次坦诚地表达了对文字改革的不同意见。他不认同汉字难学的流行说法,"汉字还是很好的工具,是简单而不复杂的",不必废除;过去"教育不普及"的原因并非"汉字难学",反倒是"教育不普及"给人以"汉字难学"的错误印象。文字改革不单纯是语言的事,应该多多着眼于改进识字教学方法。他认为应该改进而不是改造汉字;印刷字体要保持统绪,个人书写可以简化。总之,"改革文字是一件大事,不可以过于忙迫","书同文"也要尊重专家的意见,注意群众的声音。(见《1957年文字改革辩论选辑》附录,1958)不久他被划成"右派分子",主要罪名之一是"反对文字改革"（上述多人获此罪名），被称为"章罗联盟在文字改革方面向党进攻的一个急先锋"。他因此受到大批判，妻子赵萝蕤受刺激而精神分裂。"文革"开始后陈梦家更遭到惨无人道的迫害，1966年9月3日自缢身亡。陈梦家的有关文章节选如后。

略论文字学（节选）

　　凡是研究古文字学的，都知道汉文字的发展是由繁而简的，官书与民间书是并行的。秦始皇统一六国文字，是用秦国简化了的大篆（即小篆或秦篆）作为秦帝国的标准官书，然而在他的威力下还是叫更简化的接近于民间书的隶书并行。明清两代科举取士，要读书人写正字，但民间流行的还有许多简体字。官书是全国统一的，不管那个地方说什么方言，写出来的字是一样的，如此才可以使文字成为社会交际的共同工具。简体字却有地方性。

　　因此，在文字改革的开始阶段，要想做好改繁体字为简体字的工作，需要首先总汇这些简体字加以研究，然后将可用的选出推行。简体字应该是继承过去许多代的习用而加以正式规定，而不是创造。在未行拼音文字以前，改若干繁体字为简体字，为了工作效率和学习书写方便，是非常必要的。但这些事的进行，必须要经过调查研究，并且要像汉朝未央宫所开过的文字大会一样，集全国文字学者于一堂，共同争论商讨。试行以后，一定还要征集反对的意见，重新加以考虑。改革文字是一件大事，不可以过于忙迫。现在颁布的简体字，在公布前所作的讨论是不够充分的。日常听到许多意见。我觉得，在文字改革工作中，负责部门吸取文字学家的意见是不够的。

　　……

　　汉字已用了几千年，笔画诚然多些，为了普及教育，扫除文盲，应该多多着眼于如何改进识字的办法。看报纸读一般通俗性书刊，需要认识的汉字并不太多。汉字以形声字居多数，学会了百把个偏旁和若干声符，识字也并不是太难的事。在这方面多想一点办法，对于扫盲工作是有便利的。还有一点，过去文字的改革与书写的工具（笔）和材料（纸）是有关连的。现在用钢笔写在机造纸上，和吊毛笔写在手工纸上，书写方法有所不同，在笔画书势上也有了改变。不管我们在若干年后采用拼音文字，而在目前，还用着汉字，我们就应该改进（而不是改造）汉字的写法，使其简而便。在推行的汉字的过程中，就应该研究教和学的问题。文字改革不单纯是语言的事，我想这一点也是无需详说的。

在讨论文字改革的时候，还应该对汉字作一个比较公平的估价。用了三千多年的汉字，何以未曾走上拼音的路，一定有它的客观原因。中国地大人多，方言杂，一种统一的文字可以通行无阻。汉语单音缀，有声调，而各地声调多少不一，同音语多，用了拼音文字自然引起许多问题。改革文字是一件事，推行普通话也是一件事。说话若不能大致的一样，拼音文字就有困难。现在推广普通话的条件好多了，小学生可以学好，但中年、老年人是改不过来的。许多研究北京话的专家，理论很好，就是说不好正确的北京话。人过了二十岁，要抛弃乡音是有困难的。要全中国的人都会说比较一致的北京话，等待一个时期，是完全可能的，但是文字不能一刻不用。汉字还得暂时的用下去，因此，就应该周详地考虑如何使它改得更好些。这些事也是属于文字学的范围，不仅仅是语言的事。

（《光明日报》，1957年2月4日）

慎重一点"改革"汉字（节选）

我这样提出，是首先肯定了我们使用了三千年以上的汉字还是很好的工具，是简单而不复杂的，是和汉语语法相联系的，是一种不必废除的民族形式。过去的问题是，教育的不普及和识字方法还没有改善，因此仿佛汉字难学，其实是不然的。汉字为我们过去许多朝代服务过，也为革命服务过，现在为社会主义服务也还是可以的。

......

在某些笔画较多的汉字中，酌量合理的根据以往的习惯加以简化，是一件大好事。这样使得汉字更简一点，对于书写要经济一些时间。但有些笔画本来不太多的，一定要简之而发生混淆，那就很不好了。公布的简字方案中，有许多同音替代和去掉偏旁的，发生了许多纠纷，那就是主持的人只要简而不管简的后果。在我们的印刷字体中，一定要统一，但我们个人写字本可以用自己的方法去简的。公布简字是一件严重的大事，最需要从长讨沦，接受批评，不能马上立行的。

....

1957年5月1日

（《文汇报》，1957年5月17日）

在文改系统内部，周有光先生向来坚持汉字拼音化道路，但对于汉字简化的作用，他有理性的认识。他1958、1959年在北京大学讲授"汉字改革"课程，当时即感到汉字简化的作用是有限的。

他从学习阶段的认、写和学成后的认、写四个方面分析。

对于学习阶段而言，汉字简化后能减少单个字的"零件"，对学写帮助最大，但不能有效地减少全部汉字的"零件"，因此对学认的帮助有限。况且，"在一生的时间当中，学认和学写只占较小一部分时间。学习阶段过去以后，就是经常的书写和阅读"。

对于学成后的日常汉字识、写：汉字简化后，楷体的书写速度会相应地提高，但是一般人平时以写行书为主，而非楷书；汉字简化对于书写行书却没有帮助，"因为行书笔画比楷书简体字往往原来就更加简便，书写可以更加迅速"。

况且,"书写所占时间在一生中间也并不多,除非以文书写作为职业的人们。跟文字接触的时间,任何人都是以阅读为最长。对于经常阅读的速度来说,笔画减少可以增进视觉的明晰度,因此是有利于提高阅读速度的。但是,如果笔画差别太小,形体近似增多,那就辨别容易错误,视力容易疲劳,从而降低阅读效率。"

"总的看来,笔画简化对学习的好处较大,对经常书写的好处次之,对经常阅读的好处又次之。"(以上见《汉字改革概论》342~343页)

1978年,周有光先生承认:"关于简化的作用,20年来没有做过科学的分析、比较和效率测量;没有总结,拿不出数据,心中无'数'。"(其实,近代以来的语文现代化研究普遍存在缺少科学的测量与统计、心中'没数'的问题。)不过经过20年的实践,他看得更清楚了,他说:"简化笔画有好处,但是好处不大,不是有利而无弊。从清末到解放初期,往往夸大简化的好处。"他总结了汉字简化的限度和可能带来的问题:"笔画越简,近形越多。新造声旁,声调难准。同音代替,意义易混。笔画简化如果造成读音繁化、意义混乱、形体难辨,那就得不偿失。印刷体和手写体要求不同,不可能完全统一。"(《汉字简化问题的再认识》,载《周有光语言学论文集》)

七、当前文字改革的任务

1958年1月,政协全国委员会举行报告会,周恩来总理在会上作了《当前文字改革的任务》(载《当前文字改革的任务和汉语拼音方案》)的重要报告,对当前文字改革的三大任务——"简化汉字,推广普通话,制定和推行汉语拼音方案"做了明确的阐述。他指出:"应该说清楚,汉语拼音方案是用来为汉字注音和推广普通话的,它并不是用来代替汉字的拼音

文字。"他说汉字的前途问题"不属于当前文字改革任务的范围":

> 至于汉字的前途,它是不是千秋万岁永远不变呢?还是要变呢?它是向着汉字自己的形体变化呢?还是被拼音文字代替呢?它是为拉丁字母式的拼音文字所代替,还是为另一种形式的拼音文字所代替呢?这个问题我们现在还不忙作出结论。但是文字总是要变化的,拿汉字过去的变化就可以证明。

这意味着《汉语拼音方案》被明确定性为"注音方案",此前它一直是作为"汉语拼音文字方案"来设计的。不过此后,在文字改革运动家心里它仍是未来的汉语拼音文字方案,只是对"未来"的含义各有各的理解,各有各的期盼。

《当前文字改革的任务》发表以后,在"大跃进"的背景下全国掀起执行三项任务的高潮。从1958年秋季开始,全国小学普遍开展了汉语拼音字母教学,年内即有5000万小学生学习了拼音字母,同时还用拼音开展了大规模的扫盲教育。1959年基本完成全国汉语方言初步普查工作,调查了1800多个点,写出方言调查报告1200种、学习普通话手册320种;这是推普工作和语言科学研究的一项重大成果。(王均《当代中国的文字改革》84页)

20世纪50年代,文字改革大潮激发了群众的造字热情。有一种新造复音字,把一个词语压缩到一个字的空间中,还读词语的多个音节。比如"把张三的脑袋,安在李四肩膀上,有时候也拿赵五一只胳臂,再加上王六的一条腿,间或还掺杂上一点外国成分"。(见下图,季羡林《随意创造复音字的风气必须停止》,见丁西林等《汉字的整理和简化》)

> 字二音,甚至四音。最常見的例子如:茚(革命),産(共產),念(同志),閆(問題),邟(幹部),庚(歷史),愽(博物館),叐(帝國主義),佲(資本主義),㜮(無產階級),佥(資產階級),叐(階級),郊(支部),园(國際)。在書寫方面,大家也不十分一致,似乎都在發揮自己的"創造性"。譬如"革命"也寫作"茚","問題"也寫作"閆"。還有更異想天開的創造,像"燚",我想大家都不認識這個"字"吧!這就是"禁止煙火"四個字合成的一個

其实复音字源远流长。比如"囍",词典里注音为xǐ,而俗读"双喜"。

"招财进宝""日进斗金"也很有名。这些"字"字词典不承认,只能算民俗图案。

字词典曾经承认后来又反悔的如:"呎",读"英尺";"吋",读"英寸";"哩",读"英里";"噉",读"英亩";"唡",读"英两";"䤸",读

"加仑";"瓩",读"千瓦"。这些都是旧单位,不符合当前规范。

"甬、孖、勠"等是合文,只读一个音节,所以不是复音字。甲骨文、金文、玺印文字中有不少合文,他们同时也是复音字;这些合文往往是常用词语,如称谓、干支、名量。如:

有害	
至于	
至吉	
仲丁	
仲母	
后母	
向子	
牝牡	

这算得上是古代的分词连写吧。

一方面明确了《汉语拼音方案》是注音方案,不是文字方案;另一方面,汉字简化却开始"大跃进"。1960年4月,中共中央在《关于推广注音识字的指示》中指出:

> 为了加速扫盲和减轻儿童学习负担,现有的汉字还必须再简化一批,使每一字尽可能不到十笔或不超过十笔,……这一项任务必须依靠广大群众,广大群众对此是十分热心和有办法的。请各省市区党委指示当地有关部门在最近期间提出一批新简化字的建议,报告中国文

字改革委员会综合整理后送中央和国务院审定。

据此，6月，教育部、文化部、文改会联合发出《关于征集新简化字的通知》：

> 近几年来各地群众创造的新简化字，数量很大，而且还在不断增加。这些新简化字是我们继续简化汉字的重要依据。……各省市区都能提出四百至一千个新简化字。

1961年6月，文改会根据地方推荐的简化字材料，拟出了新的《简化汉字表》。1962年4月16日，文改会、文化部和教育部联合公布《简化汉字总表》，但是6月1日即予以收回。9月，文改会决定成立《汉字简化方案》修订小组，小组于11月提出《对〈汉字简化方案〉的修改意见（初稿）》，征求社会意见。

无序、冒进的简化汉字工作导致社会用字混乱。1963年3月，叶籁士向周恩来总理报告了《汉字简化方案》修订工作。周恩来批示："这次简化方案修订的任务，是要在原方案的范围内进行适当的调整，使简化汉字趋于完善、稳定、普及和巩固，同时大力纠正和防止乱用误用。"1964年3月，文改会与文化部、教育部发出《关于简化字的联合通知》，对社会用字混乱、乱造不规范的简化字等现象进行规范。

1965年文化部与文改会公布了《印刷通用汉字字形表》。它是新中国文字改革的又一个重要成果。

八、第二次汉字简化方案（草案）

1959至1961年期间，受国民经济困难影响，一些文改机构被合并到文改会，或者撤销。1966年6月"文化大革命"开始，文改会停止工作，多数委员和专家受到迫害。吴玉章、邵力子、叶恭绰、马叙伦、陆志韦、林汉达、丁西林、韦悫等人在十年动乱中相继去世；全体机关干部于1969年下放到"五七干校"劳动。

1972年3月，在中国科学院设置了文字改革办公室，由叶籁士负责。1973年7月恢复"中国文字改革委员会"名称，1975年9月再次直属国务院，由教育部代管。

1975年5月，文改会提出《第二次汉字简化方案（草案）》。1977年12月在首都和各省、市的报纸上发表了《第二次汉字简化方案（草案）》（简称"二简"，见图79）。二简放弃一简以偏旁简化、偏旁类推为主的简化原则，改走"群众路线"，生造了一大批"缺胳膊少腿，难看至极"的字；单纯追求简单，完全破坏了汉字的结构系统。文改会在《〈第二次汉字简化方案（草案）〉解释》（载《人民日报》1978.1.31）中就《草案》所收简化字的来源解释说：

> 毛主席指出："'从群众中来，到群众中去'的群众路线，是我们党一切工作的根本路线。"汉字简化工作更应该这样去做。……《草案》中所收简化字，是根据以下三种材料研究选用的：一是一九六〇年，教育部、文化部和中国文字改革委员会发出征集简化字的通知后，各省、市、自治区和部队推荐的群众中流行的新简化字材料。二是一九五六年《汉字简化方案》公布以来，群众来信中提供的新简化字材料。三是一九七二年中国文字改革委员会向各省、市、自治区征集的新简化字材料。

《草案》通过同音代替、删除异体字和采用一字两读等方法，精简了263个字。对一字两读的解释是：

采用一字两读精简汉字的方法,也是广大群众创造的。群众形象地说,汉字是忙闲不均。有些字,笔画少,结构简单,但使用频率小,应该让它们多承担一些"责任",把一些笔画繁、结构复杂的常用字的读音和意义兼起来。如彳亍的亍,只有三画,但不常用,用它代替常用字"街",既减少了好多笔画,又减少了一个字,使用时也不会发生意义的混淆。《草案》中的迂(遇)、桔(橘)等都属于这一类。

《草案》还使一些偏旁、部件变成常用字,如彐(雪)、厶(私)、厷(雄)、疒(病)、歺(餐)、尸(眉)、彡(修)等。

《人民日报》于1975年10月开始试用"二简"草案第一表的248个简化字。1978年3月,教育部通知,当年秋季在教材上试用"二简"草案第一表的简化字。"二简"草案引起了广泛讨论,文改会收到群众来信一万多封,有很大的争议。

1978年3月,五届人大和五届政协开会期间,胡愈之、王芸生、王力、周有光等23人联名写信,要求会议文件不用"二简"草案简化字。争议也导致社会用字的混乱。7月,教育部通知要求教育系统新排课本、教学参考书不再使用新简化字,仍用原字进行教学;到8月,全国报纸、图书都停止试用"二简"字。

但是"二简"字并没有到此为止,其后文改会还进行了大规模的修订工作,1981年8月制订了《第二次汉字简化方案修订草案》,1985年初提出《增订汉字简化方案(草案)》(征求意见稿)。但是汉字改革的时代很快就结束了。

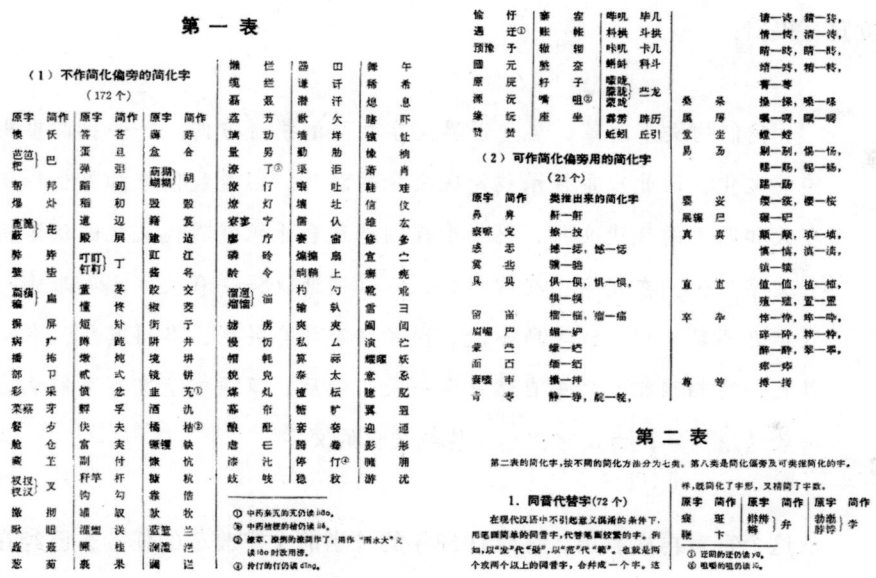

图79 《第二次汉字简化方案(草案)》(局部)

1978年,受"文革"影响耽误多年的《现代汉语词典》终于正式出版。吕叔湘、丁声树先后主持编写工作,又经过众多专家审稿,并在全国广泛征求意见。它是第一部以推广普通话、促进汉语规范化为宗旨的现代汉语中型词典,也是最重要的现代汉语词典。

九、"注音识字,提前读写"教学实验

1980年,文改会由中国社会科学院代管,仍直属国务院。普通话的推广工作及其机构划归教育部管理。同年,语文出版社成立,吕叔湘兼任社长。1982年,文改会机关刊物《文字改革》复刊。

1981年，全国高等院校文字改革学会在哈尔滨举行成立大会，学会成立宣言提出：

> 我们的文字改革，要走世界文字共同的拼音方向。……我们重视传统文化，因此也重视承载传统文化的汉字。但是我们更加重视创造今天和明天的现代文化，更加重视创造适合于承载现代文化的汉语拼音文字。……在汉字存在的同时，可以创造汉语拼音文字，用来弥补汉字之不足，担当汉字所不能。两种文字并存并用，各得其所，各尽其长，在相辅相成之中自然一消一长。最后，汉语拼音文字可能成为一般通用文字，而汉字依然是传统文化的文字。

从这个宣言再次看出，尽管1958年的《当前文字改革的任务》已经在政策层面宣告汉字的前途问题"不属于当前文字改革任务的范围"，创制汉语拼音文字仍是"文革"后文字改革界的宗旨和信仰。

全国高等学校文字改革学会成立后，将"注音识字，提前读写"教学实验列为重要的研究课题，并支持黑龙江省进行这一小学语文教学改革实验。

1982年秋，黑龙江省在拜泉县、讷河县、佳木斯市的3所小学6个一年级班开始实验。儿童入学后，首先学习汉语拼音，要熟练至能直呼各个音节。然后开始大量阅读纯拼音读物、汉字注音读物，在教师指导下和自学中增识汉字。同时利用汉语拼音和汉字写话、作文，读写同时起步，帮助儿童发展思维，增长知识，逐步提高读写能力。实验要求用三年时间完成当时的五年制《小学语文教学大纲》规定的阅读和写作教学任务，识字和写字达到同年级（三年级）的实际水平。实验效果很好。1983年7月，倪海曙写了考察报告《难以相信》。这份报告引起了教育界、语言学界的极大重视。

国家语委所订国标《普通话异读词审音表》（1985）把"荫"字的读音yīn取消了，只能读yìn。凡原来用"荫"（yīn）的地方要求一律用"阴"字，比如"林荫""树荫"要写作"林阴""树阴"。这也还可以接受。但"林荫道"要写作"林阴道"就有点怪怪的。再说"荫"有草头，用来指"树荫"是在心理上很自然的，符合汉字"目治"的特点。

《现代汉语词典》一直抵制这个规定，不予执行。一些小学语文教材自然愿意跟《现代汉语词典》站一队，以免师生尴尬。2013年的《通用规范汉字表》是最新的汉字规范，对这两个字没有做注。看来《现代汉语词典》基本上得到了大众的认可。

从1983年秋季开始，上海市、广州市、大连市、湖南湘西土家族苗族自治州相继进行实验，都取得可喜的成绩。到1985年秋季，这项实验已经扩大到了23个省、市的800余所学校的3500多个班，参加实验的学生已达15万人。

"注音识字，提前读写"教学实验影响深远，其教材一直使用到2010年代。

1982年，第五届全国人民代表大会通过的《中华人民共和国宪法》，规定了"国家推广全国通用的普通话"的条款。

1982年3月，文改会决定重建普通话审音委员会，汉语拼音正词法委员会。1985年12月，《普通话异读词审音表》正式公布，字音分歧得到基本解决。

十、国家语言文字工作委员会的成立与文字改革时代的终结

1985年12月，国务院决定将中国文字改革委员会改名为国家语言文字工作委员会（简称"国家语委"）。1986年1月，国家教委和国家语委联合召开全国语言文字工作会议。这是继1955年全国文字改革会议和现代汉语规范问题学术会议之后召开的第二次全国性的语言文字工作会议。会议提出新时期语言文字工作的方针是：贯彻、

执行国家关于语言文字工作的政策和法令，促进语言文字规范化、标准化，继续推动文字改革工作，使语言文字在社会主义现代化建设中更好地发挥作用。

1986年6月，国务院批准了国家语委《关于废止〈第二次汉字简化方案（草案）〉和纠正社会用字混乱现象的请示》。批转通知中指出："1977年12月20日发表的《第二次汉字简化方案（草案）》，自本通知下达之日起停止使用。今后，对汉字的简化应持谨慎态度，使汉字的形体在一个时期内保持相对稳定，以利于社会应用。"根据通知的要求，1986年9月28日，全国各大报纸重新刊登了略有调整的《简化字总表》。

"中国文字改革委员会"改名为"国家语言文字工作委员会"，其机关刊《文字改革》也相应改名为《语文建设》，以及二简字的废除，都表明文字改革的时代已经终结，进入了"语文建设"的时代。

此后，国家语委把推广普通话放在工作首位，其次是语文规范化、语文应用研究等。但从实际看，它主要的工作是语文规范化。语文应用研究主要归各高校和研究机构，推广普通话主要还是由教育系统落实。所以1998年国家语委干脆实质地合并到教育部，只对外保留名义；其行政

曾有一段时间，各地语委的存在感主要体现在上街检查商家的标牌用字是否规范。如果碰到繁体字异体字，不管你是花了十万几十万元做的，还是千辛万苦请大领导、名人题写的，都得拆除，因此难免闹出尴尬来。尽可能限制繁体字、异体字的使用是中国文字改革的一贯精神，到2000年《中华人民共和国国家通用语言文字法》实施，这一点写入法条中：

第十七条　本章有关规定中，有下列情形的，可以保留或使用繁体字、异体字：

（一）文物古迹；

（二）姓氏中的异体字；

（三）书法、篆刻等艺术作品；

（四）题词和招牌的手书字；

（五）出版、教学、研究中需要使用的；

（六）经国务院有关部门批准的特殊情况。

超出这五小块自留地之外，除非行政许可

| 上篇 | 文字与语言

（即依本条第六款），使用繁体字、异体字即被视作不合法；本条第五款所谓的"需要使用"，看起来解释空间很大，但实际上是给执法部门的空间，不是给文字使用者的。

职能由教育部语言文字应用管理司和语言文字信息管理司接续，另有语言文字应用研究所、语文出版社两个事业单位。

　　1988年3月，国家语委和国家教委联合发布了《现代汉语常用字表》，该表共收汉字3500个，其中常用字2500个，次常用字1000个。这主要是义务教育的汉字定量。笔画繁、字数多、读音乱、检索难，合称汉字"四难"。尽管从1921年教育家陈鹤琴统计白话文用字频率以来，有不少专家注意字数的研究，但受观念的影响和统计技术的限制，远远比不上汉字拼音化、汉字简化的研究和推行。周有光先生2001年说："汉字难学难用，主要不在笔画繁，而在字数多。"（《21世纪的华语和华文》，载《周有光语言学论集》）义务教育领域的汉字定量对全社会的语文生活有广泛而深远的影响，是中国语文现代化的一项基础工作。

　　1988年5月，国家语委和国家新闻出版署联合发布了《现代汉语通用字表》，该表共收汉字7000个。这是新闻出版领域的汉字规范。1988年7月，《汉语拼音正词法基本规则》发布，《汉语拼音方案》的文字属性在技术上得以完善。

　　2000年10月，《中华人民共和国国家通用语言文字法》实施。该法规定："本法所称的国家通用语言文字是普通话和规范汉字。""国家推广普通话，推行规范汉字。"2013年《通用规范汉字表》公布，《印刷通用汉字字形表》《简化字总表》《现代汉语常用字表》《现代汉语通用字表》等"原有相关字表停止使用"，也不再实行偏旁类推简化，简化字已经严格定量、定形、定序，"简化字"的法律地位正式被"规范汉字"正式接替。

十一、小结

"五四"以来所倡导的"言文一致"是《潮流图》的精神主旨。"言文一致"所关心的基本问题是语言文字工具的效率。当时人们普遍认为，汉语的言文分离、汉语的不统一以及汉字之繁难，妨碍了中国社会文化的发展进步，并集中体现在教育的落后上。

今天距《潮流图》的时代快100年了，黎锦熙先生所绘制的蓝图，在语言方面可以说已经得到了完全的落实：国语标准语即现今的普通话，已经随着社会的交流融合、现代传媒的繁荣和基础教育的普及，在全社会通行无碍了。在文字方面则与当时人们的设想有很大差距：第一批简化汉字经过半个世纪的推行，已经在社会上根深叶茂。但到1985年中国文字改革委员会更名为国家语言文字工作委员会，次年废止第二批简化字，国家层面的汉字改革工作已经终结。

汉语中的同音词语众多，尤其是单音节词语。平时口头交流偶有障碍，但问题不大，因为口语的信息丰富、语境完整；用汉字记录时则有丰富的字形信息使彼此区别开——所以说汉字更宜于"目治"而不宜于"耳治"。而拼音字母没有汉字那么丰富的信息，同音词语是汉语拼音文字方案面临的最大的技术问题。公认解决此一问题的最有效的办法是分词连写（也曾叫"词类连书"，汉语拼音正词法的核心即是分词连写）。

仅仅是分词连写还不够，专家们还期待人们在语言文字应用实践中不断改造汉语词汇，尽量避免使用单音节词语（文言词语绝大多数是单音），避免使用同音词语。在这方面用功最多的是林汉达（1900~1972），他被称为国语罗马字和拉丁化新文字的"中间派"（倪海曙语）。

林汉达主张"整理和发展中国的语言"（主要指词汇），他说：

"我的数年来的研究不得不使我相信：主要的问题不在用什么字母，而在如何整理和发展中国的语言。换言之，我们的语言不应停滞在单音节的原始阶段，而须向前发展，扩充复音来攻破同音的单音语的难关。"为此，他主张使用多音节词（四音节以下越长越好），尽量使用口语，酌量使用方言词语，淘汰同音、近音词语，规定特别写法来区别同音的单音节词语。根据这些原则，他1944年出版了《连写、定型、注调、分部、国语拼音词汇》。

新中国成立后，他用白话改写了很多中国历史故事，为将来翻译成拼音文字以代替汉字史书做准备；改写工作自然体现了他整理和发展中国的语言的思想，语言非常考究。（参考《东周列国志故事新编·序言》，1962）这些历史故事现在是畅销不衰的青少读物。

时移世易，《潮流图》绘制时代的知识人忧心国家存亡、民族落后于世界；而今天国家富强，基础教育普及，尤其是信息技术的飞速发展使当初对繁体字的很多担忧不再成立，文字改革已经失去动力。自1986年以后，作为社会运动的语文改革大体已经收缩到学术和技术的范畴。这是国家和社会之幸。或许更准确的说法是：国家和社会进步了，不再需要作为社会运动的语文改革。

近几年，在复兴传统文化的气氛中，不时传来恢复繁体字的声音。真是世事难料。假如黎锦熙先生活到今天，他会不会改变自己的观点呢？

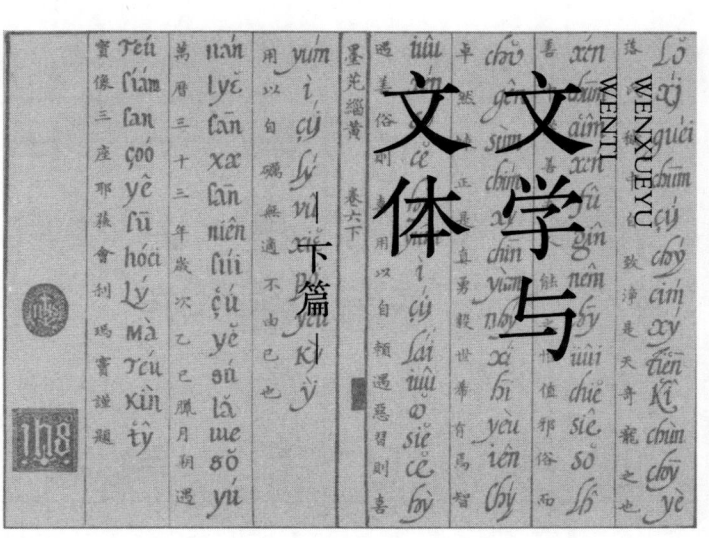

中国文学的研究著作浩如烟海，但直面作品永远是领略文学的不二法门。本书的文学、文体部分以作品摘选结合其文学史背景的简介，为方便读者能将图形、史论、作品对照参考，领略概貌，抓取线索。这是从本书的普及性质出发。同时，考虑到篇幅、可读性以及黎锦熙先生的时代局限等原因，这部分内容以当代通行的若干种权威教材、学者专著为主要参考，并不对《潮流图》文字材料进行逐一的对应。错讹浅薄及遗漏，望读者斧正。

　　关于古代文言作品的阐释，可参考的资料很多，而且它们的涵义是开放的，并不存在绝对的定论。本书编选的古代作品，仅仅对个别词句加注，不作完整的讲解。唯独开篇引用《文心雕龙》时，需要其对上下文的论述作出必要的补充，所以有全文的转译。河流有上中下游，中国文学通常可分上古期、中古期、近古期，分别对应先秦两汉（公元3世纪前）；魏晋至明中叶（公元2世纪至16世纪）；明中叶至五四运动（公元16世纪至20世纪初）。本书则根据朝代断代方便，以及《潮流图》的历史节点作出调整：第二章延至清朝前期，第三章从晚清直至1927年，恰好是古今文学的变革时代，也是现代文学第一个十年期的结束。

绪论

《国语四千年来变化潮流图》诞生之时,中国正在经历几千年未有过的大转型,天朝帝制覆灭,新文化运动的第一阶段已进入尾声,西方近代的文化思潮、文学观念生根发芽。《潮流图》的面貌,正是历史关键期的缩影。图中的文学和文体对应英文literature 和 style of writing,但是,中国传统意义上的文学和文体,绝不等同于literature 和 style of writing。literature 和 style of writing所代表的文学,不过是基督教文明世界在近数百年内生成的结果,并非放之四海而皆准的法则。它在中国的落地,从属于激烈的社会改造。今天的西方,对此早有各种各样的反思,而这样的反思,我们最无理由回避。从民国到今天,西方文学观已经深入国人的思想,但追溯历史时,它只是方便的法门之一,什么是中国文学,正如什么是人,什么是当代中国人一样,是需要追问下去的问题。

中国有世界上最古老的文学传统之一,其流转几千年的气象,放眼世界,唯有梵语、希伯来语等少数传承可以比肩。中国文学的根系必须放在文明的背景中来看。普遍认为,中国文明很早就确立了人在世界上的中心地位,人被看作调和宇宙自然秩序的枢纽。《礼记》云:故人者,其天地之德,阴阳之交,鬼神之会,五行之秀气也。

声音在人类文明中化出语言,语言是人发明的最重要的工具之一。在上古华夏的认知里,语言是人感应自然之道,参与宇宙秩序的方式。中国的文学包含在这样的运行中。用受过现代教育的眼光看,这是一个泛文学观,大文学观。它曾号称神圣,关乎天意,但又围绕人,致力于现世的实用。

身体是自然和文明的界面,人类最早的文明产物就是自己的身体。文体是比附人体而来的说法。学者徐复观对此有精辟的论述：文体就是文学的形相。人的语言，思想和感情，表现为文体，文学才有生命，才能成立。有人常常把文学的类型和文体混淆，这是错误的。他指出，中国的文体自觉意识极早，原因之一就是中国人的文学渗透在人生的实用中。从东汉到魏晋南北朝，人物的品鉴之风盛行，而对文学的鉴赏品藻，几乎全是转用评判人物的名词。这促成了对文学的整体把握，从而形成文体论的自觉，诞生出《文心雕龙》这样的重要著作。"由活的人体形相之美而引起文学形相之美的自觉，为了解我国文学批评的一大关键。也为了解中国艺术的一大关键。"（徐复观《文心雕龙的文体论》）所以，中国的文体，一言蔽之，就是人。西方学科意义上的文体，文学风格，只能对中国文体有部分的反映。

《文心雕龙》作者刘勰所代表的一众古代思想家认为，无论鉴赏文学，还是学习创作，都不可不认识文体。鉴于文体是活性的生命体，所以，局部的解剖、练习是不得法的。欧美后来对专攻修辞一项的文学训练方法也多有反省。所以徐复观疾呼，要把文学从语言学、考据学的深渊里解救出来，必须复活文体观。

离开具体的作品，无法对文学产生什么感知。文体的认知和演化，在漫长的历史中枝叶纷繁。要整体上把握古代文体的精神，需要从《文心雕龙》出发，从中国人的世界观，文体的生命观出发。

中国地理的特点，农耕社会的长期存在，皇权专制的政治体制，也被许多人用来宏观地考察中国文学的特性，例如对典型的尊崇，形式发展的缓慢，整体秩序的封闭等。此外，不能忽视的是，中国汉字的特点，很大程度上决定了中国文学、文体的特点。它作为单一符号包含了音形义三要素。单音节构造使古汉语具备了简单的节律，比较容易形成讲究尾韵、对仗的方式。还有学者指出，汉语可以用自己的形式书写或音译外国文字，佛教进入中国后，大量梵文词汇进入汉语，但是它们用既有的汉字书写，这些汉字又保持其书写本土词汇时的通常用法。对外来词的同化吸收，是中国思想传统、文化传统中的一部分。汉字文学精微之美还在于它的形义：一个字是一造物，一个字是一观念。日本汉学家吉川幸次郎曾提到，小泉八云走在日本的街道上，觉得招牌忽而哭忽而笑。吉川幸次郎赞叹，汉字有感情，是世界上无与伦比意味浓厚的语言。法国诗人亨利·米肖看到汉字，觉得"所有写了字的纸页，所有布满文字的表面频频骚动，生机勃勃……充满了右手、左手、相握之手，互相打招呼之手，永远相连之手"。

《文心雕龙》的开篇，壮丽地展现了文明的发源，文字和文学的诞生，文学和自然的关系。以文字印证《潮流图》的源头，不妨从此开始。

> 文之为德也大矣，与天地并生者何哉？夫玄黄色杂，方圆体分，日月叠璧，以垂丽天之象；山川焕绮，以铺理地之形：此盖道之文也。仰观吐曜，俯察含章，高卑定位，故两仪既生矣。惟人参之，性灵所钟，是谓三才。为五行之秀，实天地之心，心生而言立，言立而文明，自然之道也。
>
> 傍及万品，动植皆文：龙凤以藻绘呈瑞，虎豹以炳蔚凝姿；云霞雕色，有逾画工之妙；草木贲华，无待锦匠之奇。夫岂外饰，盖自然耳。至于林籁结响，调如竽瑟；泉石激韵，和若球锽：故形立则章成矣，声发则文生矣。夫以无识之物，郁然有采，有心之器，其无文欤？
>
> 人文之元，肇自太极，幽赞神明，《易》象惟先。庖牺画其始，仲尼翼其终。而《乾》《坤》两位，独制《文言》。言之文也，天地之心哉！若乃《河图》孕乎八卦，《洛书》韫乎九畴，玉版金镂之实，丹文绿牒之华，谁其尸之？亦神理而已。
>
> 自鸟迹代绳，文字始炳，炎皞遗事，纪在《三坟》，而年世渺邈，

声采靡追。唐虞文章,则焕乎始盛。元首载歌,既发吟咏之志;益稷陈谟,亦垂敷奏之风。夏后氏兴,业峻鸿绩,九序惟歌,勋德弥缛。逮及商周,文胜其质,《雅》《颂》所被,英华日新。文王患忧,繇辞炳曜,符采复隐,精义坚深。重以公旦多材,振其徽烈,剬诗缉颂,斧藻群言。至若夫子继圣,独秀前哲,熔钧六经,必金声而玉振;雕琢情性,组织辞令,木铎启而千里应,席珍流而万世响,写天地之辉光,晓生民之耳目矣。

爰自风姓,暨于孔氏,玄圣创典,素王述训,莫不原道心以敷章,研神理而设教,取象乎《河》《洛》,问数乎蓍龟,观天文以极变,察人文以成化;然后能经纬区宇,弥纶彝宪,发辉事业,彪炳辞义。故知道沿圣以垂文,圣因文而明道,旁通而无滞,日用而不匮。《易》曰:"鼓天下之动者存乎辞。"辞之所以能鼓天下者,乃道之文也。

赞曰:

道心惟微,神理设教。光采玄圣,炳耀仁孝。

龙图献体,龟书呈貌。天文斯观,民胥以效。

试译:文的性质、意义很大。它和天地一起产生。为何这么说呢?从天地产生之时起就有了黑色和黄色、圆形和方形的区别。日月如一双璧玉,悬附天上,显示光明形象;山川好像灿烂的锦绣,铺陈大地,展示它的纹理,这些都是大自然的文采。仰观天空,日月发出耀眼的光芒;俯视大地,山川万物蕴涵着美。高和低确立,天和地的两仪产生。人与天、地并列为三,因为人凝聚天地的灵性,所以跟它们统称作"三才"。人为万物之灵,实际是有天地之心。有了心灵思维,就有了语言,语言确立了,文章辞采才能出现,这是自然的道理。推广到万物,动物、植物都有文采:龙凤以五彩的羽毛呈现祥瑞,虎豹以斑斓的花纹构出雄姿;云霞敷以彩色，缤纷胜过画工的巧妙；鲜花满缀的草木，无需工匠手艺的神奇。这些难道都是外界加上的修饰吗？是自然形成的罢了。至于风吹山林发出的声响，谐和有如吹竽鼓瑟的乐调；泉水击岩石的韵律，犹若击磬鸣钟的和谐。所以形体确立，声韵激发，文章就出现了。无知的自然之物还都富有丰富的文采，有心智的人难道还没有文章吗？

人类之文的开端，起源于天地未分之前的一团元气，深刻地说明神理的，要数《易经》的卦象最早。那时伏羲画了八卦的图像创《易》，孔子加上辅助性的解说《十翼》完成它。而其中的《乾》《坤》两卦，孔子特地用《文言》加以解释。语言的文采，是顺乎天地自然的本心体现！至于传说中黄河里有龙献图，伏羲氏效法《河图》画出八卦，洛水里有龟献书，夏禹根据《洛书》，酝酿出包含九类治国的大法，还有玉石书版的金字内容，绿色简牒上丹红文字的文采，这些又是谁在主宰着呢？是神妙的自然之道罢了。自从仓颉创造出文字，代替了结绳记事，文字的作用开始彰显。炎帝神农氏和太皞伏羲氏的事迹，记载在《三坟》这部古书上，可是年代太久远，事迹渺茫，文字也已无从查考。唐尧和虞舜时代的文章，文采才开始焕发丰富起来。天子舜开始唱和的歌词，已经用吟咏抒发出情志；伯益和后稷陈进的计谋，也开创了进言陈奏的风气。夏禹兴起，事业崇高而功绩巨大，各项工作都有秩序而受到歌颂，功德更显辉煌。到了商朝和周朝，文章的文采胜过了前代的质朴。《雅》诗和《颂》诗影响之下，使文章辞采显得愈发美丽新颖。周文王被殷纣王拘押在羑里受难时作《周易》，卜辞光彩照耀，像宝玉的横纹一样，内容含蓄丰富，义理精微深刻。加上周公旦多才多艺，发扬周文王美善事业，制作诗歌，辑录《周颂》，修润各种文辞。到了孔子这里，承继以前的圣人，独有他又超过从前的圣人。他编订"六经"，像打钟开始击磬结束一般集经典之大成；他陶冶性情，组织辞令；这些经典就同施政教时所用的木舌铜铃一样，只要一开启振动，千里响应，孔子的思想像珍宝一般流传下来，真可以说是发扬了天地的光辉，启发了人们的聪明才智啊！

　　从伏羲到孔子，远古圣王开创，后世素王发挥，没有不根据自然之道的精神来著述，也没有不推原自然的大道来建立教化。他们效法《河图》《洛书》，用蓍草和龟壳来占卜，观察天文以穷究各种变化，学习过去的典籍来完成教化；然后才能治理天下，制订出恒久的根本大法，发挥光大圣人的事业，使文辞义理发挥最大的作用。由此得知，自然之道通过圣人而表现于文章著作，圣人也通过文章才得以阐明自然之道，圣人文章普遍使用而没有穷尽，天天运用也不会觉得匮乏。《周易·系辞上》里说："能够鼓动天下的东西，主要在于文辞。"文辞之所以能够鼓动天下，就是因为它正是自然之道的文采。

　　赞曰：自然之道本是微妙，穷究这神理并因之来设教。光辉的圣人孔子使仁孝的道德得以宣扬，黄河里龙马负图献出八卦的形体，洛水中神龟负书呈上九畴的相貌。圣人观察这些上天所显现的文章，人民都去学习圣人由此创造的文化。

　　（注：《文心雕龙》全书中单独用"文"字共三百三十七处。刘勰用文来指文学或文章，但有时也用来指广义的文化、学术，有时指作品的修辞、藻饰，有时则指一切事物的花纹、彩色。第一句中的"文"字是泛指，包含一切广义狭义在内。东汉许慎的《说文解字·叙》也是类似《原道》的源头性论述。美国学者刘易斯·芒福德说过"起初语言的功能不是传递具体信息，而是为原始人类在生存的每个层面都找到意义。"）

第一章 先秦两汉文学

一、神话

　　起初天地洪荒，之后人类出现。文字产生之前，原始人早就开始运用声音，并在无数代的集体生产中创造出语言，形成口传文化。口传的神话、歌谣、咒语就是今日文学、历史、音乐、科学、哲学的原始形式。直到大约五千年前，新石器时代的晚期，人类才把声音和图像符号结合，造出文字。中国与其他许多文明一道，经历了这种文明的重大转折。但是，远古的传说在文字记录上是稀少零散的。古人言先有三皇五帝，然后是夏商周三代，传说中夏的开始，正是新石器时代晚期，而有信史可考的应从商代开始。商周文明，都是建立在黄河流域。商朝的甲骨文占卜辞，以及一些青铜器上的铭文，是华夏已知最早的文字。卜辞是就战争、祭祀、农作等事务问教于鬼神，从中可以找出"其自西来雨？其自东来雨？其自北来雨？其自南来雨？"这样带点歌谣味道的文字，但大部分文字是非常简单的。直到西周末年，一些篇幅较长的钟鼎铭文才出现。

　　原始社会的生产技术和自然风土、信仰浑然一体，没有神圣与世俗、想象与现实、动物与人类、自然与文明、生活与艺术的区分。我们在《尚书》《吕氏春秋》等著作的记载中，还能看到诗、乐、舞蹈三者合一的形态。诗，源于刚才说到的身体、口头的表达，正是文学总的源头。商代的文化蕴含在原始信仰的总体中，巫师承担沟通天地神人的职能，也包括史官的职能。卜辞、铭文、《尚书》、《春秋》、史料、歌谣，这些从商到春秋的文献，基本上是巫师仪式的存留。

到了周朝，崇拜的神更加抽象化，人的行为更有决定意义。所谓的周礼，就是礼乐为标志的文明，政治制度，祭典仪式，伦理规范的等级建立。政治手段和德、仁等道德观渐渐取代了神巫，并被后来的儒家吸收、改造。公元前770年，西周覆灭，王室东迁，史称东周，东周即诸侯争霸的春秋战国时代。王室的文化垄断被打破，各诸侯国出现新的士子阶层。到战国时，王室衰微，礼乐崩坏，各个学派在政治、伦理、文化上的思辨、讨论丰富起来，出现百家争鸣的局面。

其他文明里常有超越现世的长篇史诗神话，中国神话只有些片段零散的文字记录，这或许与中国过早确立人的中心地位有关。现存的神话资料散见于《山海经》《庄子》《楚辞》《穆天子传》《淮南子》《列子》等。成书于战国至汉代的《山海经》，是儒生、方士根据各地神灵传说的汇编，收录神话最多。内容庞杂，包括地理、历史、动植物、矿产等资料。它被看作最早的（一度也是最权威的）地理总集。自汉代起，其正统地位被《禹贡》取代，详见当代学者刘宗迪的论述。

当语言架构出原始状态的信仰，就形成神话。他们在后世文献中出现时，往往被编者根据当时的时空观、史观进行了重新解读。尤其是儒家占据主流之后，孔子的"不语怪力乱神"对神话的流传有极大的负面作用。神话的另外一条主脉是被道家的思想收编，成为汉代之后的仙话中人长生不老、修行成仙的故事。

文学作品选录：

《左传·季梁谏追楚师》（节选）
夫民，神之主也，是以圣王先成民，而后致力于神。

《礼记·礼运》（节选）

故人者，其天地之德，阴阳之交，鬼神之会，五行之秀气也。

《山海经》（节选）

夸父与日逐走，入日；渴，欲得饮，饮于河、渭；河、渭不足，北饮大泽。未至，道渴而死。弃其杖，化为邓林。

（邓林即桃林。《山海经》是现存最早的地理书，记载上古时的地理风土，成书于战国时代。）

《淮南子·览冥训》（节选）

往古之时，四极废，九州裂，天不兼覆，地不周载。火爁焱而不灭，水浩洋而不息。猛兽食颛民，鸷鸟攫老弱。于是，女娲炼五色石以补苍天，断鳌足以立四极，杀黑龙以济冀州，积芦灰以止淫水。苍天补，四极正；淫水涸，冀州平；狡虫死，颛民生。

（爁焱：lǎn yàn，大火延烧的样子；颛民：指善良的人民。《淮南子》是西汉淮南王刘安及其门客编撰的著作，思想接近道家及更原始的神秘信仰，有大量神鬼灵异的记录。）

《尚书孔氏传》（节选）

帝命羲、和，世掌天、地、四时之官，使人、神不扰，各得其序，是谓绝地天通。

（此书系魏晋人伪造的《尚书》，绝地天通是指上古统治者对人神沟通的垄断，可参考余英时的论述。）

《尚书·尧典》（节选）

帝曰：夔！命汝典乐，教胄子，直而温，宽而栗，刚而无虐，简而无傲。诗言志，歌永言，声依永，律和声。八音克谐，无相夺伦，神人以和。夔曰：於！予击石拊石，百兽率舞。

（试译：舜说：夔！我任命你做典乐之官，用音乐耐心地教导年轻人，使他们具备这样的人格：正直温和，宽厚坚强，刚直却不暴虐，大度而不傲慢。用诗表达情感，用歌声唱出诗篇，声音要合乎吟唱的音律，音律要谐和五声。八音［金、石、丝、竹、匏、土、革、木］调和，相互的秩序不乱，以此达到人与神的和谐。夔说：好啊！我按照这样的方式敲击石奏出的音乐，能使飞禽走兽都随着音乐而舞。）

《尚书·舜典》（节选）

诗言志。

（志应为有感情基础的愿望，而非意志。）

《周易》履卦卦辞（节选）

履虎尾，不咥人，亨。

二、《诗经》

《诗经》是我国最早的诗歌总集，收录周朝初年到春秋中叶五百多年间的作品，成书大约在公元前6世纪。据说它们是官方在民间广泛采集整理诗的结集，也有部分为官方仪式歌舞的创作，是口传转向书写阶段的产物。诗当时都是乐歌，分风、雅、颂三类，古乐失传，它们的音乐特色无从了解。颂是宗庙祭祀乐歌，雅多为贵族创作的宫廷颂词。风是音乐曲调，国风是各地乐调。《国风》情感朴素流露，被认为是普通民众的声音。情爱、劳作、政治讽刺与抗议都在其中。汉代之后，《国风》地位越来越高。今本《诗经》，传说出自公元前2世纪的毛亨，就是所谓的毛诗。另外还有三家——鲁诗、齐诗、韩诗，均已失传，仅剩《韩诗外传》。毛诗从东汉起成为权威版本。孔子整理过《诗经》，而汉儒将它的阐释体系完成，赋予它浓厚的教化意味。我们今天接触到的许多上古文献、思想，都经过秦汉王朝文化人的整合改造。

赋比兴是后人从作品中归纳出的创作手法，它们也成为古诗的创作纲领。赋即铺陈，把感情有关的事物直接表达。比是从主题之外的事物说起,以彼比此,二者之间,经过理智的经营,发生了关联。兴是直面事物,触发感情,感情未经过反省,或只经过最低限度的反省,只含有最低限度的理智。(徐复观语)《文心雕龙》里说,比者附也,兴者起也。附理者切类以指事。起情者依微以拟义。说的就是比中有理,而兴是直接的,由具体和微妙之处所引起。六朝人陆机说"诗缘情而绮靡",也是在说,中国诗学中诗的情感跟具体事物密切相关,主客交汇之中显出神妙。拿西方的抒情诗理论套用在中国古诗上,非常狭隘,真正的探究还要回到赋比兴这里。《诗经》句式四言为主,杂有二言至八言,重章叠句,双声叠韵,造成一种庄重舒缓,便于咏唱的效果。

《毛诗大序》

诗者,志之所之也,在心为志,发言为诗。情动于中而行于言,言之不足,故嗟叹之,嗟叹之不足故永歌之,永歌之不足,不知手之舞之,足之蹈之也。

《诗经·国风·周南·关雎》

关关雎鸠,在河之洲。窈窕淑女,君子好逑。参差荇菜,左右流之。窈窕淑女,寤寐求之。求之不得,寤寐思服。悠哉悠哉,辗转反侧。参差荇菜,左右采之。窈窕淑女,琴瑟友之。参差荇菜,左右芼之。窈窕淑女,钟鼓乐之。

(逑:匹配;荇菜:水生植物;芼:择取。)

三、《楚辞》

《诗经》之后三百多年,战国末期,长江、汉水流域的楚地流行着新的诗体,西汉末年,刘向把它们整理成《楚辞》。《诗》到《楚辞》这几百年间,已有大量新的语言文化成果出现,《楚辞》吸收了例如战国纵横家散文的铺陈跌宕，韵散交杂，跟工整的四字《诗经》对比鲜明。同时，楚国虽传袭周的礼制，但地理风土、文化习俗与中原大不相同。山川河流之间，百草丰饶，原始的巫神文化栖身其中。这里奇诡的祭祀和民歌，让它的底蕴跟北方殊异。这种诗歌气质的南北差异，在之后的中国文学中也一直有着延续。与其说《楚辞》开创浪漫幻想的传统，不如说它更多保留了上古的神性。

《楚辞》中主要是屈原、宋玉等人的作品。《诗经》的作者还是一个集体，而《楚辞》已经高度文人作者化，屈原开创了中国诗人形象之先，这形象背后，被后人追加上一个"发愤以抒情"的写作原动力。司马迁评价他：其志洁，故其称物芳。其行廉，故死而不容自疏。濯淖污泥之中，蝉蜕于浊秽，以浮游尘埃之外，不获世之滋垢，皭然泥而不滓者也。推此志也，虽与日月争光可也。这般生命境界，也成为中国诗人不断宣扬的楷模。屈原的《离骚》有三百多句，两千四百多字，篇幅盛大，且隔句换韵，每四句换韵，极精细考究。这种文字对应巫术仪式的阶段，出神恍惚的描写联通着巫师萨满的体验。所以，屈原的精神深度，绝不能用宋明或者今天对诗人角色的认知来度量。《离骚》中香草美人的意象也不能仅仅用大一统专制时代的政治伦理来比附。《九歌》则是保留民间祭歌的风貌较多，屈原只是改定。《山鬼》记录着一位自然之灵的情感运行，尤其动人。《九章》组诗中的《天问》是一首奇特的作品，诗中连续提出一百七十二个问题，从天地形成到现实的政治。诗人的上下求索，是感应到上古时代已全面崩溃后的激烈反应。

宋玉是更年轻的作者，《史记》上说，后来这些人都没有屈原的反抗精神。宋玉体现文人的"小我"，《九辩》对秋景的表现，开创无数后世文人钟爱的"悲秋"主题。《诗经》的语言比较古老，《楚辞》对后世诗人作者创作的影响更直接。

文学作品选录：

《楚辞·九歌·山鬼》（节选）

若有人兮山之阿，被薜荔兮带女萝。既含睇兮又宜笑，子慕予兮善窈窕。乘赤豹兮从文狸，辛夷车兮结桂旗。被石兰兮带杜衡，折芳馨兮遗所思。余处幽篁兮终不见天，路险难兮独后来。表独立兮山之上，云容容兮而在下。杳冥冥兮羌昼晦，东风飘兮神灵雨。留灵修兮憺忘归，岁既晏兮孰华予？采三秀兮於山间，石磊磊兮葛蔓蔓。怨公子兮怅忘归，君思我兮不得闲。山中人兮芳杜若，饮石泉兮荫松柏。君思我兮然疑作。雷填填兮雨冥冥，猿啾啾兮狖夜鸣。风飒飒兮木萧萧，思公子兮徒离忧。

（女萝：地衣类隐花植物，又名松萝。含睇：dì，含情微视。睇：微盼，《说文》："目小视也，南楚谓眄曰睇。"赤豹：毛色红褐的豹。被石兰：即用石兰做车盖。幽篁：huáng，幽暗的竹林。容容：通"溶溶"，水流貌，这里形容云气浮动的样子。杳：yǎo，深远。留灵修：即为灵修而留。灵修：指山鬼思念的人。三秀：灵芝草，灵一年三次开花，故称"三秀"。公子：亦指山鬼思念的人。饮石泉：饮山石间的泉水，这里是说饮食的芳洁。然疑作：即半信半疑。然：是，相信。疑：怀疑。作：起。狖：yòu，黑色长尾猿。离忧：遭受忧伤。离：通"罹"，遭受。）

《楚辞·天问》（节选）

曰：遂古之初，谁传道之？上下未形，何由考之？冥昭瞢暗，谁能极之？冯翼惟象，何以识之？明明暗暗，惟时何为？阴阳三合，何本何化？……武发杀殷，何所悒？载尸集战，何所急？伯林雉经，维其何故？

（瞢暗：méng gàn，昼夜不分，混沌未明；冯翼：广大透明的虚空；像：表像、存在。）

《九辩》（节选）宋玉

悲哉，秋之为气也！萧瑟兮草木摇落而变衰。憭栗兮若在远行，登山临水兮送将归。汔寥兮天高而气清，寂寥兮收潦而水清。

（憭栗：凄凉；汔寥：旷荡空虚的样子。）

四、史传散文源头

散文源头从甲骨卜辞、商代铜器铭文开始。《尚书》作为商周史官记录的汇编，其中的《盘庚》是可靠的商代作品，被称为记言文之祖。《尚书》文字古奥晦涩，但当时应该是口语的书写。春秋时，经孔子编订《春秋》是鲁国编年史（前722年～前481年），按时间排列历史时间，保持史官的体例。例如，庄公八年冬，十有一月癸未，齐无知弑其君诸儿。杀罪人为诛，下杀上为弑。所谓一字褒贬。这种叙事中体现伦理道义之审判的做法，被后来史传作者继承。

《左传》记事时间和春秋重合，一般认为成书于战国早期。它不再是庄重的官方规格，内容变得丰富、生动，大量戏剧性情节出现，以对话、行动体现人物个性。钱锺书说过，史书中有很多东西是生无旁证，死无对证。史家要追叙真人实事，每每需要遥体人情，悬想世事，设身居中，潜心腔内。史家要有和小说家一样的用心。《左传》虽是记言，实际上是用拟言跟代言的方式来书写。

战国初还有各国史料汇编的《国语》。还有《战国策》，记录东周到秦灭六国时的历史，但主要是谋臣策士的主张策略，反映"士"阶层崛起。其文风铺张凌厉，是纵横家思想，政治修辞游说之术激荡的成果，记事记言的忠实性被大量的虚构置换。后来小说的许多技巧，在这些史传散文中已经具备。该书是汉代刘向编订，有的文章作者应该是秦汉时人。今天看到的许多先秦经典都是经过汉代整理的面貌,内容往往被整理者的思想渗透。秦汉的政论、辞赋跟《战国策》的风格多有相通。

文学作品选录:

《尚书·盘庚》(节选)

若网在纲,有条而不紊;若农服田,力穑乃亦有秋。汝克黜乃心,施实德于民,至于婚友,丕乃敢大言汝有积德。乃不畏戎毒于远迩,惰农自安,不昏作劳,不服田亩,越其罔有黍稷。

(有条不紊,今天还在作为成语沿用。)

《左传·曹刿论战》(节选)

公与之乘。战于长勺。公将鼓之,刿曰:"未可。"齐人三鼓,刿曰:"可矣。"齐师败绩。公将驰之,刿曰:"未可。"下视其辙,登轼而望之,曰:"可矣。"遂逐齐师。

既克,公问其故。对曰:"夫战,勇气也。一鼓作气,再而衰,三而竭。彼竭我盈,故克之。夫大国难测也,惧有伏焉。吾视其辙乱,望其旗靡,故逐之。"

《战国策·唐雎不辱使命》(节选)

秦王怫然怒,谓唐雎曰:"公亦尝闻天子之怒乎?"唐雎对曰:"臣未尝闻也。"秦王曰:"天子之怒,伏尸百万,流血千里。"唐雎曰:"大王尝闻布衣之怒乎?"秦王曰:"布衣之怒,亦免冠徒跣,以头抢地耳。"唐雎曰:"此庸夫之怒也,非士之怒也。夫专诸之刺王僚也,彗星袭月;聂政之刺韩傀也,白虹贯日;要离之刺庆忌也,仓鹰击于殿上。此三子者,皆布衣之士也,怀怒未发,休祲降于天,与臣而将四矣。若士必怒,伏尸二人,流血五步,天下缟素,今日是也。"挺剑而起。

秦王色挠,长跪而谢之曰:"先生坐!何至于此!寡人谕矣。夫韩、魏灭亡，而安陵以五十里之地存者，徒以有先生也。"

（作为史实不可信，更像故事创作。）

五、诸子散文

先秦诗乐舞一体，同时也没有现代文史哲的划分。诸子百家的论说是伦理政治的思考结晶，也是源头时期文学的重要基础，它们对后世散文的影响是决定性的。尤其儒家道家的思想言论，影响中国文化太深。儒家代表是孔子，《论语》记录他和弟子的言行，短小简约，是先秦诸子说理文的朴素形态。道家的《老子》以韵文为主，相对浑朴、抽象、神秘。孔子在礼法崩坏的时代要建设人世的伦理，而《老子》是从之前的神王时代出发，直至追溯生命的本源。

墨家学派的《墨子》发扬语录体，论述更为集中、专门。墨家是严格纪律的民间组织，否定音乐，崇尚质朴之风。而《孟子》由孟子本人和门徒完成，继承孔子仁义思想，语言上精炼晓畅，雄辩有气势，尽显思想家人格魅力。古代社会的标准书面语，从《孟子》这里成熟。孟子说，我善养浩然之气，后来讨论文风和个人才情的"文气"说就是从这里来。《荀子》是集合诸家的学说，也是精于论辩，其中的赋篇，可看作后来汉赋文类的来源。荀子的赋，多是问答体，前半部分设问，后半部分解答。赋篇里分别写礼、智、云、蚕、针五物，是后来咏物题材的肇端。

庄子传说是战国宋国人。《庄子》是先秦最为独特，复杂，不可思议的一本书。它的美丽和深邃是千百年来说不尽的。它是诸子里面保留神话内容最多的一本书，有将它和《离骚》并称"庄骚"的说法，但庄子又跳出了《楚辞》的地方巫神体系，时常是只身超越现世，神游世界，领悟大道。他的语言是诗、信仰、生命感知的诸多法相。论说时有理的辩难，更是境的笼罩。说到中国艺术精神的奇妙，难以捉摸，说到它的可以倾听，可以感知和捕捉，都要从《庄子》开始。

另外，寓言故事在诸子百家著作里常见，但这个词最早出现在《庄子》中，庄子说"寓言十九借外论之"，王先谦注解庄子时定义寓言是"言在此而意在彼"（言的前提是完整的故事）。寓言也只有在《庄子》中运用到极致，时而在人间，时而越过所有边界，进入灵境秘境。要明了中西方寓言的区别，须读《庄子》。

荀子的性恶论开启了法家治国思想，他的弟子韩非子将这些思想体系化，对秦朝及后世统治者影响极大。《韩非子》中一系列长篇大论，同时自觉使用大量现实题材的寓言，化道理为平实的具体，加强说服力。

清朝章学诚说：周衰文弊，文艺道息，而诸子争鸣。盖至战国而文章之变尽，至战国而著述之事专，至战国而后世之文体备。

文学作品选录：

《老子》（节选）

道可道，非常道。名可名，非常名。无名天地之始。有名万物之母。故常无欲，以观其妙。常有欲，以观其徼。此两者，同出而异名，同谓之玄。玄之又玄，众妙之门。

《论语·子罕》（节选）

子在川上曰：逝者如斯夫，不舍昼夜。

《孟子·公孙丑下》第一章

天时不如地利，地利不如人和。三里之城，七里之郭，环而攻之而不胜。夫环而攻之，必有得天时者矣，然而不胜者，是天时不如地利也。城非不高也，池非不深也，兵革非不坚利也，米粟非不多也，委而去之，是地利不如人和也。故曰，域民不以封疆之界，固国不以山溪之险，威天下不以兵革之利。得道者多助，失道者寡助。寡助之至，亲戚畔之。多助之至，天下顺之。以天下之所顺，攻亲戚之所畔,故君子有不战,战必胜矣。

《孟子·离娄下》第三十三章

齐人有一妻一妾而处室者,其良人出,则必餍酒肉而后反。其妻问所与饮食者,则尽富贵也。其妻告其妾曰:"良人出,则必餍酒肉而后反。问其与饮食者,尽富贵也,而未尝有显者来。吾将瞷良人之所之也。"

蚤起,施从良人之所之,遍国中无与立谈者。卒之东郭墦间,之祭者,乞其余;不足,又顾而之他——此其为餍足之道也。

其妻归,告其妾曰:"良人者,所仰望而终身也,今若此!"与其妾讪其良人,而相泣于中庭,而良人未之知也,施施从外来,骄其妻妾。

由君子观之,则人之所以求富贵利达者,其妻妾不羞也,而不相泣者,几希矣!

(瞷:jiàn,窥探。)

《庄子·天地》(节选)

黄帝游乎赤水之北,登乎昆仑之丘而南望。还归,遗其玄珠。使知索之而不得,使离朱索之而不得,使吃诟索之而不得也。乃使象罔,象罔得之。黄帝曰:"异哉,象罔乃可以得之乎?"

(象罔:有无心、无行迹的意思,也被解读为有形和无形的结合,虚和实的结合。)

《荀子·赋》(节选)

有物于此,㒒㒒兮其状,屡化如神,功被天下,为万世文。礼乐以成,贵贱以分。养老长幼,待之而后存。名号不美,与暴为邻。功立而身废,事成而家败,弃其耆老,收其后世。人属所利,飞鸟所害。臣愚而不识,请占之五泰。五泰占之曰:此夫身女好而头马首者与?屡化而不寿者与?善壮而拙老者与?有父母而无牝牡者与?冬伏而夏游,食桑而吐丝,前乱而后治。夏生而恶暑,喜湿而恶雨。蛹以为母,蛾以为父。三俯三起,事乃大已。夫是之谓蚕理。

《韩非子·外储说左上》(节选)

郑人有欲买履者,先自度其足,而置之其坐。至之市,而忘操之。已得履,乃曰:"吾忘持度。"反归取之。及反,市罢,遂不得履。人曰:"何不试之以足?"曰:"宁信度,无自信也。"

(先自度其足,而置之其坐:先自己量了下脚的尺寸,然后把量得的脚样放到座位上。宁信度,无自信也:宁可相信度量出来的结果,不相信自己的足。)

六、秦汉文学

公元前221年,秦始皇统一中国,建立中央集权国家,传说他焚书坑儒,灭绝文化,但迄今没有令人信服的史料。可以肯定的是秦政暴虐,王朝短命,流传下的文学不多,但是从政治体制、文化秩序上为汉代做了充足准备。《吕氏春秋》成书于秦统一之前,是诸子思想的汇编,书中以道家出发,调和各派的思想,天人感应和阴阳五行的学说,对于汉代文化影响很大。

在汉代,儒家帮助建立帝国秩序,作了大量先秦上古的典籍著作的整理。著作者为文儒,说经者为侍儒。好像有了一点文学和非文学的区别意识,但更多是相互不分。他们将《周易》《尚书》《诗经》《礼记》《春秋》列为五经,研习、模仿古人是主要的风气。汉武帝时采取董仲舒"罢黜百家,独尊儒术"的倡议,讲儒学结合神秘思想,使之更实用化。围绕王族,服务官方的文士集团开始形成,这是中国最早的文人群体。专制政权让文人创作从此成为中国文学主流,遗毒无尽。大一统政权也让官方学校教育发展,京城成为文化中心,全国普及的文体出现。造纸术的发展,也是文学作品流传变广的原因之一。

同时，汉代又承接楚文化，解说诵读《楚辞》的风气很盛。诵读的形式也加强了它对听觉、音乐性的要求。还有记载说，汉宣帝时，王褒诵读文章作品，为太子治病。文字诵读的力量，修习宗教的信众不会陌生，文字的巫术特质从来是生生不息的，汉初枚乘的《七发》赋正是对此的绝佳展示。而它在语言和体例上的进展，正式标志着汉赋形式的成熟。赋吸收了《楚辞》和战国散文，有铺陈也有献纳之意，正所谓保留原始巫术形式感，精神层面却是专制君臣的交互。赋最能显现汉朝的时代精神。西汉赋体作家最重要的是司马相如和扬雄。鲁迅说："盖汉兴好楚声，武帝左右亲信，如朱买臣等，多以楚辞进，而相如独变其体，益以玮奇之意，饰以绮丽之辞，句之短长，亦不拘成法，与当时甚不同。"（《汉文学史纲要》）东汉时期，赋的创作渐渐理胜于情，班固和张衡是当时的赋体大家。纪实题材的述行赋，以及灵活短小、切近个人的抒情小赋也在东汉出现。尤其是王朝末期的政治黑暗，改变着赋体的情感基调。

辞赋为散文的技巧做了很多的开拓，到魏晋时，精致的骈文形成。

被鲁迅称为"史家之绝唱，无韵之离骚"的《史记》，是西汉文学方面的大成就。作者司马迁出身史官世家，因为李陵案惨遭宫刑，经历磨难后，他修正了自己的史学观，摆脱官修史书的桎梏。《史记》的威严使命中，增添了刻骨的心灵深度。这是首部个人完成的体系性著作，体量在当时是空前的。他是将洗练的史家精神转化进语言的杰出者，多用单行奇字。《史记》口语和判词转换灵活，绝无晦涩和矫饰，后来的古文家都以《史记》为典范。它的人物情节，叙事手法，也被之后许多小说戏剧所吸收。《史记》后无来者，东汉的《汉书》就已回归保守。

五言诗在汉代出现，开始是楚歌的附属。秦汉的官方音乐机构叫乐府，采民歌和文人作品入乐，前者叫乐府民歌，后者叫乐府歌辞。配乐所演唱的歌词叫做"歌诗"。（魏晋六朝用旧乐府题写作，无论合乐与否，一律称乐府，唐朝仿照乐府特点的创作也称乐府。宋元乐府又成了词曲的别称。）

乐府民歌来自民间的实践，是文人诗的源泉。五言诗就这样发端于西汉，成熟在东汉。四言平稳，多出一个字后，词语关系的组合、节拍的变化以及情感的容积大大增加。汉代乐府中有一首《孔雀东南飞》，是唐朝之前篇幅最长的叙事诗。故事的时代背景是东汉，但许多人怀疑它成形于汉代之后。东汉出现班固、张衡等文人创作的五言，以及完整的七言，但最高成就当属《古诗十九首》，沈德潜说，"古诗十九首，不必一人之词，一时之作。大率逐臣弃妻，朋友阔绝，游子他乡，死生新故之感。"这是《诗经》精神在新语言中的再造。沈还说它们："清和平远，不必奇辟之思，惊险之句，而汉京诸古诗皆在其下。五言中方圆之至。"当时的诗歌还在一个作品整体的观念中，有意识创作佳句，摘引佳句是魏晋之后才有的现象。

刘师培说，文章各体，至东汉而大备。他的结论是围绕与后世创作形式的关联。

文学作品选录：

《七发》（节选）枚乘

太子曰："善，然则涛何气哉？"

答曰："不记也，然闻于师曰，似神而非者三：疾雷闻百里；江水逆流，海水上潮；山出云内，日夜不止。衍溢漂疾，波涌而涛起。其始起也，洪淋淋焉，若白鹭之下翔。其少进也，浩浩溰溰，如素车白马帷盖之张。其波涌而云乱，扰扰焉如三军之腾装。其旁作而奔起也，飘飘焉如轻车之勒兵。六驾蛟龙，附从太白。纯驰皓蜕，前后络绎。颙颙卬卬，椐椐彊彊，莘莘将将。壁垒重坚，杳杂似军行。訇隐匈礚，轧盘涌裔，原不可当。观其两旁。则滂渤怫郁，闇漠感突，上击下律，有似勇壮之卒，突怒而无畏。蹈壁冲津，穷曲随隈，逾岸出追。遇者死，当者坏。初发乎或围之津涯，荄轸谷分。回翔青篾，衔枚檀桓。弭节伍子之山,通厉骨母之场,凌赤岸,篲扶桑,横奔似雷行。诚奋厥武,如振如怒。沌沌浑浑,状如奔马。混混庉庉,声如雷鼓。发怒庢沓,清升踰跇,侯波奋振,合战于藉藉之口。鸟不及飞,鱼不及回,兽不及走。纷纷翼翼,波涌云乱,荡取南山,背击北岸。覆亏丘陵,平夷西畔。险险戏戏,崩坏陂池,决胜乃罢。瀄汨潺湲,披扬流洒。横暴之极,鱼鳖失势,颠倒偃侧,沈沈湲湲,蒲伏连延。神物怪疑,不可胜言,直使人踣焉,洄闇凄怆焉。此天下怪异诡观也,太子能强起观之乎?"太子曰:"仆病,未能也。"

客曰:"将为太子奏方术之士有资略者,若庄周、魏牟、杨朱、墨濯、便蜎、詹何之伦,使之论天下之精微,理万物之是非;孔、老览观,孟子筹之,万不失一。此亦天下要言妙道也,太子岂欲闻之乎?"

于是太子据几而起,曰:"涣乎若一听圣人辩士之言。"涊然汗出,霍然病已。

《报任安书》(节选)司马迁

亦欲以究天人之际,通古今之变,成一家之言。

(这篇书信体文章开启了一个强烈抒发个人情感,表达人生志向的写作传统。"今"的背景一是指历法的节点,司马迁参与修订太初历,确立以建寅为岁首,也就是沿用至今的春节。二是指董仲舒罢黜百家,独尊儒术,即文化转变的节点。参张文江《太史公自序》讲记。)

《史记·项羽本纪》(节选)司马迁

沛公旦日从百余骑来见项王,至鸿门,谢曰:"臣与将军勠力而攻秦,将军战河北,臣战河南,然不自意能先入关破秦,得复见将军于此。今者有小人之言,令将军与臣有郤。"项王曰:"此沛公左司马曹无伤言之;不然,籍何以至此?"项王即日因留沛公与饮。项王、项伯东向坐,亚父南向坐——亚父者,范增也。沛公北向坐,张良西向侍。范增数目项王，举所佩玉玦以示之者三，项王默然不应。范增起，出，召项庄，谓曰："君王为人不忍。若入前为寿，寿毕，请以剑舞，因击沛公于坐，杀之。不者，若属皆且为所虏。"庄则入为寿。寿毕，曰："君王与沛公饮，军中无以为乐，请以剑舞。"项王曰："诺。"项庄拔剑起舞，项伯亦拔剑起舞，常以身翼蔽沛公，庄不得击。

（旦日：第二天；勠：联合；郤：矛盾；数：shuò，多次。郭嵩焘说鸿门宴这一节"自是史公《项羽本纪》中聚精会神，极得意文字"。）

《四愁诗》（节选）张衡

我所思兮在太山。欲往从之梁父艰，侧身东望涕沾翰。美人赠我金错刀，何以报之英琼瑶。路远莫致倚逍遥，何为怀忧心烦劳。

（这是年代较早的一首七言诗。每句采用上四字一节、下三字更为一节的形式，句中又几乎不用"兮"字作语助，在现存的创作年代确切可信的范围里，本诗是最早的一首。）

《十五从军征》佚名

十五从军征，八十始得归。道逢乡里人：家中有阿谁？遥看是君家，松柏冢累累。兔从狗窦入，雉从梁上飞。中庭生旅谷，井上生旅葵。舂谷持作饭，采葵持作羹。羹饭一时熟，不知贻阿谁！出门东向看，泪落沾我衣。

（汉代诗，宋代《乐府诗集》中属《横吹曲辞梁鼓角横吹曲》。）

《古诗十九首》（节选）

回车驾言迈，悠悠涉长道。四顾何茫茫，东风摇百草。所遇无故物，焉得不速老？盛衰各有时，立身苦不早。人生非金石，岂能长寿考？奄忽随物化，荣名以为宝。

（回：转；驾：象声词；言：语助词；迈：远行，一说喻声音悠长。）

第二章　魏晋南北朝至明清文学

一、魏晋南北朝文学

魏晋南北朝是乱世，分裂时间最长，政权更迭最频繁。战乱、饥荒和人口大规模迁徙现象一再出现。阴森的皇家儒学秩序瓦解，儒道佛的思想并举，互相改造，外来文化和中原的文化交流空前，反叛和异端的潮流涌现，文学的营养就在大一统专制的崩解之中。

文学在汉代开始专门化，到魏晋南北朝加速了这一进程，从文经联通的体系中分离。文士们看重文学跟生命体验的结合。文学和文体的自觉是一体的两面，就在当时发生。建安时代，文人创作诗歌的第一个高潮出现，其中的骨干曹丕将文体分为四科，并把文章写作抬高到与经书同等的地位。到了西晋，陆机的《文赋》里，列出的文体已有十类，六朝文学批评由他发端。而刘勰的《文心雕龙》，更有整体的纵深。前文提过，人物的品评，人生的艺术化思潮，有力促进了这种自觉。

章太炎说，文章大体备于七国，若其细碎，则在六朝。

魏晋兴起的玄学是以道家思想为基底的变化，并将佛学、儒家结合进去，引导人超脱实际政治，进行抽象思辨。其中崇尚自然和真的主题，是对人和文学的引导。这思考也促进了语言的积极进化。陶渊明、嵇康、阮籍是文学家，同时也是玄学家。政治斗争和战乱让文学的基调变得有悲剧色彩，太多的文人名士在这个年代惨遭杀害，生死、游仙、隐逸成为重要的主题。药和酒成为接引人和命运、超越自然世界的重要工具。（可参考鲁迅《魏晋风度及文章与药及酒之关系》，《而已集》，人民文学出版社）魏晋风流出现，这是新的人格之美，也是药酒文化熏染中的身体变化。隐逸主题源头在庄骚，魏晋时因为陶渊明的创作，让它登峰造极。

皇族和豪门望族共同治理国家，使平民阶层几乎失去任何入仕的机会。文学、文化上的资源又主要被皇室和贵族的集团所垄断，并代际传承，贵族和庶民的对立在文学中也有反映。左思、鲍照等人的诗歌就很能体现寒士的不满和傲气。同时，文人集团大部分都是贵族，相对于司马相如那种文学仆人，他们的人格、个性更为独立。

佛教东传是影响中国文化的最重大事件之一。佛教起源印度，东汉末年至南北朝，僧人陆续到汉地传法，经书大量翻译成中文。这一时期出现了鸠摩罗什、竺法护、支谦、法显等著名的翻译家，以鸠摩罗什及其领导的学派尤其成就显著，《维摩诘经》《华严经》可看作译经语言成就的典范。这是思想的传输和交流，也是中国语言遭遇印度智慧，焕发新气象的重大转机。南北朝大量帝王皇族扶植佛教，许多文人名士也投身佛法的研究。佛教带来新的时空观（例如前世、今世、来世的三世说，因果轮回，三界五道的观念等），这对只看重此生的中国传统思想，冲击太大。佛经中的大量故事，也对中国文学的故事性有了启发增强，同时渗透进深层的土壤，改换民间朴素信仰的形态。（可参考金克木《怎样读汉译佛典》，三联书店，2017年出版）

翻译直接导致大量新词的出现（如境界、因缘），还有音韵学的变革。翻译中对照梵语的拼音法，就可以进而分析汉语的声音结构，划分出声母韵母，反切就诞生了。反切的准确性离不开声调的区分，四声也因此被提出来。同时，诗乐分离从此成为诗坛主流，离开音乐单独成立的就叫徒诗。文字本身的音律需要独立关照，格律的建立于是成为当务之急。南朝时代，沈约、谢朓等人做了大量工作。对文字内部的发掘精细之后，诗歌的表现能力大大上升，外观体现为灵活工整的对仗。

这一时期的文章类型比汉朝丰富很多，跟诗歌同流的骈偶手段大量使用，大赋走向没落，抒情小赋完全占据主导。此外，书信、地理志的成就较高。

中国小说的源头在神话、寓言和史传叙事中，魏晋南北朝出现志怪和志人小说，篇幅都很短小。志怪讲述法术、奇幻灵异。秦汉以来的方术，东汉晚期整合道家、本土民间信仰的道教和新传的佛教是它的材料来源。志人小说从人物品评和清谈的传统而来，内容有野史、笑话、人物轶事。《笑林》开俳谐文字先河，《西京杂记》是野史代表，人物类以《世说新语》最杰出。鲁迅说《世说新语》"记言则玄远冷隽，记行则高简瑰奇"。

文学作品选录：

《短歌行·其一》曹操

对酒当歌，人生几何！譬如朝露，去日苦多。慨当以慷，忧思难忘。何以解忧？惟有杜康。青青子衿，悠悠我心。但为君故，沉吟至今。呦呦鹿鸣，食野之苹。我有嘉宾，鼓瑟吹笙。明明如月，何时可掇？忧从中来，不可断绝。越陌度阡，枉用相存。契阔谈䜩，心念旧恩。月明星稀，乌鹊南飞。绕树三匝，何枝可依？山不厌高，海不厌深。周公吐哺，天下归心。

《燕歌行·其一》曹丕

秋风萧瑟天气凉，草木摇落露为霜，群燕辞归雁南翔。念君客游思断肠，慊慊思归恋故乡，君何淹留寄他方？贱妾茕茕守空房，忧来思君不敢忘，不觉泪下沾衣裳。援琴鸣弦发清商，短歌微吟不能长。明月皎皎照我床，星汉西流夜未央。牵牛织女遥相望，尔独何辜限河梁。

（七言诗从这里走向成熟，对后代歌行体影响重大。）

《咏怀八十二首·其一》阮籍

夜中不能寐，起坐弹鸣琴。薄帷鉴明月，清风吹我襟。孤鸿号外野，翔鸟鸣北林。徘徊将何见？忧思独伤心。

（钟嵘在《诗品》中评论阮籍：其源出于《小雅》。无雕虫之功。而《咏怀》之作，可以陶性灵，发幽思。言在耳目之内，情寄八荒之表。洋洋乎会于《风》《雅》，使人忘其鄙近，自致远大，颇多感慨之词。厥旨渊放，归趣难求。）

《声无哀乐论》（节选）嵇康

斯义久滞，莫肯拯救，故令历世滥于名实。今蒙启导，将言其一隅焉。夫天地合德，万物贵生，寒暑代往，五行以成。故章为五色，发为五音；音声之作，其犹臭味在于天地之间。其善与不善，虽遭遇浊乱，其体自若而不变也。岂以爱憎易操、哀乐改度哉？

《饮酒·其五》陶渊明

结庐在人境，而无车马喧。问君何能尔？心远地自偏。采菊东篱下，悠然见南山。山气日夕佳，飞鸟相与还。此中有真意，欲辨已忘言。

《咏史八首·其五》左思

皓天舒白日，灵景耀神州。列宅紫宫里，飞宇若云浮。峨峨高门内，蔼蔼皆王侯。自非攀龙客，何为欻来游。被褐出阊阖，高步追许由。振衣千仞冈，濯足万里流。

《维摩诘经》（节选）

维摩诘因以身疾，广为说法："诸仁者！是身无常、无强、无力、无坚、速朽之法，不可信也！为苦、为恼，众病所集，诸仁者！如此身，明智者所不怙；是身如聚沫，不可撮摩；是身如泡，不可久立；是身如焰，从渴爱生；是身如芭蕉，中无有坚；是身如幻，从颠倒起；是身如梦，为虚妄见；是身如影，从业缘现；是身如响，属诸因缘；是身如浮云，须臾变灭；是身如电，念念不住；是身无主，为如地；是身无我，为如火；是身无寿，为如风；是身无人，为如水；是身不实，四大为家；是身为空，离我我所；是身无知，如草木瓦砾；是身无作，风力所转；是身不净，秽恶充满；是身为虚伪，虽假以澡浴衣食，必归磨灭；是身为灾，百一病恼；是身如丘井，为老所逼；是身无定，为要当死；是身如毒蛇、如怨贼、如空聚、阴界诸入所共合成。"

《归去来兮辞》陶渊明

归去来兮，田园将芜胡不归！既自以心为形役，奚惆怅而独悲！悟已往之不谏，知来者之可追。实迷途其未远，觉今是而昨非。舟遥遥以轻飏，风飘飘而吹衣。问征夫以前路，恨晨光之熹微。乃瞻衡宇，载欣载奔。僮仆欢迎，稚子候门。三径就荒，松菊犹存。携幼入室，有酒盈樽。引壶觞以自酌，眄庭柯以怡颜。倚南窗以寄傲，审容膝之易安。园日涉以成趣，门虽设而常关。策扶老以流憩，时矫首而遐观。云无心以出岫，鸟倦飞而知还。景翳翳以将入，抚孤松而盘桓。

归去来兮，请息交以绝游。世与我而相违，复驾言兮焉求！悦亲戚之情话，乐琴书以消忧。农人告余以春及，将有事于西畴。或命巾车，或棹孤舟。既窈窕以寻壑，亦崎岖而经丘。木欣欣以向荣，泉涓涓而始流。善万物之得时，感吾生之行休。

已矣乎！寓形宇内复几时。曷不委心任去留？胡为乎遑遑欲何之？富贵非吾愿，帝乡不可期。怀良辰以孤往，或植杖而耘耔。登东皋以舒啸，临清流而赋诗。聊乘化以归尽，乐夫天命复奚疑！

（本篇堪称田园宣言。欧阳修说，晋无文章，惟陶渊明《归去来兮辞》一篇而已。）

《登池上楼》谢灵运

潜虬媚幽姿，飞鸿响远音。薄霄愧云浮，栖川怍渊沉。进德智所拙，退耕力不任。徇禄反穷海，卧疴对空林。衾枕昧节候，褰开暂窥临。倾耳聆波澜，举目眺岖嵚。初景革绪风，新阳改故阴。池塘生春草，园柳变鸣禽。祁祁伤豳歌，萋萋感楚吟。索居易永久，离群难处心。持操岂独古，无闷征在今。

（栖川：潜龙；怍：惭愧，不安；岖嵚：山险峻的样子。祁祁伤豳歌，萋萋感楚吟：这两句用了《诗经》《楚辞》典故。祁祁，众多的样子。豳歌，指《诗经·豳风·七月》"春日迟迟，采蘩祁祁。女心伤悲，殆及公子同归"这句典故；萋萋，茂盛的样子。楚吟则表明它出自《楚辞·招隐士》"王孙游兮不归，春草生兮凄凄"这句。）

《晚登三山还望京邑》（节选）谢朓

余霞散成绮，澄江静如练。

（李白有诗赞：解道澄江静如练，令人长忆谢玄晖。）

《拟咏怀·其十一》（节选）庾信

楚歌饶恨曲，南风多死声。

（杜甫诗云：庾信生平最萧瑟，暮年诗赋动江关。1936年废名在《中国文章》中说："我读庾信是因为读了杜甫，那时我正是读了英国哈代的小说之后，读庾信文章，觉得中国文字真可以写好些美丽的东西，'草无忘忧之意，花无长乐之心'，'霜随柳白，月逐坟圆'，都令我喜悦。'月逐坟圆'这一句，我直觉地感到中国难得有第二人这么写。）

《西洲曲》

忆梅下西洲，折梅寄江北。单衫杏子红，双鬓鸦雏色。西洲在何处？两桨桥头渡。日暮伯劳飞，风吹乌臼树。树下即门前，门中露翠钿。开门郎不至，出门采红莲。采莲南塘秋，莲花过人头。低头弄莲子，莲子清如水。置莲怀袖中，莲心彻底红。忆郎郎不至，仰首望飞鸿。鸿飞满西洲，望郎上青楼。楼高望不见，尽日栏杆头。栏杆十二曲，垂手明如玉。卷帘天自高，海水摇空绿。海水梦悠悠，君愁我亦愁。南风知我意，吹梦到西洲。

（公认是南朝民歌艺术性最高的一篇。）

《敕勒歌》北朝民歌

敕勒川，阴山下。天似穹庐，笼盖四野。天苍苍，野茫茫。风吹草低见牛羊。

《搜神记》卷十一《三王墓》

楚干将莫邪为楚王作剑，三年乃成。王怒，欲杀之。剑有雌雄。其妻重身当产。夫语妻曰："吾为王作剑，三年乃成。王怒，往必杀我。汝若生子是男，大，告之曰：'出户望南山，松生石上，剑在其背。'"于是即将雌剑往见楚王。王大怒，使相之。剑有二，一雄一雌，雌来雄不来。王怒，即杀之。

莫邪子名赤，比后壮，乃问其母曰："吾父所在？"母曰："汝父为楚王作剑，三年乃成。王怒，杀之。去时嘱我：'语汝子出户望南山，松生石上，剑在其背。'"于是子出户南望，不见有山，但睹堂前松柱下石底之上。即以斧破其背，得剑，日夜思欲报楚王。

王梦见一儿，眉间广尺，言欲报雠。王即购之千金。儿闻之亡去，入山行歌。客有逢者，谓："子年少，何哭之甚悲耶？"曰："吾干将莫邪子也，楚王杀吾父，吾欲报之。"客曰："闻王购子头千金。将子头与剑来，为子报之。"儿曰："幸甚！"即自刎，两手捧头及剑奉之，立僵。客曰："不负子也。"于是尸乃仆。

客持头往见楚王，王大喜。客曰："此乃勇士头也，当于汤镬煮之。"王如其言煮头，三日三夕不烂。头踔出汤中，瞋目大怒。客曰："此儿头不烂，愿王自往临视之，是必烂也。"王即临之。客以剑拟王，王头随堕汤中，客亦自拟己头，头复坠汤中。三首俱烂，不可识别。乃分其汤肉葬之，故通名三王墓。今在汝南北宜春县界。

（鲁迅曾将它改写为《眉间尺》。）

《世说新语·任诞》（节选）刘义庆

王子猷居山阴。夜大雪，眠觉，开室，命酌酒。四望皎然，因起彷徨，咏左思《招隐》诗。忽忆戴安道；时戴在剡，即便夜乘小船就之。经宿方至，造门不前而返。人问其故，王曰："吾本乘兴而行，兴尽而返，何必见戴？"

二、唐朝文学

1.诗歌

隋朝维持不足三十年，之后统一全国的唐朝强大、繁荣。中外文化的交融加速，给唐的文化、文学注入新鲜血气。政权推崇文学，而科举制的推行，官方对于儒释道三家思想的教条化，又对思想的发展形成压制，所以有思发为文，智转入诗的说法。诗成为显赫的文学事业，大批人才投身到诗歌写作之中，这是唐诗繁荣的前提。

唐诗在南朝永明体的基础上把四声二元化，创造了律诗。上官仪提倡"六对""八对"之说，将前人对偶之法加以总结归纳。初唐四杰律诗甚多。沈佺期、宋之问在前人基础上把格式固定下来。杜甫大量的七言律诗杰作，让这一文体从此经典化。短小的绝句出现在南朝，开始流行于唐朝，按字数分五言七言，格律比较宽松，有歌咏的味道，四句即止，"绝"是截断的意思。唐代还有以王梵志、寒山、拾得等僧人为代表的白话诗派，吸取民歌、佛教白话文体，偏口语化的通俗写作，王维等诗人也有类似作品，他们不但影响中国后世，也东传日本，深刻地融进那里的文明。

除了各种文化的交会之外，漫游山河大川，山林中读书静心的风气，以及仕途的命运起落，盛唐由战乱走向衰落的时代转折，都成为培育唐朝大诗人的养分。

唐朝的佛教文字里还出现禅宗语录，是本土佛门弟子整理师父言行的集子。《六祖坛经》是代表。它记录禅宗六祖慧能的事迹和说法，由弟子法海辑录。在佛教思想中国化的过程中，它是承前启后的里程碑。以文学角度看，堪称最早的白话文学，上等小说。到了近代，《六祖坛经》被看作和《论语》等并列的文化经典，之后还有《马祖道一禅师广录》等。语录体的繁荣是在宋代。这些语录仍是模拟口语的书面语，并非还原的直录。

李白、杜甫是盛唐诗人的代表，千年后还成为中国古代文学的代表，家喻户晓。李白被称作"诗仙"，受胡人文化和道家思想洗礼，是魏晋以来文人精神风采的巅峰。他最终成为中国天才诗人形象的化身。杜甫后来被尊为"诗圣"，他的人生坎坷多难，经历过贫困、战乱。现世传统的文化人格在杜诗中被彻底深刻化。而杜甫作品中直面现实的视野，惊人的细节，叙事力的极限，也为他赢得"诗史"的称号。他对形式也进行了严肃的探究，对律诗的改造最见功力。论对后世诗人创作和士大夫人格的实质影响，杜甫胜于李白。

中唐最异类的诗人是李贺，他是早夭的天才，后来有"诗鬼"之号。李贺吸取《楚辞》灵气，却早早地颓废、幻灭、凄凉，其生命尺度突破了儒家把持的文艺规格，体会到现代社会绝境的读者会觉得格外亲近。晚唐的第一诗人是李商隐，他在精神内在中实现的语言高度，正如杜甫面对苍生山河时所达到的。

此外，王维是山水田园诗的大家，韩愈、孟郊的韩孟诗派是中唐诗风转向怪奇的关键人物，白居易、元稹代表的元白诗派承接民歌传统，崇尚写实易懂、世俗化。白居易的长篇叙事诗也跟传奇小说的发展息息相关。

2. 散文小说

安史之乱终结了文化开放,唐朝的活力尽失大半。中唐出现回归儒经的复古运动,其中心人物是韩愈。在散文方面他主张学习古文,奉《孟子》《史记》为典范;应用文体和诗赋文学融进一炉,荡涤骈文的浮华,置换古文中的晦涩为平实,学其言,弃其辞;强调文章对现实的关注。柳宗元与他齐名,比他多一些自然意趣的作品。他们和宋代的苏轼、苏洵、苏辙、王安石、曾巩、欧阳修八位合称唐宋八大家,之后谈到古文,常以这八位为宗。

传奇小说始于中唐,在韩愈的文体改革的推行中浮出。它们和六朝志怪的记录不同,而是有意地进行空想创作,不对其真实性负责,这跟佛教思想的浸淫有关。用后世虚构小说的角度看,传奇是古代小说的始祖。当时玄奘等人将大量佛经翻译到中国,传奇中许多故事就直接源自佛教。

此外还有1900年敦煌藏经洞的发现,敦煌遗书中有大量六朝以来的讲经文和变文。讲经文是底本,将佛教教义、故事通俗化地写成说唱体,僧人对大众表演,就是俗讲。变文也为说唱艺人服务,韵散文夹杂,多配以图画,后来的绘图本小说由此而来。变文有佛教内容,还有历史和民间传说,是宋元说唱和戏曲的先驱。日本平安时代的物语文学,也受惠于变文的输入。

唐代经济发达,城市的市井生活孕育了词,词是最初配合歌唱的。唐朝五代兴起了燕(宴)乐,即南北融合的俗乐总成。先有音乐,再配文辞,诗歌蓝本,再有演唱中的声音和节奏实践,慢慢演化成词的长短句形式。它也跟宴会酒令密切相关。从隋到唐朝五代,词的发展过程漫长,先从民间开始,文人随后参与。

3. 词的出现

唐朝灭亡后,五代十国割据,后蜀文人编成十卷《花间词》,这是最早的文人词总集，意味着词的格律开始规范化，文字上也考究，必须实现视觉的快感，内容上完全在歌舞娱乐，女性闺阁风物上缘情运化。晚唐时代的温庭筠是《花间词》的重要作者。民国诗人废名说他"写的是闺中，而天下的山水仿佛都在他的笔下映照着"。

到了南唐，国王李煜三十九岁国破被宋朝俘虏，囚禁三年，最终被毒死。他长在深宫，性情纯真，做了囚徒之后，写的词格外泣血感人。诗人顾城写道：生逢末世的李煜，似同中古诗人相悖，虽也知佛，更多时候却生活在女子中间，只是受了惊吓，才退进自己明艳的梦里。这种方式多少有点天真烂漫，他不做如是达观，涂抹近在眼前的生死，反而移情于梦，做了一个"流水落花"之后的"天上人间"。

文学作品选录：

《登幽州台歌》陈子昂

前不见古人，后不见来者。念天地之悠悠，独怆然而涕下。

《春江花月夜》（节选）张若虚

春江潮水连海平，海上明月共潮生。滟滟随波千万里，何处春江无月明！江流宛转绕芳甸，月照花林皆似霰；空里流霜不觉飞，汀上白沙看不见。江天一色无纤尘，皎皎空中孤月轮。江畔何人初见月？江月何年初照人？人生代代无穷已，江月年年只相似。不知江月待何人，但见长江送流水。

（闻一多说：张若虚这态度不亢不卑，冲融和易才是最纯正的，"有限"与"无限"，"有情"与"无情"——诗人与"永恒"猝然相遇，一见如故……这里一番神秘而又亲切的，如梦境的晤谈，有的是强烈的宇宙意识，被宇宙意识升华过的纯洁的爱情，又由爱情辐射出来的同情心，这是诗中的诗，顶峰上的顶峰。）

《山居秋暝》王维

空山新雨后，天气晚来秋。明月松间照，清泉石上流。竹喧归浣女，莲动下渔舟。随意春芳歇，王孙自可留。

《黄鹤楼》崔颢

昔人已乘黄鹤去，此地空余黄鹤楼。黄鹤一去不复返，白云千载空悠悠。晴川历历汉阳树，芳草萋萋鹦鹉洲。日暮乡关何处是？烟波江上使人愁。

（这首被称为七律压卷之作。）

《独坐敬亭山》李白

众鸟高飞尽，孤云独去闲。相看两不厌，只有敬亭山。

《登高》杜甫

风急天高猿啸哀，渚清沙白鸟飞回。无边落木萧萧下，不尽长江滚滚来。万里悲秋常作客，百年多病独登台。艰难苦恨繁霜鬓，潦倒新停浊酒杯。

（此诗有"杜集七言律第一"的赞美。）

《北征》（节选）杜甫

山果多琐细，罗生杂橡栗。或红如丹砂，或黑如点漆。雨露之所濡，甘苦齐结实。缅思桃源内，益叹身世拙。坡陀望鄜畤，岩谷互出没。我行已水滨，我仆犹木末。鸱鸟鸣黄桑，野鼠拱乱穴。夜深经战场，寒月照白骨。

（杜甫是盛唐诗人中写战乱最多的诗人。）

《秋兴八首·其八》杜甫

昆吾御宿自逶迤，紫阁峰阴入渼陂。香稻啄馀鹦鹉粒，碧梧栖老凤凰枝。佳人拾翠春相问，仙侣同舟晚更移。彩笔昔曾干气象，白头吟望苦低垂。

（许多人认为这组诗是杜甫在七律诗歌成就上的巅峰。可参考叶嘉莹《杜甫秋兴八首集说》，北京大学出版社，2008年4月。诗人冯至著有《杜甫传》，按他所说，"力求每句都有它的根据，不违背历史"，《论杜诗和它的遭遇》也是冯至的力作。另外，极精彩的就是废名的《杜甫论》《杜甫的诗》，收录于《废名集》第四卷北京大学出版社，2009年1月。）

《调张籍》（节选）韩愈

我愿生两翅，捕逐出八荒。精诚忽交通，百怪入我肠。刺手拔鲸牙，举瓢酌天浆。

《梦天》李贺

老兔寒蟾泣天色，云楼半开壁斜白。玉轮轧露湿团光，鸾珮相逢桂香陌。黄尘清水三山下，更变千年如走马。遥望齐州九点烟，一泓海水杯中泻。

（"石脉水流泉滴沙，鬼灯如漆点松花""老景沉重无惊飞""独携大胆出秦门""荒沟古水光如刀"这都是李贺的句子。）

《锦瑟》李商隐

锦瑟无端五十弦，一弦一柱思华年。庄生晓梦迷蝴蝶，望帝春心托杜鹃。沧海月明珠有泪，蓝田日暖玉生烟。此情可待成追忆，只是当时已惘然。

《长恨歌》（节选）白居易

天长地久有时尽，此恨绵绵无绝期。

《送无可上人》（节选）贾岛

独行潭底影，数息树边身。

《泊秦淮》（节选）杜牧

商女不知亡国恨，隔江犹唱后庭花。

《菩萨蛮》温庭筠

小山重叠金明灭，鬓云欲度香腮雪。懒起画蛾眉，弄妆梳洗迟。

照花前后镜,花面交相映。新帖绣罗襦,双双金鹧鸪。

(废名说:温庭筠的词不能说是情生文文生情的,他是整个的想象……他的美人芳草都是他自己的幻觉。……以典故以辞藻驰骋想象。)

《滕王阁序》(节选)王勃

落霞与孤鹜齐飞,秋水共长天一色。

《杂说四》韩愈

世有伯乐,然后有千里马。千里马常有,而伯乐不常有。故虽有名马,祇辱于奴隶人之手,骈死于槽枥之间,不以千里称也。马之千里者,一食或尽粟一石。食马者不知其能千里而食也。是马也,虽有千里之能,食不饱,力不足,才美不外见,且欲与常马等不可得,安求其能千里也?策之不以其道,食之不能尽其材,鸣之而不能通其意,执策而临之,曰:"天下无马!"呜呼!其真无马邪?其真不知马也!

《小石潭记》(节选)柳宗元

潭中鱼可百许头,皆若空游无所依,日光下澈,影布石上。佁然不动,俶尔远逝,往来翕忽。似与游者相乐。

《虬髯客传》(节选)杜光庭

张氏以发长委地,立梳床前。公方刷马。忽有一人,中形,赤髯而虬,乘蹇驴而来,投革囊于炉前,取枕欹卧,看张梳头。公怒甚,未决,犹亲刷马。张熟视其面,一手握发,一手映身摇示公,令勿怒。急急梳头毕,敛衽前问其姓。

(小说家金庸在《虬髯客》一文中写道:这篇传奇为现代的武侠小说开了许多道路……有酒楼上的约会和坊曲小宅中的密谋大事;有大量财富和慷慨的赠送;有神气清朗、顾盼炜如的少年英雄;有帝王和公卿;有驴子、马匹、匕首和人头;有弈棋和盛筵;有海船千艘甲兵十万的大战;有兵法的传授……所有这一切,在当代的武侠小说中,我们不是常常读到吗？这许多事情或实叙或虚写，所用笔墨却只不过两千字。每一个人物，每一件事，都写得生动有致。艺术手腕的精炼真是惊人。当代武侠小说用到数十万字，也未必能达到这样的境界。）

《虞美人》李煜

春花秋月何时了，往事知多少。小楼昨夜又东风，故国不堪回首月明中。

雕栏玉砌应犹在，只是朱颜改。问君能有几多愁，恰似一江春水向东流。

三、宋代文学

1. 文化转向

宋朝建国初，就面临辽国、西夏的压力，之后又遭到金国入侵，朝廷南迁，北宋变南宋。相对于唐朝，宋朝的文化封闭、忧郁，儒家色彩很重。新一轮思想秩序的整合完成，科举制度完备，专业文人变少，许多作者有官员政客的身份，诗文不再是人生的伟业。宋儒在解释经典之外，主张进一步提炼文本深层的大义。世界的基础被看作理，它贯通万物，显现在圣人的话中。服膺这种观念，读经不辍的就是道学。读经和世俗化的审美情趣并重。宋儒弘扬思想和日常人伦的结合，这其中也有对佛教的吸纳和回应。黄庭坚说，"若以法眼观，无俗不真"。

周敦颐提出文以载道的观念。杜甫的诗，韩愈的文章被奉为正宗，人生直接的内容感悟是重心，而并非语言本身的美丽。宋朝文章常有呛鼻的说教。但是它借鉴古文、改造骈文很彻底，文章在实用、贴近生活的层面比唐朝有长进。面对唐诗的高峰，宋诗起初是模仿，之后苦苦寻求突破，选材更加世俗，风格追求平淡。苏轼和黄庭坚是宋诗的代表，苏最崇陶渊明，黄崇杜甫，文人书卷气重，主张立足文本经典的基础，进行转化。钱钟书说:"唐诗多以丰神清韵擅长,宋诗多以筋骨思理见胜。"

宋代城市生活的繁荣,印刷术的发达,让市民的精神从此开始催动文学。大量的文学作品得以出版,专门供市民娱乐的勾栏、瓦肆出现(说书,杂耍的演出产所)后,这类专业的、现场的娱乐,极大地促进了叙事文学的世俗化发展。

2.词

宋的文学高度主要体现在词上,先是有柳永,活在民间歌妓、市民中间,用肺腑真情写作,还创造大篇幅的慢词,增强容量和表现力,后来是文学领袖苏轼的出现。苏轼的创作全面,把控词、散文、诗歌、小品杂记等。就文体的贡献而言,他在词上的成就最大。柳永的成果不能改变词的下层地位,而苏轼倡导诗词一家,应该平等看待,以诗文感觉入词,开拓了境界,女性化、缠绵回转的柔情扩张为男性的、外在的和历史天地间纵横的豪情。同时,也有意为阅读和朗诵而作,让它渐渐和音乐分离。此类作者增加后,词就分出豪放派和婉约派的两条支流。南宋女词人李清照又对词的文字听觉有新的洞察。家国破亡,人生磨难又让她洗练凝重。那种灰冷的生命体验是词境的提升。她是中国古代最有声望的女文学家。最后的集大成者是辛弃疾,词在他这里的吞吐能力达到极致。英雄豪迈,以及日常生活的情感趣味,在他这里都挥写得淋漓尽致。

还有值得注意的是宋代的口语文章,此前有禅宗、道家语录的口语化记录,到了宋代,直接按口语本来面目记叙的作品出现——《二程遗书》。该书共二十五卷。该书是北宋理学家程颢、程颐的弟子对"二程"平时言行的记载。

11世纪前期,欧阳修引领古文改革的新风。他是革新的政治家,也是文坛盟主,相比韩愈,他的古文风格更亲切柔和,形式灵活多样。他在诗歌理论上提出"穷而后工",先有考察领悟,再转到形式上,是为摆脱历史遗产压力，回归创作源泉的办法。

文学作品选录：

《雨霖铃·寒蝉凄切》柳永

寒蝉凄切。对长亭晚，骤雨初歇。都门帐饮无绪，留恋处、兰舟催发。执手相看泪眼，竟无语凝噎。念去去、千里烟波，暮霭沉沉楚天阔。

多情自古伤离别，更那堪、冷落清秋节。今宵酒醒何处，杨柳岸、晓风残月。此去经年，应是良辰、好景虚设。便纵有、千种风情，更与何人说。

《出颍口初见淮山是日至寿州》苏轼

我行日夜向江海，枫叶芦花秋兴长。平淮忽迷天远近，青山久与船低昂。寿州已见白石塔，短棹未转黄茅冈。波平风软望不到，故人久立烟苍茫。

《记承天寺夜游》苏轼

元丰六年十月十二日夜，解衣欲睡，月色入户，欣然起行。念无与为乐者，遂至承天寺寻张怀民。怀民亦未寝，相与步于中庭。庭下如积水空明，水中藻荇交横，盖竹柏影也。何夜无月？何处无竹柏？但少闲人如吾两人者耳。

（此篇可看作是八十多个字的小品文。）

《寄黄几复》黄庭坚

我居北海君南海，寄雁传书谢不能。桃李春风一杯酒，江湖夜雨十年灯。持家但有四立壁，治国不蕲三折肱。想得读书头已白，隔溪猿哭瘴溪藤。

《醉翁亭记》（节选）欧阳修

环滁皆山也。其西南诸峰，林壑尤美，望之蔚然而深秀者，琅琊也。山行六七里，渐闻水声潺潺而泻出于两峰之间者，酿泉也。峰回路转，有亭翼然临于泉上者，醉翁亭也。作亭者谁？山之僧智仙也。名之者谁？太守自谓也。太守与客来饮于此，饮少辄醉，而年又最高，故自号曰醉翁也。醉翁之意不在酒，在乎山水之间也。山水之乐，得之心而寓之酒也。

《声声慢》李清照

寻寻觅觅，冷冷清清，凄凄惨惨戚戚。乍暖还寒时候，最难将息。三杯两盏淡酒，怎敌他、晓来风急。雁过也，正伤心，却是旧时相识。

满地黄花堆积。憔悴损、如今有谁堪摘。守著窗儿，独自怎生得黑。梧桐更兼细雨，到黄昏、点点滴滴。这次第，怎一个愁字了得。

《永遇乐·京口北固亭怀古》（节选）辛弃疾

千古江山，英雄无觅、孙仲谋处。舞榭歌台，风流总被，雨打风吹去。斜阳草树，寻常巷陌，人道寄奴曾住。想当年，金戈铁马，气吞万里如虎。

《虞美人·听雨》蒋捷

少年听雨歌楼上。红烛昏罗帐。壮年听雨客舟中。江阔云低、断雁叫西风。而今听雨僧庐下。鬓已星星也。悲欢离合总无情。一任阶前、点滴到天明。

《扬州慢》（节选）姜夔

二十四桥仍在，波心荡，冷月无声。

《十一月四日风雨大作》（节选）陆游

夜阑卧听风吹雨，铁马冰河入梦来。

四、金代元代文学

1. 短暂的金代

金代是女真族建立的政权，占据北方广大地区，存在时间短，汉化速度也快。文学家中，元好问是最重要的一位。他在金国灭亡前夜的纪乱诗尤为悲壮深沉。他还写过《论诗绝句三十首》，以诗来论诗，深入浅出，很有特色。"慷慨歌谣绝不传，穹庐一曲本天然。中州万古英雄气，也到阴山敕勒川。"

2. 元代

元代是蒙古帝国在东方建立的统治政权。尽管只有一百三十四年，但是蒙古帝国对世界，对中国的冲击极其剧烈。它是中国第一个异族建立的大一统政权，建立在屠杀抢掠之上。到元世祖时代，统治者逐渐接受汉化，社会渐渐安定，这期间有新的民族融合和文化交往，技术、商业又开始繁荣，城市生活、世俗娱乐重新抬头，唐宋的小说和现场说话表演复苏。此外，统治者废科举制，颠覆之前的治理模式，考试恢复后也时有时无。宋儒知识贵族的体系塌方，读书人在不同阶层的流动性加强，他们行走民间，让市民通俗文学有了飞跃。

戏剧成熟的时候到了，即杂剧，它是在宋金时代杂剧基础上发展而成。宋金时代的政权阻隔，让南北分出杂剧和南戏的不同样貌。杂剧曲调结合北方民歌、游牧民族乐曲和传统宫廷、佛教、民间音乐等，南戏是东南民间音乐和北方中原传统的融混。唐宋诗歌中情感表达的强度，现在转移到戏剧中。只不过情感不再是诗人的，而是剧中虚构人物的。这种对人物的塑造功夫延续到明清，造就了伟大的小说。元杂剧情节完整，题材面广，从历史、神怪到爱情婚姻等。唱词韵白夹杂，演员要念白、演唱，也要会科介（舞蹈、打斗甚至杂耍），它是综合性的舞台艺术。

隋唐的口头故事表演兴旺起来，话本的称谓出现，也就是故事的文字记录。宋元时代讲历史，谈古论今的叫讲史话本，也叫平话；讲佛家故事的是说经话本。它们传下来的很少。据传为宋代所做的《京本通俗小说》，年代虽有争议，但可断定它是宋元话本的原始样貌。吉川幸次郎在《中国文学史》曾以其中《西山一窟鬼》为例来分析，其情节缜密，伏笔和对话巧妙，已达到相当的高度。限于篇幅，引文从略。（吉川幸次郎《中国文学史》，1987年，四川人民出版社，第231页。）

传奇在唐朝指短篇文言小说，宋朝指话本小说，而元末明初将明杂剧之外，以南曲为主谱写的中长篇戏曲称作传奇。传奇一般体制庞大，套曲结构有序，人物众多，画面庞杂。

关汉卿是元初杂剧大家，他自称"普天下郎君领袖，盖世界浪子班头"，道出了杂剧的民间精神。《窦娥冤》里面有民间信仰的朴素，穷人的悲情和正义；《陈母教子》是乞丐梦呓式的富贵景象；到了《单刀会》，讲的是一个扭转乾坤的大英雄。唐宋群儒灰飞烟灭，关汉卿泼辣地登场。

关汉卿本色，王实甫华美，他的《西厢记》是影响最大的，也是舞台艺术形式最完整的，其中心理写实的能力能跟现代小说、戏剧经典比肩。他直接说出"愿天下有情人终成眷属"，用青春期的市民欲望挑战早已糜烂的社会伦理纲常，前所未有。

散曲的散是相对杂剧而言，是士大夫运用杂剧唱词的格律直接创作，语言口语俚俗化，押韵灵活，充满城市中下阶层的生活气息。睢景臣在散曲中把汉高祖写成泼皮无赖，就是最佳说明。关汉卿、马致远等都是散曲大家。元代后期，专业曲作者的雕琢，反而闭塞它的空间，使之走向衰亡。

文学作品选录：

《南吕·一枝花》（节选）关汉卿

我是个蒸不烂煮不熟捶不扁炒不爆响珰珰一粒铜豌豆

《单刀会》（节选）关汉卿

（鲁肃上，云）欢来不似今朝，喜来那逢今日？小官鲁子敬是也。我使黄文持书去请关公，欣喜许今日赴会，荆襄地合归还俺江东。英雄甲士已暗藏壁衣之后，令人江上相候，见船到便来报我知道。

（正末关公引周仓上，云）周仓，将到那里也？（周云）来到大江中流也。(正末云)看了这大江，是一派好水呵！（唱）

［双调新水令］大江东去浪千叠，引着这数十人驾着这小舟一叶。又不比九重龙凤阙，可正是千丈虎狼穴。大丈夫心别，我觑这单刀会似赛村社。

（云）好一派江景也呵！（唱）

［驻马听］水涌山叠，年少周郎何处也？不觉的灰飞烟灭，可怜黄盖转伤嗟。破曹的樯橹一时绝，鏖兵的江水犹然热，好教我情惨切！（带云）这也不是江水，（唱）二十年流不尽的英雄血！

《天净沙·秋思》马致远

枯藤老树昏鸦，小桥流水人家，古道西风瘦马。夕阳西下，断肠人在天涯。

（提倡新诗的胡适拿它作为典范，称赞它"这是何等具体的写法！"而废名一语道破，他认为像这个"枯藤老树昏鸦"的写法正是抽象的，因为它没有作者的个性，只是调子而已。并且说，如果把这样的诗算作新诗，新诗的前途一定很黯淡。）

五、明代文学

1.小说

明代文学可分两段，前期是中古文学的最后阶段；嘉靖之后出现了变革，是近古的开端，这一时期欧洲正好是文艺复兴运动。宋元以来，城市市民逐渐成为文学最强的活力来源，明代延续这一传统，到达巅峰，口语化小说是明朝最重要的文学形式。

相比礼仪文化、循循教化，明朝皇帝更依赖重刑来维持统治。明代的科举制度以八股文选拔人才，股即对偶的意思，文章必须有四段对偶对比，总共八股。它吸收了骈文的特性，紧凑、工整，但内容主要是诠释经书的义理，自由发挥的余地极少。作为考试标准，八股文迅速陷入死板教条。八股取士，整齐划一，打破了家世出身的限制。许多人要努力通过这扇窄门实现阶层的上升。

明代中后期思想文化的一个转向是王（守仁）阳明学说的兴起。王守仁打破程朱理学的僵化，讲"天理"拉回到人的内心、良知，强调"六经注我"而不是我注解六经。他说的人的本心仍然是天理，但这种肯定和社会风气的刺激，让一些激进的文学家、思想家出现。李贽就进一步主张顺从人的个性，满足欲望。明中期之后，一批离经叛道的"狂士"出现，袁宏道就公开宣扬声色犬马才是人间的真乐。在文章上，他也喊出"独抒性灵，不拘格套"。饮食男女、玩物实用成为文人普遍的主题。

元末明初的《三国演义》《水浒传》是最早的长篇章回小说。作者的争议历来较大，多数专家认为长篇小说都是在表演和传抄之中，经过众人之手慢慢成形的。这些通俗文艺作者往往是下层文士，作品紧扣普遍民众道德心理和娱乐精神。《三国演义》开历史演义小说的先河，之后东周列国等国史演义纷纷出现，其浩瀚可以跟正史并驾展示。这说明了当时的文化气候，特务专制、市民社会的背景下，历史观、文艺观有了惊人的转变。《水浒传》通常被称作英雄传奇，以区别历史演义。书中的忠义观念，背后有农耕转向商业社会之后，伦理规范的悄然变化。《三国演义》是文白杂言，《水浒传》已是纯粹白话。

神怪小说是明朝后期兴起的一大门类。儒释道三教合一的思想，结合神话、志怪传奇、小说话本、民间信仰，这个熔炉中的至宝是《西游记》。它同样经历了长期演化。玄奘取经本是真实历史事件，但是它在不断地神化，最终以"幻"定型。

没有发现《金瓶梅词话》有世代积累创作的痕迹。作者兰陵笑笑生是迷,但它可以说是第一部文人独创的白话长篇,完全超脱说唱文学的重影,成为精密、浑然的阅读艺术。它取材现实日常,对社会和人性黑暗刻画毫无之前的教条之见,叙事结构也是革命性的,围绕西门庆形成独特的蜘蛛网状结构。说话体在这里向阅读型过渡,清代刘廷玑说:"深切人情事务,无如金瓶梅,真称奇书。欲要止淫,以淫说法;欲要破迷,引迷入悟。……而文心细如牛毛茧丝,凡写一人,始终口吻酷肖到底。……结构铺张,针线缜密,一字不漏,又岂寻常笔墨可到!"它被人指责是因为大量性行为描写,但在晚明肯定人欲的风气下,其实司空见惯。慈悲或许才是小说的主题,这让它在今天依旧震耳发聩。它的故事建立在《水浒传》基础上,所以可看作是从另一部作品的批评来进行创作,这也是当时罕见的。

2. 传奇

元代杂剧到明初,南北混合成为"传奇"。明后期,南方传奇的一支——苏州地区的昆曲杰作竞出。汤显祖是其中的领袖,他是莎士比亚的同代人。他的四部代表作被称为"临川四梦",最有名的是《牡丹亭》。汤显祖从三教合流的世界中推导出"至情"世界观,戏剧就是情的极致体现。明朝上层社会是父权的人欲横流,另一方面是对女性的礼教束缚。而《牡丹亭》的女主人公以鬼魂之身和情人成婚,面对阎王和皇帝都勇敢无畏。古代爱情戏中,这是《西厢记》之后的又一绚烂之作。

基督教传入中国是在唐初,明末利玛窦等传教士赢得统治阶层的接纳,但真正大规模的传教活动,以及对本土文化造成实质冲击,还要等到清末。

文学作品选录:

《三国演义》第五回(节选)罗贯中

操教酾热酒一杯,与关公饮了上马。关公曰:"酒且斟下,某去便来。"出帐提刀，飞身上马。众诸侯听得关外鼓声大振，喊声大举，如天摧地塌，岳撼山崩，众皆失惊。正欲探听，鸾铃响处，马到中军，云长提华雄之头，掷于地上。其酒尚温。

《水浒传》第十回《林教头风雪山神庙 陆虞侯火烧草料场》（节选）施耐庵

只说林冲就床上放了包裹被卧，就坐下生些焰火起来。屋边有一堆柴炭，拿几块来，生在地炉里。仰面看那草屋时，四下里崩坏了，又被朔风吹撼，摇振得动。林冲道："这屋如何过得一冬？待雪晴了，去城中唤个泥水匠来修理。"向了一回火，觉得身上寒冷，寻思："却才老军所说，五里路外有那市井，何不去沽些酒来吃？"便去包里取些碎银子，把花枪挑了酒葫芦，将火炭盖了，取毡笠子戴上，拿了钥匙，出来把草厅门拽上。出到大门首，把两扇草场门反拽上，锁了。带了钥匙，信步投东。雪地里踏着碎琼乱玉，迤逦背着北风而行。那雪正下得紧。

《西游记》第一回（节选）吴承恩

那座山，正当顶上，有一块仙石。其石有三丈六尺五寸高，有二丈四尺围圆。三丈六尺五寸高，按周天三百六十五度；二丈四尺围圆，按政历二十四气。上有九窍八孔，按九宫八卦。四面更无树木遮阴，左右倒有芝兰相衬。盖自开辟以来，每受天真地秀，日精月华，感之既久，遂有灵通之意。内育仙胞，一日迸裂，产一石卵，似圆球样大。因见风，化作一个石猴。五官俱备，四肢皆全。便就学爬学走，拜了四方。目运两道金光，射冲斗府。惊动高天上圣大慈仁者玉皇大天尊玄穹高上帝，驾座金阙云宫灵霄宝殿，聚集仙卿，见有金光焰焰，即命千里眼、顺风耳开南天门观看。二将果奉旨出门外，看的真，听的明。须臾回报道："臣奉旨观听金光之处，乃东胜神洲海东傲来小国之界，有一座花果山，山上有一仙石，石产一卵，见风化一石猴，在那里拜四方，眼运金光,射冲斗府。如今服饵水食,金光将潜息矣。"玉帝垂赐恩慈曰:"下方之物,乃天地精华所生,不足为异。"

六、清代文学

1. 政治消音

公元1644年,清军入关,明朝覆亡。清朝是元朝之后第二个少数民族入主中原建立的统治政权。女真族统治者很早汉化,以儒家思想治国,统治者大兴文字狱,诗文写作可能带来杀身之祸。在这种政治氛围中,学者埋头书本、不问政治的考据之风兴盛。

清初的明朝遗民中不乏反思者。顾炎武重新考订《诗经》时代的音韵,并呼吁在新时代坚守自己的品格,提倡经世致用的实际学问,他认为理学的呆滞腐朽是明朝败亡的原因。而黄宗羲对专制君王的政治体制作出激烈批判,晚清的革命者们将他看作先驱。这些人否定市民的个性娱乐,也让诗歌回到文学的主流地位,诗和诗话批评的盛行,有赖于他们。但随后大多数文人饱受文字狱震慑,纷纷埋头文献,不再过问现实。乾隆嘉庆年间,文献方面的学术成果频出,有了所谓乾嘉学派的名号,也是后世知识界在政治上消音的代名词。

桐城派的方苞、姚鼐确立当时古文派的正统地位。方苞信奉程朱理学,提倡文章的雅洁(雅洁是要清理刘勰的"雅丽",削减文章的形式语言),姚鼐又把学术考据也加进文章的要素。

训诂考证,校勘整理的倾向也渗透到诗中,清诗主要是宋诗的传承。小说也一度出现了重在叙述史实的风气,例如枯燥的《东周列国志》。

2. 新的发展

反抗是迟早要开始的,袁枚重建晚明的性灵说,创作大量爱情、艳情作品。小说的黯淡局面也突然被打破，《红楼梦》和《儒林外史》两部巨著现身。《儒林外史》是畅快的讽刺小说，结构精心，但淡化情节，精确的白描细节体现了沈从文说的创作要领：贴着人物去写。至于《红楼梦》，改变了白话小说的说书传统，叙事者角色化，将北方口语和古典书面语结合得炉火纯青。鲁迅说它把"传统的思想和写法都打破了"。诗人顾城说，《红楼梦》里，人无论好坏，只论清浊——其中的女儿性恰恰体现了中国人对于人性和佛性这种和谐的最高梦想。

词在经历了元明的衰落后，也有转折，朱彝尊、陈维崧再次将词推崇到和经、诗并列的位置，满族词人纳兰性德以爱情词见长，自然清新，王国维甚至说他"北宋以来，一人而已"。

《楚辞》、志怪传奇的脉络永不断绝，蒲松龄的《聊斋志异》，有将近五百个短篇。在他的世界里，人穿梭天界、地狱、梦境，而神仙狐鬼也具有人的情感，虽然还有强烈的现实感，还有世情百态、悲欢离合，但恢复了些神话时代的纯真。儒家道德长期不能处理，但又在人间挥之不去的灵魅，《聊斋志异》让它们充分显形。

沈德潜尊唐抑宋，他编选了《古诗源》《唐诗别裁集》等，树立学习古诗的范本。诗歌创作上最为优异的应属黄景仁（字仲则），他的诗始终有清醒、沉痛的意识。

文学作品选录：

《儒林外史》（摘句）吴敬梓

他娘捏一捏身上，见他穿着极厚的棉袄，方才放心。

《红楼梦》第一回（节选）曹雪芹

原来女娲氏炼石补天之时，于大荒山无稽崖炼成高经十二丈，方经二十四丈顽石三万六千五百零一块。娲皇氏只用了三万六千五百块，只单单剩了一块未用，便弃在此山青埂峰下。谁知此石自经煅炼之后，灵性已通，因见众石俱得补天，独自己无材不堪入选，遂自怨自叹，日夜悲号惭愧。

一日，正当嗟悼之际，俄见一僧一道远远而来，生得骨格不凡，丰神迥异，说说笑笑来至峰下，坐于石边高谈快论。先是说些云山雾海神仙玄幻之事，后便说到红尘中荣华富贵。此石听了，不觉打动凡心，也想要到人间去享一享这荣华富贵，但自恨粗蠢，不得已，便口吐人言，向那僧道说道："大师，弟子蠢物，不能见礼了。适闻二位谈那人世间荣耀繁华，心切慕之。弟子质虽粗蠢，性却稍通；况见二师仙形道体，定非凡品，必有补天济世之材，利物济人之德。如蒙发一点慈心，携带弟子得入红尘，在那富贵场中，温柔乡里受享几年，自当永佩洪恩，万劫不忘也。"二仙师听毕，齐憨笑道："善哉，善哉！那红尘中有却有些乐事，但不能永远依恃，况又有'美中不足，好事多魔'八个字紧相连属，瞬息间则又乐极悲生，人非物换，究竟是到头一梦，万境归空，倒不如不去的好。"

《聊斋志异·红玉》（节选）蒲松龄

一夜，相如坐月下，忽见东邻女自墙上来窥，视之，美，近之，微笑。招以手，不来亦不去。

《癸巳除夕偶成·其一》黄景仁

千家笑语漏迟迟，忧患潜从物外知。悄立市桥人不识，一星如月看多时。

第三章 晚清至民国初年文学

一、古文学的尾声

中国古代文学的尾声以1840年鸦片战争开端,到1919年新文化运动兴起为止。马克思描述过鸦片战争:"满族王朝的声威一遇到英国的枪炮就扫地以尽,天朝帝国万世长存的迷信破了产,野蛮的、闭关自守的、与文明世界隔绝的状态被打破,开始同外界发生联系……"

明清市民文学的叙事传统在大变革中有延续,例如谴责小说和鸳鸯蝴蝶派小说,还扩充出语言传统、题材新颖的科幻小说等。道光年间,还有一位重要的诗人龚自珍,他以史官自居,文学是手中审判的利器。他感觉到大变革的气息,召唤民间的志士有所作为。他的诗多是批判性的,又想象奇丽,对宋代诗词的意境有出色的转化。他是传统文明最后的一位诗人,又是近现代文明最初的一位诗人。

现代化的进程一旦开始,意味着古代文学的生长空间渐渐消亡,再有杰出的作者,也不能挽回。

二、走向现代

1. 现代化

源于资本主义世界的"现代"跟帝国主义的工业化、国际市场、殖民体系是不可分的一体，"现代"所到之地，旧的社会脉络被剥离。中国遭遇西方列强，被卷入现代化进程，这是三千年未有的大变局。文化人纷纷从西学中寻求治国药方。梁启超梳理过三个阶段，器物上感觉不足，学习外国的船坚炮利，体制上感觉不足，发动变法，进一步从文化根本上感觉不足，要求全人格的觉醒。在今天再去回顾，会发现现代民族国家，资本经济体系、殖民贸易、议会民主、国民教育、个人主义，将文学学科化的社会分工，臣服于未来的时空观，是西欧基督文明演化出的整套架构，成形不过两百年左右。它在其他文明地区的快速输入，所造成的震荡巨大，这震荡至今尚未终结，制造着中国现当代文学的创伤和活力。

而近代新文学最高成就，是中国作者承接上古魏晋伟大传统，与同时期（19、20世纪之交）西方的前卫思想、艺术、文学共振的结果。（例如尼采的哲学、超现实主义、表现主义、未来派等。前卫派（Avantgarde）源于西欧，影响到东欧、俄国、东亚等地，虽然流派纷杂，但是核心精神都是主张革命，超越现存社会。）这在鲁迅的小说中有充分的体现。

此前，中国士大夫以古代为反思的源头，而今冒出来的西方列强，让根基震动。中日甲午战争的失败，尤其刺激文化人的自我更新。西学东渐的主体，先是科技翻译，而后文学翻译。西欧的社会进化思想，线性时空观，启蒙思想大大影响中国的文化人。线性的发展观认定西欧的现代社会属于不可阻挡的历史潮流，文学只会往单一的进步方向前进。这种粗暴的文学观流毒至今。（例如"国民性"问题，可译为民族性或国民品格，英文nationl character，是梁启超从日本转译的名词之一，它是西欧的自由主义、人民民主思想、德国国家主义与日本维新启蒙的混合。国民性意味着种族和民族国家的范畴被当做理解人类差异的准则。它为欧洲的种族和文化优势背书，为西方的殖民体系提供进化论的依据。）

现代社会中文学的职能发生改变。在现代民族国家的建设中，语言文学对新的国家认同、民众心理起着重大的作用。欧洲自文艺复兴开始，各国在建设现代民族国家的过程中，改变古拉丁文造成的言文分离状态，以各自方言为基础，实现书面和口头语的统一，从而破除了古老帝国的文化秩序。这就是言文一致运动。日本明治维新沿用它，实现国家和文学的近代转型，清末外交官、诗人黄遵宪受此启发，也提出该主张。新文化运动基本延续了上述脉络。

容纳了新思想的散文、小说占据文学中心地位。新的印刷技术也大大提升了报刊媒体的影响力。戊戌前后，维新派大力提倡外国小说翻译，20世纪初，每年出版的翻译小说已有百种之多。林纾用文言译欧洲小说，影响很大。梁启超还以结合传统的雅言口语，再加上外语语法，创作出灵活铿锵、气势撼人的新散文。梁启超代表新文体派，而严复、林纾和章太炎用更雅正的古文形式宣传新思想。起初，宣传新思想是紧迫的任务，文体语言并不是求新求变的重点。黄遵宪的诗是文言，梁启超提出诗界革命，但写诗也是旧体。

明清白话文学已达到非凡的高度。到19世纪晚期，在华的外国基督传教士又大量引入新的语法结构和名词，创造出较成熟的欧化白话，他们翻译西学，创作散文、诗歌、小说，堪称新文学的先驱。

1911年辛亥革命宣告两千多年封建皇权专制的结束。晚清到民国的思想、文学界的转型，也让一批新型的知识人、文化人群体取代了传统的"士"。辛亥革命后十多年，军阀政权交替，许多知识精英在幻灭中反思，只有完成文化的现代化才能实现真的社会革新。

文化的现代化是一个辩证的过程，不能简单地划分为中西对立、新旧对立。从维新派、章太炎到鲁迅、胡适，他们还保有古代文化的根底。他们本人的主张再激烈，实际的作品中并没有彻底断绝传统。随着社会的进一步转型，新式教育发芽，之前的文化、文学才真正成为所谓历史的、古代的，甚至是边缘的、秘境中的产物。

2. 新文化运动到五四

1915年，陈独秀主编的《青年杂志》（后改名为《新青年》）杂志创刊，标志着新文化运动的开始。当时，西方传入的大学制度建立起来，北京大学校长蔡元培实现"思想自由，兼容并包"，这种自由讨论的风气给予新文化运动重要的活动空间。《新青年》的主将包括陈独秀、李大钊、胡适、刘半农、沈尹默、钱玄同、周作人、鲁迅等人，他们重估孔子，挑战儒家文化合法性，又引进西方文艺复兴以来的各种思潮理论。例如陈独秀的批判受19世纪欧洲现实主义小说影响；周作人提倡经由日本新文学学习到的欧洲人道主义文学；李大钊接受了马克思主义和唯物史观的观点。他们与各种反对派展开论战。

1917年，胡适发表《文学改良刍议》，以进化论探讨文学的时代性，认为现代社会必然要进行白话文的普及，废除文言。他提出了改良的八事（原则）：须言之有物，不模仿古人，须讲究文法，……不用典，不讲对仗，不避俗字俗语。他的文章本身使用文言，原因是文言文经过翻译实践，容量加强，其实能适应当时的表达需要。而新式白话尚在萌芽，文化精英将它看作自上而下灌输知识的工具，而非严肃专业的文化语言。胡适强调白话文运动、文学革命是跟民族国家建设血肉相连的使命，白话因此被称为国语。他又以西方学术框架整理传统文学，结论多有偏颇粗劣，但是为新文学提供了最初的理论支持。胡适所说的白话，还是着重古代白话文学和口语的继承，后来傅斯年等人又系统、全面地提倡欧化白话，认为新语言和新思想不可切割，汉语要增强表现力，塑造新人，必须从外来语学习更多。

章太炎及弟子刘师培、黄侃等人，面对西方现代性拔除殖民地文化传统的冲击，重新整理、阐释《文心雕龙》《诗品》《文选》等著作，试图从本土文化的自身中再造新声。这些人的工作曾被看作复古和保守的逆流，但在今天可以有更公允的考察。文体的差异是中西方文学问题的关键。文体、文学的特殊与文字的特殊相关，章太炎的文体学研究从文字训诂入手，着眼可谓深远。严复、林纾这些西学先驱也都主张，引进的同时尽可能保留文化的形式本位，反对新白话取代文言。

文学革命运动几年时间，白话文开始全面推广，许多学生团体创办白话报刊，1920年教育部也颁布实施使用白话编写的低年级教科书。西方文艺思潮理论初步本土化之后，鲁迅又用成熟的白话小说让新文学有了很高的起点。最终，一种新型的、欧化语言主导的书面白话文成为后来五四文学的主流。

3. 新文学的实绩

（1）小说散文

胡适宣扬个性主义和写实主义。引发五四后"问题小说"和"社会问题剧"的潮流。周作人以"人的文学"概况新文学的本质，并提出"重新发现人"。之后他又提出平民新文学和传统贵族文学一套对立概念，他的"人"、"平民"是用西方人道主义思想度量的结果。周作人后来反思过这些观点的简单粗暴。他转而开始主张人生的艺术派，反思文学的社会工具化，此外还探讨新文学和传统文学的承袭会通，重新吸纳古代文体诗学。现代散文理论也是周作人确立的。传统散文是指跟韵文相对的所有散文体文章。周作人援用西方的纯文学观念，把抒情叙事的艺术性散文看作美文，与小说、戏剧并列。

鲁迅是现代中国思想和文学的开创者之一。他早年留学日本，在那里完成了西方文化的教育，日本和俄国文学，尼采、达尔文等欧洲思想家著作对他影响很大。他弃医从文，回国后还有过一段埋头古代文献的寂寞时光。1918年，三十六岁的鲁迅在《新青年》上发表《狂人日记》，这篇有欧洲表现主义色彩的白话文短篇，被看作现代小说新时代的发端。从1918到1925年，鲁迅创作出两部小说集《呐喊》与《彷徨》。自此，"中国现代小说在鲁迅手中开始,又在鲁迅手中成熟"。

"国民性"的立论本身存在问题,但是鲁迅把它翻译进中国文学,给予它艺术提升。在他笔下,国民性是奴隶们的灵魂之声。鲁迅的不朽,因为其作品,更因为在历史的循环反复中,奴隶的命运尚未改变。他从西方的启蒙视角出发,选取农民和知识分子这两个群体,以他们代表新旧世界斗争中生命的挣扎。这两种人,也成为许多近代小说家们竭力表现的对象。文学始终是生动的人学。在鲁迅的写作中,对社会的、历史的病理考察有了呼吸,所有的人和情境,依靠淬火的、冷冽的语言和情感组成活体,发出整个生命的声音。他的语言有魏晋的风骨,也属于20世纪的中国。因此有学者说,五四精神就是魏晋精神。

1920年,周作人、沈雁冰(茅盾)、叶绍钧(字圣陶)、耿济之、许地山等在北京、上海成立文学研究会。老舍、施蛰存、沈从文、巴金等日后的重要作家,成名从《月报》上发表作品开始。1921年,沈雁冰主持改造了《小说月报》,将它变为新文学,尤其是短篇小说的阵地。19世纪欧洲现实主义文学是他们信奉的标杆,杂志翻译介绍的外国文学,也集中在19世纪俄国,以及东欧等国的小说。

创造社是郭沫若、成仿吾、田汉等留日学生建立的文学团体。早期创造社,举浪漫和唯美的旗号,尊崇的是浪漫派、象征主义、意象派、唯美主义的潮流,反对《小说月报》的写实主义。郁达夫的《沉沦》短篇集,受到日本私小说的直接影响,以灵肉冲突的西方身体观来处理个人的矛盾痛苦,袒露病态之美,引领自传体抒情小说的潮流。还有两位女作家庐隐和淦女士,她们的小说,表现五四时追求解放的女性的情感历程。

五四运动造就一批"问题小说",即茅盾说的"以劳工问题、子女问题以及伦理、宗教等等问题中或一问题为中心的小说"。作者大部分都倾向于西方的写实,也有浪漫派、象征派,其中叶圣陶贡献最大。此外有一位融合古典境界的作家废名,《竹林的故事》等回忆故乡的代表作,营造出寂静、纯净之境。

现代小说的实践结果往往并不比古典小说更接近普罗大众。作家主体意识的强化，书面形式感的加强及人物的心理化倾向，全都指向文人文学传统而非民间传统。

散文是白话文的先声，它伴随报刊媒体成长，对现实的反应敏锐灵活，社会影响力最大。其中的杂文指时效性的论说文章，它形式短小、活泼，内容上要对当下的社会现象作出敏锐反应，很能反映作者的积累，杂文大家的个人风格十分鲜明。鲁迅以犀利深刻的辛辣为杂文树立了一个新的典范。此外，他还是散文诗的鼻祖。六朝散文的冷峻之风，对他影响很大。

周作人创造了一个以学者的思想情趣为中心，重在"言志"的小品文世界。他心仪晚明小品，又借鉴日本俳句、英法随笔，节奏舒缓，在细节上暗藏技巧，用文言和欧化的对冲制作出涩度。涩，既是语言感觉的多层，里面也有淡化的，传统和现代社会的紧张关系。它开创的这一脉，影响深远。俞平伯、废名以及当代散文作家汪曾祺，都是其中高手。

文学研究会和创造社作家群的散文是另外一种缜密的白话。朱自清抒情诚恳，丰子恺以佛理观省日常。冰心和许地山有基督教的信仰背景，许地山的小说也渗透文人圈罕见的基督教意识。郁达夫的散文和小说一样的率真、感伤。此外还有林语堂、徐志摩等人，林语堂有着西方绅士的格调，徐志摩华丽抒情。

昆曲在晚清低迷，剧本重曲轻戏，北方的戏种有了相反的发展。安徽的徽调和湖北的汉调（楚调）结合，之后大规模进京发展，又博采众家，至道光末期，京剧诞生。京剧不同于传奇杂剧的华丽，以角色的唱念做打的舞台表演为主。新文化运动开始后，对传统戏曲也进行了猛烈的攻击，用白话文建设西洋式的新剧，成为新目标。话剧本是西方的一种戏剧形式。留学生将话剧带入国内后，称呼它为文明新戏，早期话剧以宣传革命为第一职责。辛亥革命失败之后，上海的职业剧团又开始繁荣，以市民娱乐剧取代革命教育。1918年《新青年》的易卜生专号，是外国戏剧翻译热的开端。到1924年，西方戏剧史上各个历史时期各个流派的作品被介绍到了中国。在砸烂旧戏的激进浪潮中，也有余上沅等留美学生，主张东西方调和，在写实和写意间架起桥梁。

（2）诗歌

诗是文学总的源头，没有新诗的建立，新文学不可能真正地开天辟地。新诗的兴起早于新小说，跟小说一样，是从欧化的、散文化的语言基底开始。胡适是新诗的第一个理论家，他提出必须打破格式束缚，让作诗如作散文。他强调以个人的性情见解入诗，同时要跟平民大众沟通，所以必须追求口语化，明白易懂。他本人在1920年发表了《尝试集》。周作人、沈尹默、刘半农等人还成立北京大学歌谣研究会，借鉴各地民间歌谣的体式来创作。早期白话诗，多用白描和象征的写法，大量作品是描写具体生活场景和自然风景。

1921年，周作人在《新诗》的文章里对早期白话诗进行反思，认为之前的革新还很表面。真正猛烈的批判来自创造社的同仁，成仿吾抨击新诗的理性色彩，再度强调感情是诗的生命。闻一多说新诗陷入抽象和琐碎，郭沫若学习《楚辞》，采集中国、印度古代神话和西方泛神论的思想作助推器，写出《女神》。它吸取西方前卫派的乌托邦乐观精神，侦测到关键音：工业社会的情感方式是新的诗歌节奏、人格的突破口。

《女神》是爆破性的，之后还有闻一多、徐志摩、朱湘等人的前期新月派。他们反省创造社的情感泛滥，要在形式上寻求新的格律化。他们希望调和中西方诗学，和谐、均齐被看作新诗的审美特征。闻一多很早就用西方文艺理论，系统研究古诗。他区分了新旧格律的根本，旧格律是给定的，新诗格律层出不穷，由诗人随时决定。闻一多的张力在于，他的诗形式克制，情感浓烈。新月派也对西方诗的格律进行了转借，例如对欧洲十四行诗的借鉴。朱湘是新月派中的赤子，早夭的天才人物，《草莽集》中有对古典诗词独到的转化。沈从文评价它："于外形的完整与音调的柔和上，达到一个为一般诗人所不及的高点。"而废名对新月派的批判也值得深思："大闹其格律勾当，乃是新诗的曲折"。因为"用韵也要句子是散文的句子，不用韵也要句子是散文的句子"。"新诗的音乐性从新诗的性质上就是有限制的"，"旧诗和歌谣音乐性的长处'在新诗里都不能有'"。（废名是新诗最深刻的理论家之一，可参考《废名集》第四卷《谈新诗》）

法国的象征主义诗学，晚唐诗和宋词，一并结合在早期象征派的诗人身上。他们对胡适的新诗理论也非常质疑。穆木天提出创作纯粹的诗，而不是用散文思考，再把它译成韵文。诗到底独特在何处，他的回答是朦胧和暗示。这是孤独的，少数人的探索。早期中国象征派的最优异者是李金发。他在文言白话的结合中潜入神秘、忧郁的境界。

至此，新文学第一个十年，也就是《潮流图》的时代背景交代完毕。谨以鲁迅1927年的演讲片段作为结尾："青年们先可以将中国变成一个有声的中国。大胆地说话，勇敢地行进，忘掉一切利害，推开了古人，将自己的真心的话发表出来。……只有真的声音，才能感动中国的人和世界的人；必须有了真的声音，才能和世界的人同在世界上生活。"

文学作品选录：

《咏史》龚自珍

金粉东南十五州，万重恩怨属名流。牢盆狎客操全算，团扇才人踞上游。避席畏闻文字狱，著书都为稻粱谋。田横五百人安在，难道归来尽列侯？

《今别离·其一》（节选）黄遵宪

别肠转如轮，一刻既万周。眼见双轮驰，益增中心忧。古亦有山川，古亦有车舟。车舟载离别，行止犹自由。今日舟与车，并力生离愁。……

《少年中国说》（节选）梁启超

少年智则国智，少年富则国富；少年强则国强，少年独立则国独立；少年自由则国自由，少年进步则国进步；少年胜于欧洲则国胜于欧洲，少年雄于地球则国雄于地球。红日初升，其道大光。河出伏流，一泻汪洋。潜龙腾渊，鳞爪飞扬。乳虎啸谷，百兽震惶。鹰隼试翼，风尘翕张。奇花初胎，矞矞皇皇。干将发硎，有作其芒。天戴其苍，地履其黄。纵有千古，横有八荒。前途似海，来日方长。美哉我少年中国，与天不老！壮哉我中国少年，与国无疆！

《狂人日记》（节选）鲁迅

凡事总须研究，才会明白。古来时常吃人，我也还记得，可是不甚清楚。我翻开历史一查，这历史没有年代，歪歪斜斜的每页上都写着"仁义道德"几个字。我横竖睡不着，仔细看了半夜，才从字缝里看出字来，满本都写着两个字是"吃人"！

书上写着这许多字，佃户说了这许多话，却都笑吟吟的睁着怪眼看我。

我也是人，他们想要吃我了！

早上，我静坐了一会儿。陈老五送进饭来，一碗菜，一碗蒸鱼；这鱼的眼睛，白而且硬，张着嘴，同那一伙想吃人的人一样。吃了几筷，滑溜溜的不知是鱼是人，便把他兜肚连肠的吐出。

《春风沉醉的晚上》（节选）郁达夫

贫民窟里的人已经睡眠静了。对面日新里的一排临邓脱路的洋楼里，还有几家点着了红绿的电灯，在那里弹罢拉拉衣加。一声二声清脆的歌音，带着哀调，从静寂的深夜的冷空气里传到我的耳膜上来，这大约是俄国的飘泊的少女，在那里卖钱的歌唱。

天上罩满了灰白的薄云，同腐烂的尸体似的沉沉的盖在那里。云层破处也能看得出一点两点星来，但星的近处，黝黝看得出来的天色，好像有无限的哀愁蕴藏着的样子。

《故乡的野菜》（节选）周作人

扫墓时候所常吃的还有一种野菜，俗称草紫，通称紫云英。农人在收获后，播种田内，用作肥料，是一种很被贱视的植物，但采取嫩茎瀹食，味颇鲜美，似豌豆苗。花紫红色，数十亩接连不断，一片锦绣，如铺着华美的地毯，非常好看，而且花朵状若蝴蝶，又如鸡雏，尤为小孩所喜，间有白色的花，相传可以治痢。很是珍重，但不易得。日本《俳句大辞典》云："此草与蒲公英同是习见的东西，从幼年时代便已熟识。在女人里边，不曾采过紫云英的人，恐未必有罢。"中国古来没有花环，但紫云英的花球却是小孩常玩的东西，这一层我还替那些小人们欣幸的。

《天狗》（节选）郭沫若

我是一条天狗呀！我把月来吞了，我把日来吞了，我把一切的星球来吞了，我把全宇宙来吞了。我便是我了！

我是月底光，我是日底光，我是一切星球底光，我是X光线底光，我是全宇宙底Energy底总量！

附录一：致张陈卿、李时、张希贤等书
——胡适1927年版《国语文学史》代序

黎锦熙

陈卿诸兄：

前回您来谈及您和好几十位同学打算集资把胡适之先生前几年所编的《国语文学史》讲义排印出来，恰巧有文化学社邵砚田先生愿意承印；也好！可惜我补编的那些材料，因为事隔数年，再也找不出来了；仅仅找出来一些校订的原讲义，其中也略有几处增补的，已经交给邵先生去了。

他这部讲义从汉、魏、六朝编到南宋为止，没有头尾，只是文学史的中段。他的初稿是民国十年（1921）给教育部第三届国语讲习所编的。他写到"天下之文章无有出《水浒》右者，天下之格物君子无出施耐庵先生右者！"正当十二月三十一日的夜半，这一年就与金圣叹的这两句话同时完了，他还在讲义稿上作了一个纪念。国语讲习所是两个月毕业的；过了年，不久就举行毕业式，不但他的讲义编不完，就是我的《国语文法》、《国语教学法》，还有钱玄同先生连编带写石印的《声韵沿革》，也都是戛然中止的。这已是五六年前的事了！假使那时候的部章把国语讲习所定为四个月，我想他这部书的工作一定完成了。

次年(1922)四月,我在天津的直隶国语讲习所讲演,胡先生也来到,他在旅馆里把这讲义的章节次序移动了一些。那年十二月,教育部办第四届国语讲习所,他又把它删改了几处——这就是现在付印之本。那年的国语讲习所已成强弩之末了;各省派来的学员大不如前三届之盛了,在京投考的也不多了,教育部也渐渐的闹穷了,从前的石印讲义也改为油印了,现在你们付印的就是这种很不清楚的油印改订本。自然,那时大家都没有兴致把各种讲义继续编完;这第四届也就是教育部最末届的国语讲习所了。

自此以后,我在北京师范等处有时也讲讲国语文学史,就把他的改订本再改订增补了一些,印作临时的讲义,也始终没有弄成一部首尾完备的书。我屡次向他提及,希望他自己破点儿工夫编成,但他的计划改变了,打算编一部完全的中国文学史,不限于国语一方面。前年(1925)夏天,我在中央公园看见他,问他《胡适文存二集》中,连那些《努力》的"这一周"无关轻重的短评都收进去了,何以不在《国语文学史》中间挑选几章精当的收进去?他才恍然,说当时可没有想到这一点。可见这部讲义并非他称心得意之作,所以自己不大注意;而我给弥缝补苴的那些材料,更不过为一时教授上的便利计,尤其不值得注意,所以到现在也就并无存稿。

但民国十二年(1923)商务馆也出了一部凌独见先生的《新著国语文学史》,凌先生就是第三届国语讲习所毕业的,他曾写信叫我作了一篇序(用注音字母写的);序中说"他搜集材料很不少,很足表示他读书的勤快"。他自序也说他编这书的目的是在勉励自己读书;这不过是一部"读书录"罢了。我倒赞成他这句话。所以,学校里要教《国语文学史》的,想得到胡先生原来的讲义的还很多,虽然是首尾不完之本。只因没有得到著作者的许可,书坊里不敢出版;此次你们印作自己的参考讲义,我想没有什么问题(似乎北大和师大都曾经油印过的),不过正式出版,作为定本，那就要等胡先生回国之后再说。

现在我索性把我对于国语文学史的见解和对于这部讲义增删参校的经过分作六条，写在下面：

（一）秦以前（纪元前200以前） 这讲义不从秦以前编起，却把汉、魏、六朝标作第一篇，当时沈兼士先生在《晨报副刊》上曾经提出抗议；后来凌先生的《新著国语文学史·自序》中也要说，他和胡先生的意见大不相同，他是主张从唐虞编起的；我教这书的时候，也曾经补编了好几段秦以前的材料，大约就是《诗经》、《楚辞》之类和先秦诸子中杂有方言的一些词句。现在一想，《国语文学史》断自秦、汉，在胡先生确有相当的理由。他开场几句话就说明了："我们研究古代文字，可以推知当战国时候中国的文体已不能与语体一致了。"因为语文分歧，愈歧愈远，所谓中国文学史者，只让"文"的一方面独占了二千多年，"语"的一方面的文学，简直无人齿及，所以有特编《国"语"文学史》之必要；所以《国语文学史》要托始于语文初分歧之时代——战国、秦、汉间——而语文未分歧以前和既合一以后就不一定划入范围；所以他第一篇第一章的标题是"古文是何时死的？"古文未死，便是国语；古文已死而秘不发表，叫国语退匿民间，不得承袭"文统"，乃特编《国语文学史》，以发潜德之幽光。并且这是"文学革命"之历史的根据，或者也含有一点儿"托古改制"的意味。

战国、秦、汉之际，语文分歧，古文死了；那么战国以前，语文果然合一，古文果然是活着的吗？鄙见以为不然。战国以前，语文不但够不上说合一，而且够不上说分歧；后之所谓古文，在当时当然不以为"古"，但也说不上"活"——不是已"死"，乃是并不曾"活"。这种推定，完全是一种"唯物史观"，很容易明白的。第一，书契初兴，只是一种极简单的符号，其备忘表意的作用，比以前"结绳"的办法不过略胜一筹，岂能把整套的语言曲曲传出？说到语言，虽在太古，决不会像这路符号的简括；初民从习用的语言中，早已直接产生了文学，就是歌谣。但只能在口头耳畔相欣赏，到后来才传到竹帛上去，有些自然是伪造的，其不伪的，也一定失了本来语言的真面目；何况汉字这种符号，始终脱不了"结绳性"，是不能活泼泼地拼切古语，保留旧音的！即如《吴越春秋》（卷五）所载太古孝子作弹守尸的歌："断竹，续竹；飞土，逐宍（肉）。"据刘勰说，这歌起于黄帝之世（要是靠得住，可算歌谣之最古者，向来选录古逸的也多把它冠首），是最早的一首"二言诗"；但现在调查各地歌谣，全首都是两个字一句的实在不经见，并且唱起来的音节也不合式，所以明黄生批评刘氏"此言未知诗体"，以为"必四言成句，语脉紧，声情始切；若读作二言，其声噍缓而不激扬，恐非歌旨。"（见《义府》卷下）我想二言诗虽不是口里所有的，却是纸上能有的。现有一个比例：我们家乡湘潭地方，乡间道路多未修，满是黏土，民间为之谣曰，"落雨一锅糟；天晴一把刀"。清光绪中，王闿运先生仿《汉书》重修《湘潭县志》，在"八志"中的《地理志》内引了这首歌谣，他老先生却把它改为"雨糟；晴刀"两句二言诗了！但湘潭人谁都知道是绝对的五言。近人所以要如此者，是求句法的简古；前人所以要如彼者，也是求符号的简省：原因固然不同，其求"简"而不能密合语言则一，何况汉字这种符号，始终脱不了"结绳性"，比无论何种文字都要繁难，记载时的求简，更是人情之常了。（《诗经》的《国风》虽是采自民间，可以入乐的，我疑心有些不好念的四言篇章，也曾经受了当时诗人的斧削）。第二，上古时的"文房四宝"又是何等艰贵而笨拙啊！纸，最初用竹片儿和木板，"简"、"策"、"簿"、"籍"字都从"竹"，"札"、"椠"字从"木"，"牍"、"牒"字从"片"，至今物换而字未改；直到春秋、战国间，才用缣帛（"竹帛"二字连书，始见《墨子·明鬼》篇和《韩非子·安危》篇）；至于"用树肤麻头及敝布鱼网"创制的"蔡侯纸"，是纪元后105年才得到政府的褒奖的（见《后汉书·蔡伦传》）。笔呢，当初用刀（但据王国维先生的考证，刀是削牍的，不是刻字的），"兔毛笔"相传是秦蒙恬才创造的（见晋张华《博物志》）；墨是用的真"天然墨"——漆，后又发明一种石汁，到魏晋时才知道把漆烟松煤造成"墨丸"，在"凹心砚"上磨而贮之(见宋赵希鹄《洞天清禄集》——《四库书目》作《洞天清录》）。总之，从春秋到战国，"百家争鸣"，那些著述家却都是伏在极矮极矮的杌子上，拿一枝没有兔毛嘴的小竹管儿，点着漆，在那贵重的缣帛上（或刨得很平滑的竹片儿或木板上）一笔一笔的使劲写，现在想来，真费钱！岂但费钱，且不免如金圣叹批《续西厢》的话，"费手，费饭，费寿"呢。那么，省一句是一句，省一字算一字；改复词为单词，化散文成韵语，其动机不必在文学上，实是在经济上。试想在这种情况之下，那还能委婉曲折的写出语文合一的东西来？"文房四宝"进化了，才够得上有写语体文的资格；后来印刷术也发明了，所以唐、宋以后，文愈繁，书愈多；元、明以来，可以产生那么博大的长篇白话小说；近来铅印石印的机器输入了，所以每天能出四五大张几万份的报。语文合一，到此也就没有物质上经济上的障碍了。然而这几年语体文虽通行，却还没有打白话电报的（不费钱的骈文官电不在此例），可见语言和文学上的唯物史观是不会错的，而秦以前的语文不能合一与竹帛上不能有纯粹的活文学也是无可疑的。

　　不得已而求其比较的接近活语言，又足以表达出一般平民的悲欢哀怨的，来补充这个长时代的国语文学史，《风诗》，自然是很可宝贵，应该首当其选的了，这是北部和中部的民间文学；南部的就是《楚辞》，如九歌之类，也可入选。至于先秦诸子的学术文，和《左传》《战国策》等记事文，虽不是纯文艺，但多富于文学的趣味；文体虽不能与当时语言密合，但确是当时流行的一种普通文体，绝非秦、汉以后勉强保持强迫摹仿的死文学可比，而且所用的词头也大都是从当时语言中直接采取的；把它们算作近语的散文，实无不可。再往上推，《尚书》中的《盘庚》《大诰》之类，也可说为上古的语体散文。这都可以补选作秦以前之材料的。

（二）汉魏六朝（第一编约当纪元前200至后600约八百年间）　中国实行"国字统一"的政策，在筹备"国语统一"之前二千二百年，主持者是秦始皇和李斯；中国实行"文体复古"的政策，也在提倡"文学革命"之前二千一百年，主持者是汉武帝和公孙弘。这都是历史上值得大书特书的事！秦皇、汉武的这种功业，实在比那些并吞六国，置南海、桂林、象郡，通西南夷，通西域等等，还要雄伟；而近几年来这种运动，也实在比"五四运动"，"打倒帝国主义"等等，其关系还要重大。本编第一章特述秦皇、汉武这两件事，可谓史眼如炬。

自从汉武帝用通艺补官的制度，推行"古体散文"用作全国统一的应用文体，同时提倡一种最时新的美术文——从《楚辞》变化出来的"赋"，此后二千余年间，庙堂上都依着这个例演化许多贵族文学；所谓"国语文学"者，其源头大都起自民间，大都是各时代从民间涌现出来的"反庙堂"的文学潮流，即如当汉初提倡"古体散文"和"词赋"的时候，民间的"歌谣"和"五言诗"也在那儿蓬蓬勃勃的盛行，这是绝不受庙堂体制之拘束的。最可怪者，它们的势力很大："赵代秦楚之讴"，汉武帝也不能不爱，甚至于特设一条采访编制演习的衙门，叫做"乐府"，后来衙门的名称竟化为这种民间文艺的名称了；五言的《古诗十九首》以至《孔雀东南飞》等，大约都是民间之"讴"而经过当时好事的诗人之斧削的，斧削它，为的就是爱它，其动机和后来施耐庵（？）斧削罗贯中的《水浒传》而成今本《水浒传》，罗贯中斧削《三国平话》（日本内阁文库所藏元建安虞氏至治新刊《全相平话》五种之一，最近有影印本）而成《按鉴演义三国英雄志传》，毛宗岗又斧削罗书而成今本《三国演义》一样。尤可怪者，它们的势力更进一步居然可夺庙堂文学之席：五言诗到了汉末，进而至于六朝，遂成文人学士最典重最流行的诗体；唐人的拟乐府，也不复视为民间之"讴"了。到此，五言诗和乐府的命运也就告终，民间又涌现别种体裁的文学潮流，轰腾澎湃的侵入庙堂了。这些关系和变迁，须合三四千年来绘成一图，便能一目了然；这图便算国语文学史的一个提纲挈要的引论，也算一个系统分明的目录（在最近的过去，我曾制有一个《国语四千年来变化潮流图》，内有一栏是表明文学潮流的，可参考）。

这讲义的第一编第二章，就是讲"汉朝的平民文学"（纪元前100～后200，约三四百年间），所引的例不多；末了引的《孔雀东南飞》，我教学生时，曾把全文分段补入（《罗敷行》本不长，原文也未全引，我也补足了）。第三章讲"魏晋南北朝的平民文学"（200～600，约四百年间），这章比第二章编得有章法些，他把南朝的儿女文学和北朝的英雄文学分别得确有证据。《乐府诗集》里所收梁《鼓角横吹曲》六十五首和《木兰诗》二首（第二十五卷，《横吹曲辞》五），实在都是北方的民间文学，此外也还可以分析一些出来；因为史家多把南朝当正统，所以那时一切都是以南统北的。这种南北不同的情趣和风格，直到最近的长篇小说还是如此：北派爱说英雄侠义，南派爱说才子佳人（可参考胡先生的《五十年来中国之文学》第九章和拙制《潮流图》十九世纪栏）。这章中原文对于《木兰诗》也是节引，我也补足了。现在初级中学的国语科，《孔雀东南飞》和《木兰诗》大都是教过的（《木兰诗》已有乐谱，高小学生都能唱），这讲义中引入全文，也有多少方便之处。

（三）隋、唐、五代（第二篇约当纪元600～960，大约四百年间） 隋朝和秦朝一样，年代太短，附作南北朝的收尾也可，提作唐朝的开篇也无不可。唐朝可算中国文学史的黄金时代了。单就民间文艺的影响看来，其势力也特别的大：初期的七言绝句（五言不便唱，所以不如七言的流行），晚唐的词，其潮流从民间侵入庙堂，简直和汉、魏的五言诗与乐府演了同样的公式；印度佛教潮流从魏晋间起，一天一天的涌进来，晚唐禅宗的白话语录，渐流行而为讲学家书札讲义等应用文；民间歌谣和传说故事等，经有名的文人修饰润色而成为竹枝词和短篇小说之类，后来竟收入他们专集的，也不在少数（从敦煌石室中发现的唐写本民间文艺，还是未经文人修饰的，有一部分印在罗振玉先生的《敦煌零拾》和刘半农先生的《敦煌掇琐》上辑中）。就说到"起八代之衰"的韩文公，他的"古文"也实在是"托古改制"；当时所谓为古文者，因为要和庙堂的骈体文为敌，故不得不再古一点，拿《六经》《语》《策》《史》《汉》之文来作高压式的对抗，其实韩、柳等人之文又何尝真做得和《六经》《语》《策》《史》《汉》等一样呢？虚字的运用，语句的结构，多少受了些当时人们通用的语言的影响，这也不能不算民间的势力了。到了五代十国，那些"皇帝词人"，竟完全服从平民了（可参考拙制《潮流图》第七世纪至第十世纪栏）。

这讲义第二篇的章法比前篇更好，他把向来批评唐诗的初，盛，中，晚四个时期由盛而衰的旧说完全翻案；就文学的原理和上文所说民间势力的公式看来，确是颠扑不破的。第一章论"盛唐"，带叙初唐。（开国至武后时为初唐，620~700，约八十年间；开元、天宝时代为盛唐，700~750，约五十年间。）第二章论"中唐的白话诗"，白居易和刘禹锡自然是强有力的证人。第三章论"中唐的白话散文"，其中有一个韵文散文五条支路的变迁表，最宜注意；禅宗语录就是在这个时候发达的。(大约肃，代，德，宪，穆，武诸朝为中唐，750~850，一百年间。)第四章论"晚唐的白话文学"(宣宗以后至唐亡，850~906，约五十年间)。第五章论"晚唐五代的词"(五代从906算至975宋灭南唐止，约七十年间)。在五代的词内，我教的时候，曾经删去他所引的荆南孙光宪的《浣溪纱》一首，南唐张泌的《江城子》一首，因为其中有过露的艳句，用在讲堂上有时不大相宜，若给那些所谓"教育家"看见了，尤其觉得碍眼，只得割爱。仔细想来，前编第三章所引的《子夜歌》《读曲歌》等，其中如"可怜乌臼鸟，强言知天曙，无故三更啼，欢子冒暗去"，这种艳体，为何不删？再进一步说，若补选几篇《诗经》如《召南》中的"舒而脱脱兮！无感我帨兮！

无使尨也吠！"读经的子弟们早已能脱口而出，为什么二千年来的教育家都不觉得碍眼呢？呜呼噫嘻！我知之矣！这完全是由于古今语之不同：五代词中用语和现代语快相近了，前乎五代五六百年的"欢子"已经作古，便不如五代的"娇姐姐""好哥哥"那么"下流"，那么碍眼；至于前乎南北朝一千年的《诗经》，其词句非训诂便不可晓，不管他讲的是些什么"下流话"，总不会碍眼的。总而言之，这叫做"掩耳盗铃"罢了！然后叹二千五百年前的郑子皮在国君和外宾宴会的席上高唱这《野有死麕》的末章真不可及；古今人度量之相去一何远哉！

（四）两宋、金、元（第三编当纪元960~1370，约四百年间） 当五代时，中国四分五裂，战乱相寻，但在中国的文化史，学术思想史和文学史上是一个绝大绝大的关键；这并不是说那些"皇帝词人"有这么大的关系，乃是印刷术在那个时代由发明而推广，便把那个时代划为古今学的一条大鸿沟。近代古学大师，常说他唐以后书不读；就读了，也并不据为典要。例如清朝的杭世骏要给汉朝扬雄的《方言》作续编，这当然要续到他自己的时代才是，但他的《续方言》中所搜的材料只到唐朝，因为唐代的典籍还可证古，宋以后便不古了；马建忠仿"泰西葛郎玛"撰《文通》，举例也止于唐。这种风气，实在就起于宋朝；宋人一切学术思想和文学，其风尚，其旨趣，已和唐人大大的不同了。唐人虽尊古，却不一定主张复古（除韩、柳"古文"的旗号外），著述也不重考古，他们事事都具有时代性。宋人便以复古考古为风尚：明明是印度化的"道学"，却要推本于唐尧、虞舜"十六字之心传"（？）；唐颜元孙的《干禄字书》把正体，通体，俗体三种并列，宋张有便非"复古"不可；魏张揖的《广雅》是续《尔雅》的，宋陆佃的《埤雅》却不敢说"续"《尔雅》而要"辅翼"《尔雅》了（但他还采了一些当时俗语，后来古学家却大不谓然，到了明朝的《骈雅》，清朝的《别雅》等，更是专以考古为归，全不具当时的时代性了）；似此例证，不可胜举。总之，由五代至北宋，是古学今学的大鸿沟;这个原因,我又要把"唯物史观"来妄作解释,常言道得好,"物以少为贵",写本的书不易成,不易得,不易多,不易传,到了宋朝印刷术普及了,汗牛充栋之势渐成,才觉得从前残篇断简之可贵,尊古卑今是古非今的心理,就此逐渐酿成了。然而在文学方面,民间的势力却始终没有受这种复古风气的影响,且因书籍易得,教育较易普及之故,民间文学的内容和程度实在比从前高。讲历史故事的"平话"出来了,渐渐演成几十百卷的长篇小说,竟作了平民教育的重要工具。词到两宋,作家蜂起,虽因古典盛行而渐老死,但在北方又变出新花样来,这便是"曲":金朝董解元的《弦索西厢》,就是现今大鼓书的嚆矢;"小令"、"套数"的低唱高吟还不够那时"平民的贵族"(如蒙古王公之类)的欣赏,便扩充为连唱带做,一本四幕的"杂剧",后来更演化而为好几十出雄伟繁缛的"传奇"了。金元时代的国语文学,是最能表现平民与文士合作的精神的。这实在也是受了印刷术发达,使文化易于下逮并易于交换的影响(可参考拙制《潮流图》第十一至十四世纪栏)。

可惜这讲义的第三编只把两宋的诗、词、语录三种白话作品编次出来,这些都还是唐五代的潮流,有的涛势方张,有的余波未已;至于平话和金元的曲,还未述及,这讲义便终止了。可是这第三编的分量,竟占了全部讲义的二分之一。第一章《绪论》,略述宋初的庙堂文学和古文运动;第二章《北宋诗》,他对于"江西诗派"也是一种翻案的批评;第三章《南宋的白话诗》,陆游等四大家实在比北宋的邵雍辈更趋重自然,真做到"做诗如说话了";第四章《北宋的词》,第五章《南宋的白话词》,他对于词家正宗的姜夔,吴文英辈,也下了翻案的批评。这五章都是他自己的改订本,其中所引诗词的例,比他的原本少些,我教的时候,因为材料已经不少,就没有按原本补上。至于第六章《南宋的白话语录》,这次付排的油印改订本中并没有,是我按照第一次石印原本割截凑合的,因为这章所引北宋禅师克勤和宗杲两家的语录,固是绝妙的白话说理文,而南宋朱、陆

附录一：致张陈卿、李时、张希贤等书

两儒家的语录，也是国语文学史中不可不举例的。第七章《南宋以后国语文学概论》，是原本的第十三讲，在他的改订本中已被删去，我觉得这一讲恰好可作这部未完的讲义的结论，所以题作第七章，附于本编之末。于是《国语文学史》告终。

平话小说，小曲，戏剧，这讲义中虽付阙如，但这第七章的起首一段，说这三门都是北方的出产品，有很精约的论断。我再简单的介绍几部书作研究参考的材料：平话有《新编五代史平话》（武进董氏影刊本，这是后来历史演义的起源），《京本通俗小说》(上海蟫隐庐《烟画东堂小品》本，共七卷，这是后来不贯串的章回体故事小说的起源)，《三藏取经诗话》(罗振玉氏影印日本本，这是《西游记》的蓝本)，《大宋宣和遗事》(《士礼居丛书》本，这是《水浒传》的蓝本)，这四种确是宋代的"话本"，除《宣和遗事》有商务印书馆排印本外，原本都不易得，但近来商务馆却都排印了新式标点的单行本了；鲁迅先生的《中国小说史略》第十二、十三两篇是叙述宋元话本的，郑振铎先生的《文学大纲》第十六章《中国小说第一期》，都可参考。小令和套数有《朝野新声太平乐府》（商务馆《四部丛刊》影元刊本)和《阳春白雪》(南陵徐氏《随庵丛书》本)，前种较易得。杂剧有《元曲选》(商务馆影印本，共一百种)。王国维先生的《宋元戏曲史》和《文学大纲》第十五章《中国戏曲的第一期》都是重要的参考品。——我用这讲义时所补选的材料都不见了，记得每种都选了一些，例如《三藏诗话》选了"人参果"一段，便把《西游记》的第二十四节附于后；《宣和遗事》选了"生辰纲"一段，也把《水浒》所记的节附于后。参考品如《宋元戏曲史》，便选了《元剧之文章》一章。现行坊本国语教科书中知道选这路材料的还很少，只有商务馆《新学制国语教科书》第六册选了元睢景臣《汉高祖还乡》的"套数"一篇，又《高中古白话文选》第二册选了王实甫《西厢记》"杂剧"三出；"小令"中许多绝唱，竟还没有选的。

（五）明清迄于民九（纪元1370～1920，约五百五十年间）　讲义没有了，我也恕不多谈了。这一期的民间文艺，却真渐渐的形成现代的国语文学了。最要注意的是那几部脍炙人口的长篇章回体白话小说；这讲义第三编第七章，也把明清六百年间小说的演进论了一个大概。胡先生对于那些有名的小说，其中十二部都有精心结撰的考证，序，传，年谱等。我今略依时代胪列于左（下），以便参检：

（1）吴承恩的《西游记》（十六世纪）　有详细的考证，附录董作宾先生的《读西游记考证》，又胡先生的《后记》两则（就印在亚东图书馆分段标点本的卷首；以下各篇都准此。本篇并收入《胡适文存二集》卷四）。

（2）施耐庵（？）的《水浒传》（即七十回本，约十六世纪）　有详细的《考证》和《后考》（并收入《文存》卷三）。

（3）征四寇（即一百十五回本《水浒传》的第六十六回以后，约十七世纪）。

（4）陈忱的《水浒后传》（十七世纪）　这两书，亚东本印在一起，题为《水浒续集两种》，他有一篇《序》（并收入《文存二集》卷四）。

（5）毛宗岗的《三国演义》（十七世纪）　有《序》（并收入《文存二集》卷四），还有钱玄同先生的一篇序。

（6）曹霑的《红楼梦》（十八世纪）　有详细的《考证》（并收入《文存》卷三），附录蔡孑民先生的《石头记索隐第六版自序》，又胡先生的《跋红楼梦考证》两篇（并收入《文存二集》卷四）。

（7）吴敬梓的《儒林外史》（十八世纪）　有《传》（并收入《文存》卷四）和《年谱》（并收入《文存二集》卷四）。

（8）李汝珍的《镜花缘》（十九世纪）　有详明的《引论》（并收入《文存二集》卷四）。

（9）文康的《儿女英雄传》（十九世纪）　有《序》。

(10）石玉昆的《三侠五义》（十九世纪） 有《序》。

(11）韩邦庆的《海上花列传》（十九世纪） 有《序》。

(12）刘鹗的《老残游记》（二十世纪） 有《序》。

他这种考证的工作和成绩，称得起"前无古人"；我们把这些文章依次看完，尽够国语文学史中近代小说专史大部分的资料了。再把《中国小说史略》第十四篇以下作为参考，则除上列十二种以外之各类小说，都可得其来源去路。至于戏剧，从明初的"五大传奇"经"昆曲"而变化到"京调"，材料可真不少；但还没有较好的戏剧史，姑且参考参考《文学大纲》罢（明以来的戏曲总集和专集等，《文学大纲》每章后都附有书目，重要的都有，我这里不介绍了）。小说戏剧之外，这一期再没有特别生色的国语文学了；诗，词，小曲，散文等，虽也间有使用国语，接近平民的，但都不及小说戏剧的清新和伟大，可以不必多谈了。——中学教科〔书〕的现行国语文选本中，选到《水浒》《三国》《西游》《红楼》《儒林外史》《镜花缘》，以及《老残游记》《文明小史》的，只有中华书局的《初级国语读本》，商务馆的《新学制国语教科书》和《高中古白话文选》三种。但选生存人白话作品的便多了。这是因为时代较古的白话词头没有相当的词书可查，注释讲解，都不容易，所以不敢多选。又《新学制国语教科书》第六册，选了明施绍莘《花影集》中一篇《吟雪》的套数，高明《琵琶记》的"吃糠"一段，《六十种曲》中《牧羊记》的"望乡"一段，王世贞《鸣凤记》的"写本"一段，在坊本中，算较为特别的。

明清两代到民九（1920）的五百五十年间，这讲义都付阙如，但那最后的五十年，却有一篇最适当的文章可以补入，就是胡先生的《五十年来中国之文学》（见《申报五十年纪念册》，并收入《胡适文存》二集卷二），这是疑古玄同先生提醒我的，我今就献计给你们罢。他这篇是民十一（1922）做的，从"桐城派"的"中兴大将"曾国藩去世的那一年

（1872）叙述起。其中第九章评论北方的评话小说如《儿女英雄传》《七侠五义》等，和南方的讽刺小说如李宝嘉的《官场现形记》《文明小史》，吴沃尧的《二十年目睹之怪现状》《九命奇冤》，刘鹗的《老残游记》等，可与《中国小说史略》第二十七八两篇参看。原文于李宝嘉、吴沃尧的事迹不详，《小说史略》稍详；我偶尔得到一篇合传，也一并送给你们作他俩事迹的参考。第十章叙说民六（1917）以后的文学革命运动和国语文学的成功，是很要紧的一段历史，不可不补入这讲义的。

（六）民九（1920）以后　为什么要在民九这一年作一截断呢？因为这一年是四千年来历史上一个大转捩的关键。这一年中国政府竟重演了秦皇、汉武的故事。（见上第二期）。第一件，教育部正式公布《国音字典》，这和历代颁行韵书著为功令的意味大不相同，这是远承二千二百年前秦皇、李斯"国字统一"的政策进而谋"国语统一"的，二千二百年来历代政府对于"国语统一"一事绝不曾这样严重的干过一次。第二件，教育部以明令废止全国小学的古体文而改用语体文，正其名曰"国语"，这也和历代明令规定取士文体的旨趣大不相同，这是把那从二千一百年前汉武、公孙弘辈直到现在的"文体复古"的政策打倒，而实行"文学革命"的，二千一百年来历代政府对于文体从不敢有这样彻底的改革，从不敢把语文分歧的两条道路合并为一。自此以后，民众文艺便得到相当的地位，文人学士也不须阳为拒绝，暗地里却跟着走，像从前那样的摆臭架子，戴假面具了；古典文学也得到相当的地位，文人学士更不须再像从前要受那种严酷的限制，可以自由发展，自由创作了。国语文学史说到这里，才算入了正轨：第一，有全国统一的标准语，不与方言发生缪辏，而方言文学的发展也能不违乎自然；第二，音标文字创造出来了，有委婉曲折以表现语言之美的可能，而汉字所范成的过去文学，仍自保存其优美的特点；第三，文学有社会化的趋势，民众国语的程度可以提高，欣赏文学的能力自然加大，于是文学不复为少数文人学士所垄断，而少数文人学士仍得发展其天才与学力而成希有的作家。这三点都是民九以前的国语文学史中绝对不能有的,所以民九这年要算是开一新纪元了。

民九到现在,不过六七年工夫,国语文学界种种进行的事实,都在眼前,不用举证,我的意见也就写到这里为止了(若要得到最近的一个概观,也可参考拙制《潮流图》的二十世纪一栏)。

我想这讲义的原稿既是很不清楚的油印本,我的校订本也写得一塌糊涂,印刷局的校对先生们又大都不免"低能",恐怕要错得不可究诘;末校还是由您自己担任为妥,否则勘误表是很要紧的。

听说胡先生在欧洲行踪无定,不久便要赴美,我写给他的信也就可以不发了。好在本年上半年他是要回国的,见面时再替你们报告也行。所印份数不可太多,让文化学社能收回纸张印刷费就得。

春祺!

黎锦熙二月十六(元宵节),十六年(1927)

黎锦熙先生部分著作封面图如下：

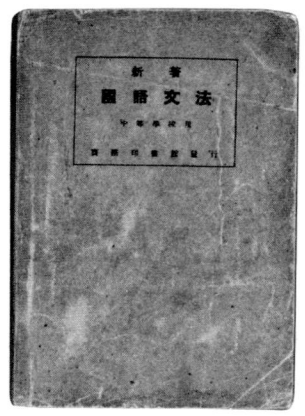

1924年商务印书馆
《新著国语文法》初版封面

1933年商务印书馆
《国语运动》封面

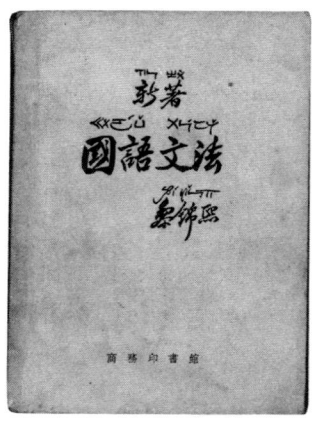

1955年商务21版
《新著国语文法》封面

2011年商务印书馆
《国语运动史纲》封面

附录二：汉字文化圈的语文现代化运动

一、朝鲜半岛

朝鲜半岛约在汉末引入汉字，东晋末年汉字已经流行，此后成为当地的正式文字。据统计，现代朝鲜语词汇中，汉语借词约占60%。

1444年（明英宗正统九年），李朝世宗大王颁布《训民正音》，即谚文。谚文长期只是非正式文字，地位不高，主要在民间、妇女间流传——谚文的意思是"俗字"，另有称"妇女文"的；1894年政府才允许作公用文字。

1945年日本投降后，朝鲜半岛分为北部的朝鲜民主主义人民共和国和南部的大韩民国。北方从1948年开始，在一般出版物、公文中几乎完全停用汉字，但往往难免夹注汉字。出于实际需要，从1953年开始，又在初中、高中教授汉文课，初中学600字，高中学1200字。

南方的韩国同样有很多激进的文字改革者，不过实际上一直沿用汉字与谚文混用的传统至今，也有小说等文学作品和书报刊纯用谚文的。在总统朴正熙的积极推动下，20世纪70年代前半期曾一度终止汉字教育。1992年中韩建交后，汉字教育有较大发展，韩国高中生需要掌握1800个汉字，法律专业人士则需要通过汉字能力考试。

二、日本

汉字大概在东汉末年前后大量引入日本。日本人用汉字有两种形式：用汉字的字形和读音来记写日语中的同音、近音词语，叫"音读"；借汉字的字形和字义记写日语同义、近义词，弃汉语词的音而读日语词的音，这叫"训读"。

使用汉字之外，日本也用自己的字母系统——平假名和片假名。成书于759年以后的《万叶集》，大量使用从汉字中借用的符号（单字）记写日语字音。这种符号被称为"万叶假名"。平假名是万叶假名的草书简化版，形成于8世纪末。平假名的"平"是通俗平易的意思。它最初在女性间流行，称为"女手"，而汉字叫"男手"。片假名大约形成于10世纪，平安时期中叶。当时读书人用万叶假名（单字）给汉字注音，有时为了方便，只取头尾的笔画，后来渐成系统——片假名的"片"意思是不完整。

现代日本也兴起过语文现代化运动，有废止汉字、限制汉字、用假名、用罗马字母等多种主张。1866年（明治维新前一年），前岛密（日本邮政创始人）向最后一任德川幕府将军德川庆喜提出《废止汉字的意见》。1872年，南部义筹向文部省提出改用罗马字母拼写。1873年，福泽谕吉（庆应大学创始人）、矢野文雄等主张限制汉字的字数在3000字以内，成立有"假名文字协会""罗马字会"等组织。

在1923年《国语月刊》汉字改革号上，遇公的《日本人和汉字改革》一文介绍了几则日本国语罗马字宣传标语：

1.轻减儿童的脑税啊！

2.先改革教育的武器啊！

3.无限的汉字，是无限的字狱啊！

4.汉字，是儿童的断头台。

5.汉字造成庸碌的儿童！

6.世界的日本，该用世界的文字，

7.二十六字母，通于全世界。

这些跟钱玄同、鲁迅、瞿秋白等人当时的话很像。当然日本也有力挺汉字的，比如三岛毅，他创立了二松学舍。这种新潮为主、新旧拉锯的局面跟中国近代是相似的。

1937年日本政府发表了一种日语罗马字拼音方案，即"训令式罗马字"。跟中国的国语罗马字的命运相似，"训令式罗马字"一般也只用于对外场合。

对于汉字，日本政府主要采取限制教育用字和公权用字范围的政策。1942年文部省发表的义务教育用汉字标准，收2669字。1946年公布的《当用汉字表》收字1850个，作为法令、公文、报纸、杂志等一般社会用字范围，但不涵盖专有名词、人名地名领域；这可以看作新旧两派妥协的结果。1948年颁行《当用汉字字体表》，对汉字进行了字形整理，淘汰异体字，审定了774个简体字。

1948规定小学"教育用字"881个，1968年又增加115字"备考"，合计996字。1981年改《当用汉字表》为《常用汉字表》，收字1945个（中国基础教育用字是3500个）。

中国语文现代化运动深受日本潮流的影响，后期切音字、官话字母、简字、注音字母等一大批民族式字母都是仿照日本假名。中日语文现代化运动的结果也有几分相似，最后都是"半拉子工程"。

三、越南

汉末中原大乱，士民避难交州，促进了中原文化在当地的传播。《三国志·吴书·士燮传》记载："交趾士府君既学问优博，又达于从政。处大乱之中，保全一郡，二十余年，疆场无事，民不失业。……官事小阕，辄玩习书传,《春秋左氏传》尤简练精微。吾（袁徽）数以咨问《传》中诸疑,皆有师说,意思甚密。又《尚书》兼通古今,大义详备。""士府君"即士燮,东汉后期和三国吴时任交趾太守,广兴教育,传播中原文化,被越南人民称为"南交学祖",甚至被越南史家尊为"士王"。

公元1174年,宋孝宗封李天祚为安南国王。此后越南的教育、科举、官阶等制度完全模仿中国,汉字也成了官方文字,越南语与汉语长期并行。现代越语约有60%的词汇为汉语借词,叫"汉越语"。

大概在12世纪,产生了模仿汉字结构的形声文字——"喃字",也叫"字喃";汉字则叫"儒字"。喃字自李朝（1010~1225）起发展起来,不过只有三十多年间用作官方文字。喃字和古壮字、古瑶文有相似之处。

16世纪末开始,西方传教士用拉丁字母制订过多种越南语拼音文字。法国传教士亚历山大·罗德（Alexander de Rhodes）的方案是现行越南"国语字"的基础。1885年,法国殖民者在越南南部建立殖民统治,宣布新文字合法,应用于初等教育,同时强制推行法文教育,以便消除中国文化的影响。这时北方阮朝的儒士阶层则提倡汉学、汉字,与之抗衡。

从20世纪初开始,越南民族革命者传播国语,提倡新文字——"国语字",以教育民众,反抗殖民统治。1945年8月革命胜利后,"国语字"成为通用文字。

四、新加坡

新加坡人口比例比较大的族群是华族、马来族、印度族。官方语文则有英语、华文、马来文、印度文四种,学校也相应地分为四种,英语学校占绝对优势。新加坡政府推行双语教育,英文学校的学生绝大部分选华文为第二语文。

新加坡受日本、中国简化字运动影响较大。1968年,新加坡成立"简化汉字委员会",次年编订了《简体字表》,含502字,开始试用。1974年颁行《简体字总表》,收2200多字(与中国大陆的2238个简体字稍有差异),全面使用。1976年修订版《简体字总表》则完全与中国大陆的简体字一致,以免不必要的麻烦。

附录三：世界语言谱系中的汉语

世界上到底有多少种语言？因为划分标准是难以统一的，无法找到统一的答案。查尔斯·伯利兹在《世界的语言·前言》（1975）中说，世界上仍有三四千种语言。而据西蒙斯等人近年的统计，世界上还存在7097种语言（包括手语等人造语言），每种语言的平均使用人数是95.5万人，不过中位数只有7000人。使用人数最多的8种语言（占语言总数的0.1%）就覆盖了40.4%的全球人口，其中使用人口最多的汉语覆盖了19.2%；如果增加到93种（占语言总数的1.3%），则可覆盖80.2%的全球人口。而另一方面，有1047种语言使用人数不足千人，316种不足百人，151种不足10人。1393种语言或已经没有本族使用者，或不再向新生代传授，必将消亡；1088种语言使用人数正在减少，正面临威胁。（Simons, Gary F. and Charles D. Fennig（eds.）. 2018. Ethnologue: Languages of the World, Twenty- firstedition. Dallas, Texas: SIL International. Onlineversion: http: // www. ethnologue. com.）

正如有人认为所有人类都起源于非洲，也曾经有人相信，世界上的所有语言都是从同一种原始语言衍生而来的。19世纪的学者曾经试图找出有说服力的证据，不过最终以失败告终。尽管如此，很多语言之间的关系是得到证明了的，彼此之间可以构成一个谱系。据西蒙斯等人的统计，世界上有152种语系。包含语言较多的语系有尼日尔—刚果语系（1540种）、南岛语系（1256种）、跨新几内亚语系（483种）、汉藏语系（456种）、印欧语系（449种）等。有些语言很难找到有亲缘关系的其他语言，比如日语、朝鲜语、越南语。

据孙宏开等《中国的语言》（2007），中国现有五大语系129种语言，其中汉藏语系76种、阿尔泰语系21种、南岛语系16种、南亚语系9种、印欧语系1种、混合语系5种，此外还有未定系属的朝鲜语；其中117种语言濒危或正在走向濒危。

当今影响较大的语系有印欧语系、汉藏语系、闪含语系、阿尔泰语系等，以及独立系属的日语。

印欧语系包含欧洲除芬兰语、爱沙尼亚语、匈牙利语等少数几种语言之外的大多数主要语言，如日耳曼语族的英语、德语、荷兰语、瑞典语、丹麦语、挪威语、冰岛语等，意大利语族的拉丁语，罗曼语族的意大利语、法语、西班牙语、葡萄牙语、罗马尼亚语等，塞尔特语族的威尔士语、爱尔兰语、苏格兰语，古希腊语族的希腊语，斯拉夫语族的俄语、乌克兰语、白俄罗斯语、波兰语、捷克语等，波罗的海语族各语言；还包括亚洲的印度—伊朗语族的波斯语、库尔德语、塔吉克语、梵语、印地语、孟加拉语、尼泊尔语等。

汉藏语系主要包括汉语族的汉语，藏缅语族的藏语、缅甸语、彝语、傈僳语、纳西语、摩梭语、拉祜语、克伦语、景颇语、京语等，壮侗语族的傣语、泰语、老挝语、壮语、布依语（壮家语）、侗语、怒语、黎语等，苗瑶语族的苗语、瑶语。

闪含语系包括亚洲的阿拉伯语、希伯来语等和北非的一些语言。

阿尔泰语系主要包括土耳其语、阿塞拜疆语、土库曼语、哈萨克语、吉尔吉斯语、鞑靼语、乌兹别克语、维吾尔语、蒙古语、满语、锡伯语等。

一、汉语的特点

汉语是有声调的语言。现代汉语普通话有阴平、阳平、上声、去声四种声调。

汉语语素（词素）以单音节为主，比如人、吃、饭、洗、手。很多语素本身就是词，如前各例。

汉语缺乏印欧语那样的时、体、数、格之类的形态变化。这也导致语法上的差异。比如，汉语的动词和形容词在任何句法位置上形式都不变，这就是汉语词类有多功能的现象。

汉语普遍使用量词。比如表示事物的量词"个、只、支、枝、块、条"，表示动作的量词"回、阵、场、次、下"等。

汉语的主谓结构比较松散，主语后头可以有停顿，或者加语气词。口语里常常没有主语。

在词序上，汉语中所有的修饰语都必须放在被修饰成分的前边。

以上特点大多也是汉藏语系的共同特点。

二、其他语言对汉语的影响

在漫长的历史中，汉语跟许多其他语言有过交流，直到今天我们还能找到印记。汉语对所谓"汉字文化圈"的影响是不言而喻的。朝鲜、日本、越南等国语言与汉语处于不同语系，但早期使用汉字，接受汉文化，所以如今汉字用得少或不再使用了，词汇中还保存着大量汉语借词、借音。

同样，汉语也受到了其他语言的深远影响。前面说到梵语佛经的翻译促成了反切的发明，佛教徒对语言的重视使三十六字母得以总结出来，这些都是汉语音韵学发生、发展过程中的里程碑。

当然，现在看来，其他语言对汉语的影响主要体现在词汇中。

西汉以后，中国与西域各国交往频繁，"狮子、葡萄、苜蓿"等词语即是当时从西域传入的。在中国历史上，许多少数民族曾建立政权，其中元朝、清朝还统一全中国。这些民族语言的词汇曾经大量进入汉语，尤其是人名、地名、职官名等，不过在现代汉语中保留下来的并不多。比如蒙古语借词"浩特"（牧民住的自然屯，也指城市）、"站"（驿站）、"哈巴（狗）"，满语借词"萨其马"（一种点心），藏语借词"喇嘛、糌粑"，维吾尔语借词"阿訇、馕、可汗"，等等。

对现代汉语仍然有深远影响的语言主要是承载着佛教的梵语和承载着现代文明的西欧语言；日语则可以看作后者的中介。

1. 汉语中的梵语借词和佛源语词

梵语属印欧语系，印度—伊朗语族，印度语支。

有人认为，梵语在古代印度近似于文言在古代中国、拉丁语在古代欧洲，是一种用于正式场合和严肃作品的"雅言"，也是不同母语人群之间交际用的"普通话"。在某些文学作品中，神仙、国王、婆罗门等说梵语，而同他们对话的下层人物则说方言俗语。尽管梵语现在还是印度二十多种官方语言之一，但只有很少的人能掌握，实际上跟拉丁文、古代汉语一样，成了语言中的"活化石"。

梵语古代文献十分丰富，数量上仅次于汉语古代文献。大部分佛教大乘经典即是用梵语写成的。从东汉末年以来，大乘佛教在中国得以广泛传播，成为中国文化重要的有机组成部分——即儒释道"三教"中的"释"。

大量佛教经典翻译成汉语，众多梵语词汇通过音译、意译形成借词；在经典传习等宗教活动中，借词或教义结合当时的汉语口语词汇或上古汉语词汇，又衍生出更多的词语。这些词语最终在汉语中沉淀下来，形成

"百姓日用而不知"的汉语词汇的一部分——佛源语词。

梵语借词的例子如：

"悲"字，在汉语中本有"悲痛"的意思，在佛教中则是梵语parideva的意译，指怜悯他人的痛苦而欲救济之心。又有"悲观""慈悲"等常用词语。

"魔"字，是梵语魔罗（Māra）的简称，指能害人性命、扰乱人修道的饿鬼。

"禅"字，在汉语中本是"封禅"（帝王祭祀土地山川）、"禅让"（帝王让位）的意思，读shàn。在佛教中用作梵语"禅那"（dhyāna）的省音译，也意译为思惟修，或静虑，即冥想的意思。相关的词语如"口头禅"，原指有的禅宗和尚只空谈禅理而不实行，今指经常挂在口头的词句。又如"野狐禅"，是禅宗对一些妄称开悟而流入邪僻者的讥刺语，后泛指胡说八道、邪道异端。

扩展到佛源语词，例子就更多了。孙维张主编的《佛源语词词典》（2007）收词两千多条，以"苦"字打头的就有"苦果、苦海、苦苦、苦乐、苦难、苦恼、苦行"七条，这些词语在现代汉语中都是比较常用的。

2. 西欧语言借词和日语借词

毫无疑问，近现代以来西欧语言对汉语的影响是最大的，尤其是英语、法语、德语，不仅给汉语注入了大量现代政治、经济、文化、科学技术等方面的词语，甚至一定程度上改变了汉语语法。仅就日常用语而言，英语借词的例子有：啤酒、高尔夫、扑克、乒乓球、车胎、引擎、马达、摩托、鸦片、霓虹灯、酒吧、冰激凌、幽默、逻辑、浪漫、佃农（tenant）、抬头（title）、卡车、半身像（bust）、卡片（card）、卡通、模特、吉他、柠檬、杧果、沙丁鱼、休克、苏打、巧克力、雪茄，等等；其中一些原本是英语从别的语言借来的。法语借词有：芭蕾、咖啡、蒙太奇、沙龙，等等。这些词已经在汉语中生根。

"五四"以来人们提倡用罗马（拉丁）字母拼音文字记录汉语，其中一个理由是可以原样借用大量的西洋词语，完全不用翻译了。

现代西欧语言与文化对汉语的影响还有一个重要的桥梁——日语。日本是亚洲国家中最早学习西欧资本主义的。由于中日两国在地理、历史、文化等方面关系紧密——如日本也用汉字，早期中国人主要留学日本——现代日语词汇大量注入汉语中。有些是纯日语，如：场合、场面、场所、舞台、道具、不景气、服从、服务、副食、复习、派出所、必要、保健、方针、表现、一览表、解决、经验、权威、化妆品、希望、记录、个别、交换、克服，等等。

有些词语本是古汉语词，日本人用来意译西欧语言词汇，后又被汉语借用。如"铅笔"，在古汉语中指金属铅制成的笔，日语用来意译英语单词 pencil（石墨笔芯），后进入现代汉语。又如：文学、文化、文明、文法、分析、物理（学）、演说、讽刺、学士、艺术、具体、博士、保险、封建、方面、法律、保障、表情、表象、意味、自由、住所、会计、阶级，等等。

还有些词是日本人为了意译西欧语言词汇而用汉字组成的，其后被汉语借用。这类词语更多，如：马铃薯、辩证法、美学、美术、美化、美感、微积分、旁证、物质、蓄电池、直觉、调整、仲裁、抽象、代表、代理、代数、断交、谈判、电力、传播、电报、传票、电流、传染病、电车、电信、动员、动议、导体、导火线，等等。（以上据高名凯、刘正埮《现代汉语外来词研究》）

汉语中的日语借词极多，且多半是与现代生活息息相关的常用词语，以至于有人感慨，假如不用这些词中国人就没法说话了。

三、汉语"热"还是"冷"

随着中国经济实力的增强，文化"走出去"等政策的推行，国家汉办/

孔子学院等专门机构的设立，最近几年经常有"汉语热"的报道传来。

这个"热"是指"开始变热起来"还是"已经足够热"呢？

汉语是中国的通用语言，是新加坡、马来西亚等国的重要语言，在其他很多国家的华人社区中也被广泛使用。汉语是联合国工作语言之一。从第一语言使用人口来说，汉语毫无疑问是第一大语言。据西蒙斯等人的统计（www.ethnologue.com），世界上以汉语为第一语言的人口为12.99亿，占世界总人口的19.2%。紧接其后的是西班牙语，4.42亿，英语3.78亿，都比汉语少得多。

不过，如果把第二语言使用人口也算上，那么汉语是15.75亿，英语是15.00亿，印地语是5.50亿，阿拉伯语是5.30亿，西班牙语是5.00亿。在此标准下，英语使用人口猛增至近四倍，足见它已经成为实际上的世界通用语言。

除了母语使用人口、第二语言使用人口，衡量一种语言的地位的标准还有很多，比如翻译（译入、译出）情况、人均GDP等。麻省理工学院媒介实验室等机构的全球语言网络项目把这些数据进行可视化处理，非常直观地展示出各种语言的地位（详见http://language.media.mit.edu）。

从"使用人口"维度的统计图表看：汉语有一定优势，但跟英语相比，优势不大；如果考虑跨国使用人口，即作为世界共同语言备选的可能性，那么英语显然有明显优势。从与其他语言的交流、联系看，汉语跟其他语言的联系甚至远不如日语。汉语图书译出频度为13337，译入频度为62650。日语则译出频度为26921，译入频度为130893，都约等于汉语的两倍，更别说人均数量了！

从"人均GDP"维度的统计图表看：汉语在经济上处于弱势。尽管近年中国总体经济实力大增，但人均数量仍然很有限。

从综合而成的"特征向量中心度"图表看：汉语还处于世界的边缘。汉语的特征向量中心度为0.01，与芬兰语、挪威语相当，而阿拉伯语、希伯来语为0.02，日语为0.04。

这些数据提醒我们在"汉语热"中要冷静一点儿。

主要参考资料

上篇：文字与语言

1. 文字

〔1〕唐兰. 古文字学导论（增订本）. 济南:齐鲁书社, 1981

〔2〕唐兰. 中国文字学. 上海: 上海古籍出版社, 2005

〔3〕裘锡圭. 文字学概要（修订本）. 北京: 商务印书馆, 2013

〔4〕高明. 中国古文字学通论. 北京: 北京大学出版社, 1996

〔5〕何九盈, 胡双宝, 张猛. 中国汉字文化大观. 北京: 北京大学出版社, 1995

〔6〕董琨. 中国汉字源流. 北京: 商务印书馆, 1998

〔7〕张志公. 传统语文教育初探（附蒙学书目稿）. 上海: 上海教育出版社, 1962

〔8〕张隆华, 曾仲珊. 中国古代语文教育史（第二版）. 成都: 四川教育出版社, 2000

〔9〕刘翔, 陈抗, 陈初生, 董琨. 商周古文字读本. 北京: 语文出版社, 1989

〔10〕高明, 涂白奎: 古文字类编（增订本）. 上海: 上海古籍出版社, 2008（除非特别注明, 古文字形均据此。）

2. 音韵

〔11〕唐作藩. 音韵学教程（第五版）. 北京: 北京大学出版社, 2016

〔12〕林焘. 中国语音学史. 北京: 语文出版社, 2010（语文出版社前身

是文字改革出版社）

〔13〕陈海东. 汉语史话. 北京: 中国国际广播出版社, 2010

〔14〕李如龙. 汉语方言学. 北京: 高等教育出版社, 2001

〔15〕杨树达. 古声韵讨论集. 好望书店, 1933

3. 语文现代化

〔16〕黎锦熙. 国语运动史纲. 北京: 商务印书馆, 2011

〔17〕黎锦熙. 文字改革论丛. 北京: 文字改革出版社, 1957

〔18〕罗常培. 罗常培文集（第3卷《汉语拼音字母演进史》）. 济南: 山东教育出版社, 2008

〔19〕陈望道. 中国拼音文字的演进. 中国语文教育学会, 1939

〔20〕倪海曙. 中国拼音文字运动史简编. 时代书报出版社, 1948

〔21〕倪海曙. 中国拼音文字概论. 时代书报出版社, 1948

〔22〕周有光. 汉字改革概论. 北京: 文字改革出版社, 1961

〔23〕王均. 当代中国的文字改革. 北京: 当代中国出版社, 1995

〔24〕苏培成. 当代中国的语文改革和语文规范. 北京: 商务印书馆, 2010

〔25〕[新加坡]谢世涯. 新中日简体字研究. 北京: 语文出版社, 1989

〔26〕周有光. 世界文字发展史. 上海: 上海教育出版社, 1997

〔27〕[意]利玛窦. 明末罗马字注音文章. 北京: 文字改革出版社, 1957

〔28〕国语研究会. 《国语月刊》汉字改革号. 北京: 文字改革出版社, 1957

〔29〕钱玄同. 钱玄同文集（第1卷《文学革命》）. 北京: 人民大学出版社, 1999

〔30〕钱玄同. 钱玄同文集（第3卷《汉字改革与国语运动》）. 北京: 人民大学出版社, 1999

〔31〕周有光. 周有光语言学论文集. 北京: 商务印书馆, 2004

〔32〕倪海曙. 鲁迅论语文改革. 时代出版社, 1951

〔33〕倪海曙.中国语文的新生.时代书报出版社,1949

〔34〕中国语文杂志社：汉字的整理和简化.北京：中华书局,1954

〔35〕新知识出版社：1957年文字改革辩论选辑.北京：新知识出版社,1958

〔36〕文字改革出版社：汉语拼音方案草案讨论集（第一辑）.北京：文字改革出版社,1957

〔37〕文字改革出版社：汉语拼音方案草案讨论集（第二辑）.北京：文字改革出版社,1957

〔38〕文字改革出版社：文字改革笔谈（第一辑）.北京：文字改革出版社,1958

〔39〕文字改革出版社：文字改革笔谈（第二辑）.北京：文字改革出版社,1958

〔40〕文字改革出版社：当前文字改革的任务和汉语拼音方案.北京：文字改革出版社,1958

〔41〕中国文字改革委员会第一研究室.外国文字改革经验介绍.北京：文字改革出版,1957

下篇：文学与文体

〔42〕徐复观.中国文学论集.北京：九州出版社,2014

〔43〕袁行霈主编.中国文学史.北京：高等教育出版社,1999

〔44〕[日]吉川幸次郎.中国文学史.成都：四川人民出版社,1987

〔45〕吴福辉,钱理群,温儒敏,王超冰.现代文学三十年.上海：上海文艺出版社,2000

〔46〕章培恒,骆玉明主编.中国文学史新著.上海：复旦大学出版社,2011

〔47〕朱东润主编.中国历代文学作品选.上海：上海古籍出版社,2002

上架建议：传统文化
ISBN 978-7-5699-2973-7

定价：98.00元